帝国日本の生活空間

帝国日本の生活空間

ジョルダン・サンド
天内大樹◉訳

岩波書店

扉図版
上：1908年10月の米海軍「白い大艦隊」の着港を祝う，横浜の絵葉書（Naval History and Heritage Command所蔵）．
下：日本人客と荷物を背負って歩く台湾原住民タロコ族．1920年代の絵葉書（East Asia Image Collection所蔵）．

帝国日本の生活空間　目次

第四章　世界文化を夢見た「文化住宅」

第五章　籐椅子に座る熱帯帝国

レイアウト――松村美由起

序章

帝国の回路と非対称な出会い

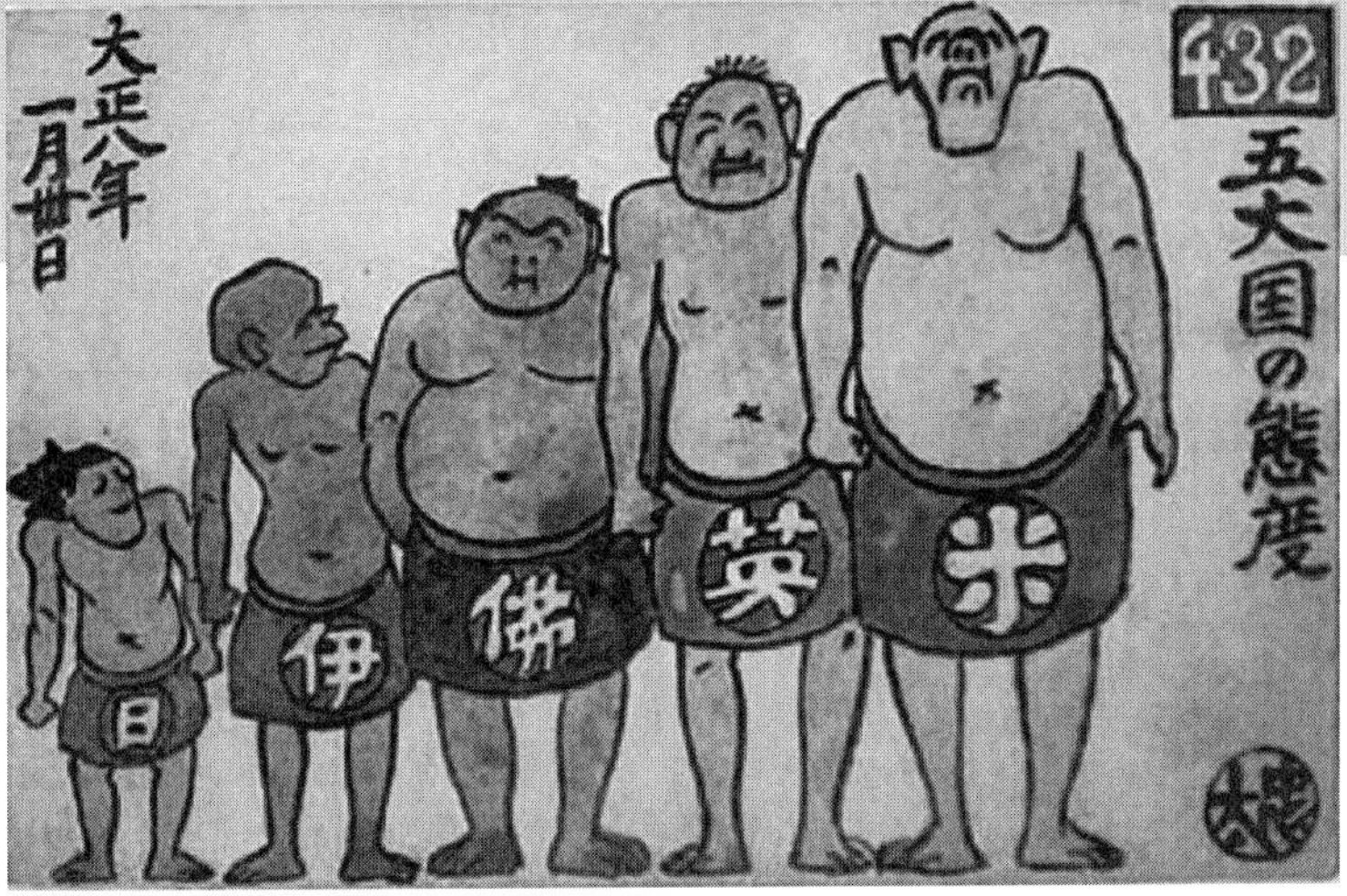

伊東忠太画「五大国の態度」大正八（一九一九）年一月三十日（日本建築学会所蔵）。一九一四年の第一次世界大戦勃発からの五年間で、建築学者の伊東は世界情勢と国内政治を風刺した絵葉書を五百枚描いた。この葉書の日付はパリ講和会議の開催中。日本も平和条約の条項と国際連盟設立に中心的な役割をもった「五大国」のひとつとして認められた。これから約二週間後に日本は人種差別撤廃の文言を連盟規約に入れるように提案したが拒否された。

伊東の野帳などにある他の絵から判断する限り、彼は日本人と他国民の身長比較にこだわりを持っていたようだ。当時の日本にとって列強の地政学は容易に身体の政治学に置き換え可能であった。

本書は日本が植民地帝国だった時代における日常の生活と文化を扱う、六つの相互に関連する歴史研究からなっている。それらは日本帝国主義の歴史研究ではない。むしろ衣食住や家具といった日常のものと、人間の振る舞いとを通じて、日本を帝国が織りなす世界の中の一つとして理解しようとしている。各論考はさまざまなアプローチで、これらのものがどのようにして「帝国の」ものだったかを問うている。物質文化は、文献資料には表れない、政治的、社会的行動の諸側面を明らかにできる。また、十分意識せずに当たり前のものと人々が捉えていたイデオロギーが、日常生活に染みわたっている。このような理由から本書は、帝国主義の文化的帰結を追究するため、もの、都市空間、身体の振る舞いの読解という方法を採った。日常生活には、身体に結びついて具現化した政治が内在している。

イギリスの著名な歴史家エリック・ホブズボームは、『帝国の時代』と題した十九世紀後半から二十世紀初頭にかけての通史を、一九一四年で終えている。こうした時期区分の選択はヨーロッパ中心主義的であり、世界的な地政学の歴史の観点からは奇妙なものであった。ヨーロッパ帝国主義勢力の政治と文化にとって、確かに第一次世界大戦は決定的な断絶を意味したであろうが、一九一四年時点で大日本帝国はまだ初期の段階にあった。しかも、一九一九年にヴェルサイユで民族自決権が唱えられたにもかかわらず、戦間期に世界の大陸の大半は依然として帝国の宗主国とその植民地に分けられていた。一九四五年のドイツ帝国と大日本帝国の解体、一九四〇年代を通じたアジア諸国の脱植民地化、一九五〇〜六〇年代のアフリカの脱植民地化によって初めて、世界地図は国民国家によって支配されるようになったのである。これと同時に、公式な植民地化と異なる別の支配形態によって、アメリカ合衆国とソヴィエト連邦が新たな帝国主義勢力として台頭した。合衆国の政治エリートは「帝国」という呼称を拒んでいるものの、二十一世紀初頭の今日、世界中に点在するアメリカの軍事基地は、今でもある種の帝国主義的支配を維持している。「帝国の時代」が一九一四年に終わったとは到底言えないのである。

したがって、以下の六つの論考は二十世紀前半の大日本帝国を主に取り上げてはいるものの、帝国における日常生活の現れを追究することは、過去と現在における帝国の連続性と差異の双方を取り入れるために、空間的、時間的な枠組みを拡張することへと自然につながる。本書はアジア太平洋における日本の植民地帝国の時代に加えて、十九世紀ヨーロッパ列強のただ中にあった明治日本の位置、またときに、いかにアメリカ帝国主義がアジア太平洋において、日本の築いた文化圏を継承し存続させたのかにも触れている。

脱植民地化の時代が到来する以前には、帝国が人々、もの、知識の流通回路をかたちづくっていた。帝国はまた、不平等な出会いを引き起こしていた――ある状況では引き起こし続けている。メアリー・ルイーズ・プラットが「コンタクトゾーン（接触地帯）」と呼んだもの、つまり「非対称の力関係という状況下で文化とその主体とが出会う、現実および想像上の空間」を帝国は創出していた。[1] しかしこうした不平等な出会いという事実そのものだけに関心を向けるべきではない。それが時には暴力的に、時にはより微妙なやり方で、ヒエラルキーによって規定された社会的、文化的秩序の中で、人々がみずからの位置を見つけるように仕向けられたことに注目しなければならない。というのも、後に続く国民国家の支配する時代から見れば、植民地帝国の時代の明らかな特徴はここにあるからである。つまり植民地統治は、民族のヒエラルキーを自然な状態として、本来的に正当な支配の基盤としてみなした。何人かの歴史家が指摘するように、帝国は差異を構造化する。[2] したがって、プラットは拡張する帝国と植民地化されていない領域との間のフロンティアにある場として「コンタクトゾーン」を提示していたが、宗主国本国の空間、さらには個人という一個の主体の精神的また身体的な空間を「コンタクトゾーン」として考えることもできるのだ。日本の政府高官や支配階級は、西洋の帝国主義勢力によってつくられた国際的な競争の場に参入したとき、自らを人種的差異という観点から考えざるをえない「コンタクトゾーン」の中に立たされたし、日本もまた植民地勢力になったときに、植民地支配下の民族を服従させ同化するための正当化の根拠は、人種概念に求められたのである。

十九世紀の征服と植民地化による領土拡張は、基本的にヨーロッパによる行動であったため、世紀末に日本も公式な植民地勢力になったとき、植民地支配のあり方と帝国を誇示する物質的形態との双方が、ヨーロッパの先例に由来するものとなった。単純にいえば明治時代の「西洋化された」日本人エリートが「西洋化」を輸出したのである。このことが生じた回路と、それが引き起こした非対称な出会いは、物質的な見地と同様に人間やイデオロギーの見地からも分析できるだろう。

いわゆる「高位文化《ハイカルチャー》」では、帝国の時代を規定する物質文化に三つの典型的なジャンルがあった。第一にエコール・デ・ボザールで教授されたような新古典主義建築、第二に記念像、特に石や青銅によって写実的に象った、公共空間に置かれる偉人像、第三に油彩画、特に人物を描いた油彩画である。これらの美的ジャンルはさまざまな状況で国家権力を誇示するため使われたし、また三つとも帝国主義勢力の拡張を通じて、ヨーロッパから北米と帝国主義下のアジアへ伝播された。また完全に消えたわけではないにせよ、二十世紀半ばに始まった脱植民地化の時代に、三つのジャンルがみな影響力を失ったことも特筆に値する。ボザールの新古典主義は、古代ローマの帝国モデルに由来していた。新古典主義はアメリカ合衆国で最も長く生き延びたが、世紀半ば以降は世界中どこでも、従来の帝国を横切る経路を通じて、またヨーロッパ中心主義的なヒエラルキーの誇示を拒む要素をもった国際主義的なモダニズムによって、ますます取って替わられた。木下直之と平瀬礼太が日本の場合を記録しているように、公共の場に置かれた、現実また伝説上の政治的・軍事的指導者の像は、優れた男性による支配が自然の秩序の一部として受け入れられ、また征服の伝説が国を支える歴史の語りにおいて基本要素となっていた時代の産物である。(3) 新古典主義建築と同様に、こうした公共の場に置かれた写実的な石像・銅像は、ヨーロッパ高位文化《ハイカルチャー》の優位性の源泉であった古代ギリシア・ローマを参照しており、それが伝播した先々で帝国主義勢力を誇示するのに役立った。これもまた新古典主義建築と同様に、植民地帝国の終焉以降、ジャンルとしてはますます周縁的になっていった。

具象的な油彩画の場合はより微妙で複雑である。この芸術ジャンルは、日本では「油彩画」というよりも「洋画」と呼ばれることが多かったことも注目に値するが、二十世紀前半において世界中の美術学校を支配し、世界的な脱植民地化の時代にその地位を喪ったことも注目に値する。バート・ウィンター＝タマキが明らかにしているように、「洋画」はヨーロッパ人の裸体をもっとも規範的な形態と見なすような、人体についての人種化された概念をもたらした。その結果、洋画における自国様式を確立しようという二十世紀前半の日本の画家たちは、芸術的な技法においても人種においても、ヨーロッパ中心の帝国主義秩序の中に自分たち自身を馴染ませるよう努めねばならなかった。「洋画」はより具体的に、その制度を通じて世界の帝国主義秩序を体現した。ボザールの新古典主義がパリに頂点を置いたヒエラルキーを通じて伝達されたのと同様に、油彩画も、ヨーロッパの帝国首都とアジアの首都と植民地周縁部とをつなぐヒエラルキーの中に画家たちを位置づける、アカデミーやコンクール・団体展を通じて教えられ学ばれたのである。(4)

したがって、こうした文化形態のすべてが、帝国的近代(imperial modernity)の高位文化《ハイカルチャー》を形成したと考えることができる。それらは単に「西洋的」とされることが多いが、この用語は「西洋」と呼ばれる虚構を自然なものとし、同時に美的ヒエラルキーを下支えする帝国主義的政治を隠蔽する。大日本帝国はヨーロッパに由来するこうした形態を、最初は移入し、日本そのものはいわゆる「西洋」ではなかったにもかかわらず、次いでアジアの他地域に持ち込んだ。したがって日本の場合を考えることによって、われわれは近代の世界文化のこうした要素にひそむ帝国主義的特質を浮かび上がらせることができるのだ。

本書の焦点となっている日常空間の多くの側面にも同じことが言える。帝国文化の正典的な形態に代わって、筆者は帝国の文化的な「余分なもの」を中心に扱う。つまり、力によって押し付けられず、国家権力に直接繋がることも少なかったにもかかわらず、帝国の回路を通って移動し、多くの場合注意されることなく文化と人間行動における帰結をもたらした、衣食住の形態である。その中でたとえば、第二章は一般に「味の素」という商標で知られる食品添加物、グルタミン酸ナトリウムの普及を扱っている。第五章は家具として加工され使用された籐を扱っている。経済的な見地からすると、これらのものは大日本帝国において最重要な商品というには程遠いものだったが、だからといって深層における文化的効果をもたなかったというわけではない。それらが物質文化のある全体であるとか、ユニークな側面であるなどと主張したいわけではない。いうまでもなく、他の多様なものの人生をたどり、それについて「いかに帝国と結びついていたか」を問うことによって、ものの移動、流用、消費を通じた帝国主義の生きられた経験の歴史を、部分から全体へと構築できるだろう。本書において短く触れている他のものには、長椅子、ピアノ、野球、ひげ(これは西洋から日本に移入された際に、新たな帝国主義的男性性を象徴した)、また着物(日本から米国に移入された際に、女性の寝間着に変貌した)などがある。これらのいずれも、豊穣な歴史物語を生み出しうるだろう。そうした物語のいくつかは書かれているだろうし、これからも書かれるべきである。

しかし、あるものの歴史は、それを通じて人間関係の歴史のある側面を理解するのに役立つものでなければ、時代考証という以上の意義はない。人間の見地からするとこれらの物質文化史は、帝国世界の中の人間が、身体的な移動と同様に、文化的な交渉においても直面したジレンマに関係する。人は自分自身の歴史を作るが、それは自分の作った状況下においてではないというマルクスの有名な言葉は、政治史における大文字の出来事と同様に日常生活の歴史についても当てはまる。第一章において、われわれは「洋館」というものを通じて、近代化しつつあった明治後期日本の上流階級に出会う。私生活に関係するにもかかわらず、帝国間競争の公的政治と切り離せないものと当時思われた、趣味、振る舞い、そして居住空間の使い方に関するヨーロッパの規範に対し、彼らがいかに対処したかを解き明かす手がかりとして、筆者は『婦人画報』誌における室内装飾の見せ方を採り上げた。一方第六章において、日本の植民地支配下の台湾原住民が登場する。天皇の忠実な臣民とするために日本が押し付けた要求、また感動させたり脅したりしようとした試みに対し、彼らがどう対処したかを分析する。片や一九〇六年の東京に置かれ、片や同じ東京で明治後期から一九四〇年まで続いたこれら二つのケースは、互いに重ね合わせて考える必要がある。『婦人画報』誌上に自邸洋間の内装が撮影された大隈重信や金子堅太郎といった人物が、国内外の政治における重要人物であったのに対し、台湾から東京に「内地観光」のため連れて来られたタイヤル族の人々は、日本の植民地支配下にあり、その名前は書かれた歴史記録にほとんど残っていない。したがって両者は、一見すると帝国主義権力の闘技場において対極に立っているように見える。しかしながら日本のエリートとタイヤル族のエリートは類似する境遇に置かれていた。両者ともたとえ外交や武力で一時的に抵抗でき、あるいは優位な立場にさえ立てたとしても、文化的な交戦規定があらかじめ決定され、見直すことも拒むこともできなかったという帝国の地政学の場において、非対称の出会いに対処させられていたのである。

この二つの論考の間にある他の章は、各々異なる方法で非対称の出会いという帝国空間に対処した、エリート、非エリート双方にわたる人物たちを紹介している。支配的イデオロギーがヒエラルキーに基づいていたにもかかわらず、日常の現実は必ずしもそれに一致していたとは限らない。日常的な場面において、植民者はたとえ征服勢力を代表していたとしても、被植民地の人々に対してつねに優位であったとは限らない。人間同士の力関係の場におけるものの役割は、このような葛藤にも光を当てている。

腕時計の場合を少し採り上げてみよう。川村湊は、『少年倶楽部』誌に一九三三年から一九三九年まで連載された島田啓三作の漫画『冒険ダン吉』を分析している。そこでは、少年ヒーローのダン吉が南洋の架空の島の「野蛮」人たちを征服するときに嵌めていた、腕時計の重要性に触れている。川村が指摘するには、この時計はダン吉が文明化された立場にあることを示している(図Ⅰ)。腕時計は近代の帝国文明の雄弁な表象である。測定された時間は、日常生活を普遍的な秩序に嵌めこむ。ダン吉はこの計器を身につけていることによって、近代の科学と技術を用いて合理的で効率的な行動を引き起こすという植民地管理の体現者となった。漫画を描くにあたって、島田はこのことを意図していたに違いないし、島において文明化の使命を担うというダン吉の役割をこの時計が確証するものと、当時の注意深い読者も気付いていただろう[5]。

図1　島田啓三「冒険ダン吉」(1933年). 少年ヒーローダン吉は南の島に住む「土人」を征服し，その王になる. 彼らを区別するためにその胸に番号を書き，すぐに近くの部族と戦争をするために軍隊を組織する. ダン吉の腕時計が目に付く(『冒険ダン吉』複製版，講談社，1970年).

しかし、それではこのことを、一九四二年三月から始まった日本軍の占領期におけるフィリピンについて津野海太郎が語った以下のストーリーと照らし合わせてどう理解すればいいだろうか。津野によると、当時のタガログ語喜劇にあらわれた日本軍兵士の風刺では、彼らはひとつではなく複数の腕時計を身につけていた。もちろん一つ以上の腕時計を嵌めることによって、日本兵がより文明化されているということにはならなかった。実際のところ、日本兵はフィリピン人の腕時計を押収して自分で使うという評判が立っていたようだ。これが、複数の腕時計を嵌めた日本兵を描く風刺の素地になっていた。優越した文明の担い手であるどころか、日本人はここで支配下の人々がすでに所有していた文明の徴を貪るものとして描かれていたのである。(6) 日本の植民地化は太平洋の諸地域において、実際に時計の時間と労働の規律をもたらしたかも知れないが、だからといってある日本人が物質的な豊かさと近代的利便性との象徴としての腕時計を貪欲に蒐集するのを防ぐことにはならなかったようだ。さまざまに周縁的な社会地位にあった大日本帝国内の日本人の状況を明らかにする研究が近年増えてきている。(7) 文化的側面からも、制度上より安定した地位にいた植民者であっても、ときには支配的な立場と被支配《サバルタン》の立場の双方に同時に立たされることもあった。

一　イデオロギーの見地からみた帝国の回路と出会い

　帝国の回路を通じて人々やものとともに人種のイデオロギーも伝播した。「人種」に普遍的な定義はなく、世界的な脱植民地化の時代においてレイシズムとともに、分類概念としての人種(race)そのものにも疑念が差し向けられるようになったのは驚くまでもない。植民地主義がなければ人種というものは存在しなかっただろう。しかし植民地帝国の時代にあっても場所と時期によって、人種の意味は異なっていた。東京において「東洋人」であることは、サンフランシスコにおいて「アジア人(Asiatic)」「東洋人(Oriental)」であることと同じ意味をもっていなかったし、一九〇八年における意味は一九四五年における意味と違っていた。人種は帝国の眼差しと、帝国のヒエラルキーが生み出した人間を分類する必要性との産物である。こうして揺らぎをもった分類は、国家がひとの移動を規制したり特定の人間集団を操作し抑圧したりするために利用することによって、実際の人間相互の交流に影響した。またマスメディアも国境を越えて人種概念を普及させた。結局のところ、人の流動を決定するこうしたイデオロギーは、他の概念やものの流動とも絡み合うようになる。

　第三章において、イデオロギーによって屈折させられた概念、人間、ものの流動の多面的な運動をつかまえるため、異なる方法論を実験的に用いてみた。線的な語りを追求する代わりに、一九〇八年という一つの年に生じた出来事や発言に焦点を絞り、歴史叙述のモンタージュを使った互いに関係し合う流動の地図を構築している。この章はモンタージュ手法の意義と可能性に関する短い論考で始まっている。因果関係の構造によって事実を分析できるような線的な歴史の語りに対して、モンタージュは代役を果たせない。しかし、それが通常の手法に則った叙述構造をもつ歴史論文のあいだに置かれると、われわれはレトリックによって構築された歴史上の因果関係の確実さから一歩離れた立場に立ち、複数ありうる歴史叙述の可能性を想像できるようになる。

逆説的にも、帝国の回路は反帝国主義ナショナリズムや世界同胞主義(コスモポリタニズム)といったイデオロギーをも運ぶことになった。ナショナリズムが帝国内移動の経験によって覚醒されることもしばしばだった。たとえばマハトマ・ガンディーはイギリスで資格をとった弁護士として、英領南アフリカにおける二十年以上のキャリアの間に、帝国主義下の民族的不公平に関する認識と、インド人としての民族アイデンティティの自覚を得た。共産主義者や無政府主義者も、帝国宗主国の首都で互いに出会い、またそこでこそ植民地において禁止されていた中心的なテキストを読むことができた[8]。

帝国という環境において浮上し帝国主義と衝突する世界的なイデオロギーは、日常生活の文化においても特定のものや理念に繋がった。たとえばバンガローという住居形態は英領インドに生まれ、帝国の回路を通じて地球上を伝播し、歴史家アンソニー・キングが指摘するように、初の世界的住居形態となった[9]。バンガローという住居形式は急進政治からかけ離れているにもかかわらず、ある思想家たちにとって上下のヒエラルキー的社会規範に従来ほど支配されていない、新しくより民主的な生活様式を体現していた。一九二〇年代の日本で浮上し、植民地メディアを通じて朝鮮半島に伝わった「文化生活」の言説を、第四章の中で採り上げている。この言説において、住居は具体的にコスモポリタニズムの理想に連結された。つまり皮肉にも、帝国によってすべての民族が平等に共有できる一つの世界文化を想像することが可能になった。

二　人と知識の流動

単に宗主国の中心と植民地の周縁としてではなく、帝国を非対称の出会いの場が織りなす巨大なネットワークとして想像してみると、帝国の都市は急速な文化変動と、頻繁かつ複雑な文化交渉の場として、特別な重要性を帯びてくる。宗主国の首都と植民地の首都の間の人々の移動、特に教育を受けた人々の移動を追うことにより、そのような地図を描くための手軽な出発点が得られる。日本帝国の植民地首都における日本人(「内地人」)人口は大きかった。一九三五年時点での京城(ソウル)総人口四〇万四二〇二人のうち二八パーセントは日本人植民者であったし、[10]同時期の台北総人口二六万人のうちおよそ三〇パーセントが日本人であった。[11]これらの統計はアジアにおけるヨーロッパ植民地の都市に比べて、遥かに大きな植民者人口を表している。この点において大日本帝国は、宗主国に地理的に近く、山師や小市民階級の実業家人口を大量に吸収した点で、北アフリカにおけるフランス植民地帝国と並び立つものであった(表1参照)。

一九三五年の東京の人口は五八七万五六六七人であるが、記録された朝鮮人人口は一パーセント強で、ソウルの日本人植民者の割合を遥かに下回っている。東京における台湾人人口はさらに少なかった。もちろん、東京が帝国内部の移民にとって随一の吸引力をもっていたわけではない。日本列島に住む「外地」出身者のうちでは、朝鮮人が最大の人口を構成していたが、工場での職を求めて大阪に移り住んだ朝鮮人移民は、東京に移民した人口よりも多かった。一九三六年、東京にはおよそ六万五千人の朝鮮人がいたが、大阪には一三万四千人がいた[12](表2参照)。

高位文化《ハイカルチャー》への効果という見地からは、支配層人口の移動は、移動人口全体よりも大きな影響をもたらしている。大きな人口や文化の流動から考えると、東京は近代的学知の純移入都市なのか純移出都市なのかという問いが生じる。つまり植民地や海外から東京に留学に来た人々は、植民地や帝国の外へ教育の機会を求めて東京を離れていった人数を上回っているだろうか。外務省統計によると、一九一九年から一九二八年の十年間を通じ、合計五六〇五人の日本国民が海外留学に出たと記録されている。[13] 一方、一九三〇年には二五九〇人の朝鮮半島留学生が東京に住んでいたという記録がある。一九三五年には四六四六人の朝鮮人留学生がおり、一九四二年には一万六七八四人がいたという。[14] 日本本土における朝鮮人居住人口の総体と異なり、朝鮮人留学生の圧倒的な人口が東京に滞在していた。台湾人留学生も少数ながら東京に来たが、朝鮮と比べても同等かそれ以上に中国大陸から留学生が来ていた。[15] 一九三六年に中国人留学生がピークに達したとき、一年

表1　植民地主要都市における
植民者(宗主国内地からの移住者)の人口割合

大日本帝国領・京城(現在のソウル，1935年)	28.0%
大日本帝国領・台北(1935年)	30.0%
イギリス領・デリー（1921年)	3.7%
イギリス領・シンガポール(1931年)	2.7%
オランダ領・バタビア(現在のジャカルタ，1929年)	7.0%
イギリス占領下・カイロ(1897年)	5.0%
フランス領・アルジェ（1881-1926年)	75-80.0%
フランス領・カサブランカ(1913-1952年)	20-35.0%

京城，台北のデータは橋谷弘『帝国日本と植民地都市』(吉川弘文館，2004年)より．

デリー，カイロ，カサブランカ，アルジェのデータは，David Prochaska, *Making Algeria French* (1990)より．それぞれヨーロッパ人人口．

シンガポールは，Brenda Yeoh, *Contesting Space in Colonial Singapore* (2003); ヨーロッパ系とユーラシア人．

バタビアは，Karen Bakker, Michelle Kooy, "Governance Failure: Rethinking the Institutional Dimensions of Urban Water Supply to Poor Households," *World Development*, Volume 36, Issue 10 (October 2008)より．

表2　宗主国主要都市における
植民地被支配地域出身者の人口割合(推定値)

東京(1935年)	1.00%
大阪(1940年)	4.70%
ロンドン(1932年)	0.09%
アムステルダム(1930年)	0.50%
ハーグ(1930年)	2.80%
パリ(1926年)	0.40%

東京，大阪のデータは，『東京府統計書・昭和十年』の「在留朝鮮人及台湾人」と，『大阪府統計書・昭和十年』の「在住朝鮮人」による．

ロンドンは，イギリス全体のインド人人口(Michael Fischer, et al., *South Asian History of Britain*, 2007)．

アムステルダムとハーグは，1930年オランダ国勢調査(http://www.volkstelling.nl/nl/volkstelling/jaartellingdeelview/VT193002/index.html)．

パリは，Tristan Oestermann と Michael Goebel のデータ(Freie Universität Berlin, 2012)による．

間に日本本土に来た数は八千を超えると伝えられた。[16]海外渡航に関する外務省統計は日本本土（内地）から何らかの形で留学に出た日本人の総数を必ずしも表していないかも知れないし、統計記録の年代は東京に来る学生が記録された年代と完全に一致していない。しかし、東京を学問の中核としていた日本本土は、学生を移入し、教育を移出していたことが全体としてほぼ確実である。ただし、この学業の実態は、医学にせよ経済学にせよ芸術にせよどの学問にせよ、西洋由来であったので、ほとんどの場合において東京を東アジアにおける学知の再輸出港と見なす方が正確であろう。[17]

文学の分野において、学知の往き来に対する東京の役割は翻訳と出版によって大雑把に測ることができる。カレン・ソーンバーや他の研究者は、大日本帝国を通じた文学者の接触や交流の幅広さを実証している。文学においても、東京は多くの場合再輸出港の役割を果たした。たとえば魯迅は西洋の書物の原語版と邦訳を求めて神田と本郷の本屋を渉猟した。魯迅の弟である周作人は、何でもすぐに日本語の翻訳になると記した。同時に、作家の新たなネットワークもアジアに形成されていた。一九四二年十一月に第一回大東亜文学者大会のため、一五〇〇人の作家が東京の帝国劇場に集った。[18]大東亜の名の下でアジアから東京に来たそれぞれの参加者の動機は、複雑でそれとしても分析を要する問題だったに違いないが、しかしこれほど多くの作家が地域全体から一つの場所に集まったこと自体も、大日本帝国を通じて形成された、ソーンバーのいう「文学的星雲」の片鱗を示している。

アジアの他地域から東京に来た学生は、自分たちで文学や政治の団体を作っており、それらは多くの学生にとって自国同胞と自分を同化する、最初の正式な社会集団の経験となった。マイケル・ワイナーは一九二五年以前に東京で創立された十四の朝鮮人団体を記録しており、ほとんどは民族主義団体で、少数の共産主義団体もあったという。[19]早稲田大学にいた朝鮮と台湾の学生は、『亜細亜公論』誌上に日本語で政治論を交わしていた。一方中国研究者の実藤恵秀が一九三九年に記したところでは、一九三四年現在、日本で三十七以上の中国語雑誌が出版されていた。この国境を越えた驚くべき文章生産量は、過去何世紀にもわたって存在してきた中国文化圏の存続によって一部を説明できる。と同時に、中国思想の遺産に根ざした、より深遠な文化的つながりを別にしても、東京の植字工は活字箱に漢字を置いていたという物理的な理由によって、東京が中国語出版に適した場所となっていたことも想像に難くない。関連することだが、台湾総督府が主宰して刊行した新聞『台湾日日新報』は一部が二カ国語併記であったので、日本人植民者と中国語を読む台湾読者の双方に情報を提供しており、両方が投書した漢詩欄もあった[20]。

芸術分野において、政府主催の展覧会は世界的な学知を導入するもう一つの重要なパイプとして、趣味のヘゲモニーを生成し再生産する装置となった。こうした展覧会に選出された少数の植民地画家は、東京美術学校へと導かれた。さらに少数は、東京からアカデミー絵画と前衛美術の世界的な頂点であるパリへ進んだ。一九二七年から一九四三年まで毎年台北で開かれていた台湾美術展は、東京で開かれた帝国美術展の引き写しであった。台湾における日本人の絵画教師は、その学生にあるいは西洋的な油彩画を、あるいは日本本土で一八八〇年代以降「日本画」と呼ばれてきたが、日本人が本土の外のアジアで教えたり描いたりしたときに「東洋画」と改名されたものを、教えていたのである。十九世紀末から二十世紀初頭までパリで訓練を受けた日本人画家第一世代は、当地で流行していた外光派と印象派の様式に親しんだ[21]。その結果東京はポスト印象派のアジアにおける中継点の機能を果たし、東京のアカデミーを媒体にしたために、その画法は植民地朝鮮と台湾において「アカデミー派」と称された。東京からの絵画教師や展覧会審査員は朝鮮、台湾、中国本土の画家に様式や技法を教えた。彼らは同時に各国において地域固有の「地域色」を奨励した(図2)。その結果、これら各国で好まれた題材が固有のものとして切り出され、かつての中国中心的な美的正典から植民地支配下の画家と景観美とを切り離し、帝国内部で各地域の文化的アイデンティティを強めた[22]。

図2　林玉山「帰途」(1944年,『東京・ソウル・台北・長春：官展にみる近代美術』2014年より). 林は1907年に台湾の嘉義に生まれ，中国文人画の画家として出発するが，1927年の第1回台展の審査では中国の伝統的画法による出品は落選した．東京で西洋水彩画を学び，1930年代には日本画(「東洋画」)を京都で堂本印象のもとで勉強して台湾に戻る．台展で奨励されていた「地域色」は，林や他の台湾画家の目を，水牛，サトウキビ，原住民などの題材へと向けさせた(Wang, pp.102–103).

帝国大学のような制度の安定性によって、東京は二十世紀初頭から学知の生産者と輸出者となっていたものの、だからといってすべての分野において帝都東京が東アジアの文化的中心となっていたわけでもない。学校教育にそれほど頼らない分野では、別の地域ヒエラルキーが可能であった。たとえばテイラー・アトキンスが指摘するように、ジャズの世界では上海がメッカであり、本物の淵源に近づきたいと願う日本人演奏者を惹きつけていた(23)。

かいつまんでいえば、大日本帝国は植民地首都において比較的大きく、かつ非エリートを多く含んでいた植民者人口と、宗主国首都東京に向かう外地留学生などの綿々とした流れによって特徴付けられていた。漢字などの共有によって結ばれた古くからの紐帯と、西洋から輸入された近代教育制度による吸引力との双方によって、東京は複数のエリート文化ネットワークが折り重なった結節点となったのである。

三　植民地的近代、帝国的近代、ポスト植民地の責任

この本で時々、私は「帝国的近代」という言葉を使っている。この用語で帝国主義のパワーバランスの文脈において経験される近代を指しているつもりだが、同時に近代の植民地帝国の時代に帝国の回路の中を流通した学知、制度、物質的なものを意味する場合にも用いている。一九九〇年代後半以降、日本の植民地帝国研究の中で、「植民地的近代」というものについて議論している研究者が複数現れている。この表現はその曖昧さで批判を受けている。またある研究者は、帝国主義の暴力を最小限に評価する歴史修正主義的解釈に不用意に利用されうる概念だと懸念している。「植民地的近代」という概念はとくに近代韓国・朝鮮の歴史学において、日本の植民地支配下で朝鮮が近代性を経験したことを全く認めないポストコロニアルな民族主義的解釈に対抗する議論として出現した。この「植民地的近代」の所論を再考する論考において、板垣竜太は植民地宗主国にいる人々の経験も取り入れる形で、歴史家はこの概念を再考しなければならないと主張している(24)。そのためここでは「帝国的近代」という言葉を代わりに使う。

もちろん「帝国的近代」は「植民地的近代」と同じくらい曖昧な表現である。しかしこの概念によって、植民地と宗主国本土の双方の空間を含む、複数の帝国によって形成された、多角的な空間であった「帝国」的文脈における近代の規範や

形態をより包括的に捉える方法が提供される。また植民地帝国の崩壊後に支配的になってきたグローバルな近代性の諸形態との弁証法的関係において解釈することも可能になってくる。

この弁証法を図式化するために、グローバルな近代を単純な見地から、つまり福沢諭吉が「文明の利器」と呼んだものとして考えることができる――たとえば鉄道や電信など一連の投資対象や、徴兵制や都市計画などの制度のように、しばしば帝国の回路を通じて世界中に広まっており、ほぼどこでも導入され、押し付けられても取り入れられても、混淆されながら一度遭遇すると完全に拒まれることはなかったものである。これらのものは正式な植民地帝国の時代以降も存続し拡大した。世界の大半で、帝国列強により強制されたものなので、その歴史的時点において帝国主義から切り離して考えることはできない。しかし、同時に植民地帝国主義の内部でその権力によって移動し、それを押し付けた植民地帝国が崩壊したとき概ね放棄された、近代の投資と制度の組み合わせもあった。これらを「帝国的近代」と呼ぶ。現実には、グローバルなものと帝国のものはつねに互いに組み込まれていた。しかしグローバルな近代性と帝国の近代性を、建築や物質文化の異なるあり方、異なる主体や行動様式によって見出すことができる。討伐と撫育(pacification)、凱旋門、帝国の祝祭とページェント、従属と忠誠を他国の君主に誓う押し付けられた儀式、他の形の帝国の統制と教化の手段などは、すべて何らかの形で人種ヒエラルキーを体現、あるいは象徴した。そしてすべて二十世紀の後半においてほぼ過去のものとされた近代性に属する。グローバルなものと帝国のものが互いに組み込まれていた時代にあっては分けることが難しかったが、しかし後に脱植民地化の過程で、制度とその物質的遺産がふるいに掛けられ、あるものが保存されあるものが破壊されてきたように(図3)、この複数の要素は実際に区別されること

図3　放棄された帝国の名残. 1911年にインドを訪問したジョージ5世の戴冠式を行うためにデリーの郊外に設立された “Coronation Park.” インド独立後に植民地時代の偉人像が広く集められて帝国の「墓場」と化した. 2000年代に入ってから, 荒れ果てていた公園を設立100周年までに整備する計画が立てられたが, 間に合わなかった(John Elliott, “Delhi Marks One Hundred Years of ‘Re-emergence’ and Bypasses a British Century.” *The Independent*, Dec.17, 2011).

となった。

我々は両者の相違を、一方が他方よりも暴力的だという点に求めるべきではないだろう。これは近代軍隊と化石燃料に基づく工業がもたらした破壊を見れば明らかである。どこにでも拡散したもっとも代表的な文明の技術であるこの二例はほぼどこにも拒まれず、脱植民地化以降も拡大し続けているからである。グローバルな近代は帝国に劣らず暴力を働いてきた。唯一の違いは、帝国の近代性が民族アイデンティティに対してより明白に暴力的であることで、それは不平等のイデオロギーと政策に、場合によっては強制的な同化に基づいていることにある。これに対し、理念としてのグローバルな近代は個人および民族の自決権、物質生活の進歩、快楽、身体的欲求の満足などの普遍的価値、あるいは約束の一群、を意味した。しかし、現実には民族間、個人間の不平等は持続したし、また新たな欲求を永遠に創出し続けることを資本主義が必要としたから、これらの約束はいつまでも実現が先送りされたのだった。

フレドリック・クーパーが記すように、帝国は「国境を越えて権力を及ぼす国民国家に還元するべきではない」[25]。二十世紀前半において帝国という政治形態固有の力学が、世界の大半の社会と文化を特徴づけていた。二十世紀後半以降、国民国家は政治的正当性の支配的な源泉として、帝国に代わる位置を占めるようになった。そしてポスト植民地主義的国民国家の台頭により、国際政治においても歴史叙述においても、帝国主義の集団的暴力という負の遺産が前面化してきた。アジアにおける日本帝国主義は現在に至るまで、未解決のままの複数の人権問題という負の遺産を残している。アジアにおいても帝国主義の人権侵害を発掘し、それを語ることは、他の世界におけるのと同様に、重大な倫理的意味をもつ作業であり続けている。しかし、もし近代帝国の歴史家としてこの仕事を唯一の使命とするならば、その歴史を支配と抵抗という二元論的な図式の中に限定するという危険を冒してしまう。ある場合においてこれはさらに、個人の人権をともかくとして民族の権利を認定することが、ポスト植民地時代の正義の十分なあり方であるかのように、民族アイデンティティを実体化することにも繋がってしまう。変形してはいるものの、帝国主義と植民地主義は我々の間に今なお存在している。帝国の二十世紀の場合における文化的作用を捉える、よりダイナミックな方法が、我々の現状を理解する上で助けになるかも知れない。

序章注

（1） Antoinette Burton and Tony Ballantyne, "Bodies, Genders, Empires: Re-imagining World Histories." In *Bodies in Contact: Rethinking Colonial Encounters in World History* (Durham, NC: Duke University Press, 2005), p. 406.

（2） Frederick Cooper, *Colonialism in Question: Theory, Knowledge, History* (Berkeley: University of California Press, 2005), p. 23. クーパーはパルタ・チャタジー(Partha Chatterjee)を引用している。

（3） 木下直之『銅像時代——もうひとつの日本彫刻史』岩波書店、二〇一四年、平瀬礼太『銅像受難の近代』吉川弘文館、二〇一一年。

（4） Bert Winther-Tamaki, *Maximum Embodiment: Yoga, the Western Painting of Japan, 1912–1955* (University of Hawai'i Press, 2012).

（5） 川村湊「大衆オリエンタリズムとアジア認識」『岩波講座近代日本と植民地』第七巻、岩波書店、二〇〇五年、一〇〇頁。

（6） 津野海太郎『物語・日本人の占領』平凡社、一九九九年、七四〜七五、八三頁。津野によると、敗戦時の旧満州と樺太に侵略したソ連兵についてもおなじ噂があったそうだ。

（7） 英文では、たとえば、Mark Driscoll, *Absolute Erotic, Absolute Grotesque: The Living, Dead, and Undead in Japan's Imperialism, 1895–1945* (Duke University Press, 2010).

（8） Benedict Anderson, 'Preface' in *Anarchism and Syndicalism in the Colonial and Postcolonial World, 1870–1940: the Praxis of National Liberation, Internationalism, and Social Revolution*, edited by Steven Hirsch, Lucien van der Walt (Leiden: Brill, 2010), pp. xxvii–xxviii.

（9） Anthony King, *The Bungalow: Production of a Global Culture* (2nd ed.; Oxford University Press, 1995).

（10） 橋谷弘『帝国日本と植民地都市』吉川弘文館、二〇〇四年、七四頁。

（11）『台北市統計書』台北市役所、一九三六年。

（12） 民族が混ざっていたからといって、決して寛容な社会が出来上がっていたというわけではない。関東大震災直後の東京で起こった朝鮮人虐殺は、当時の宗主国社会が植民地出身者にいかに不寛容だったかを示す悲劇的な証拠である。

（13） 外務省通商局編『海外渡航及び在留本邦人統計』一九三〇年、一四〜一五頁。

（14） 朴宣美『朝鮮女性の知の回遊——植民地文化支配と日本留学』山川出版社、二〇〇五年、二八頁。

（15） 一九二〇年代東京における台湾人留学生の知的経験については、紀旭峰「大正期在京台湾人留学生と東アジア知識人——朝鮮人と中国人とのかかわりを中心に」『アジア太平洋討究』一五号、二〇一〇年十月、二〇一〜二一九頁。

（16） 実藤恵秀『中国人日本留学史稿』日華学会、一九三九年、三〇九〜三一〇頁。

（17） 西洋の知識体系の移植は、帝国内部で他の回路を通じても起こった。蘭信三が明らかにしているとおり、多くの台湾人が医療研修のため満州に移動した。蘭信三「序——日本帝国をめぐる人口移動の国際社会学をめざして」『日本帝国をめぐる人口移動の国際社会学』不二出版、二〇〇八年、一七頁。

（18） Karen Thornber, *Empire of Texts in Motion: Chinese, Korean, and Taiwanese Transculturations of Japanese Literature* (Cambridge, MA: Harvard University Asia Center, 2009), pp. 35, 81.

（19） Michael Weiner, *Race and Migration in Imperial Japan* (London and New York: Routledge, 1994).

（20）『台湾日日新報』については、李承機「一九三〇年代台湾における「読者大衆」の出現」『記憶する台湾——帝国との相剋』

東京大学出版会、二〇〇五年。

(21) J. Thomas Rimer, "Tokyo in Paris, Paris in Tokyo." In *Paris in Japan: the Japanese Encounter with European Painting*, edited by Shūji Takashina, J. Thomas Rimer, Gerald D. Bolas (Japan Foundation, 1987).

(22) 『東京・ソウル・台北・長春 ：官展にみる近代美術 』福岡アジア美術館、二〇一四年。英文では、Young-Na Kim, "Artistic Trends in Korean Painting." In *War, Occupation, and Creativity: Japan and East Asia, 1920–1960*, edited by Marlene Mayo,Thomas Rimer, and H. Eleanor Kirkham (University of Hawai'i Press, 2001), pp. 124–126; Wang Hsiu-hsiung, "The Development of Official Art Exhibitions in Taiwan During the Japanese Occupation." In Mayo, Rimer and Kirkham, eds., ibid., p. 103.

(23) E. Taylor Atkins, *Blue Nippon: Authenticating Jazz in Japan* (Durham, NC: Duke University Press, 2001), pp. 83–90.

(24) 板垣竜太「〈植民地近代〉をめぐって――朝鮮史研究における現状と課題」『歴史評論』六五四号、二〇〇四年十月、三五～四五頁。

(25) Frederick Cooper, *Colonialism in Question*, p. 11.

第一章

「洋館」の飾り方・住まい方

——明治上流階級の趣味は「オリエンタリズム」だったか

『婦人画報』室内装飾特集号（一九〇六年二月）表紙、石川寅治画。この特集号で「室内装飾」という新分野の知識を読者に伝えながら、同時に富と名声ある人々の住まいを覗き込む機会を提供した。発行の趣旨では「幸ひ上流社会の高覧を辱ふし、高堂玉殿に近づくの便益多きに依り、之が撮影のことを申し入れしに、何れも快く承諾を与へられた」と、雑誌の社会的地位を誇示している。

明治期の上流階級は、ヴィクトリア期西洋の様式と趣味を多く採り入れた。住宅建築では、とくに西洋風の外観をもつ「洋館」と応接間としての「洋間」の内装に見られた。しかしこれらの内装を簡単に西洋の様式として解釈できるわけではない。こうした住宅のほとんどは日本人大工が建てており、地元の職人の技術がその意匠に現れている。国内外で作られたさまざまな家具が交ざって使われ、また日本、中国ほかアジアの古物が当時日本人が理解したとおりの西洋趣味にそって、あるいは日本趣味と調和すると思われた西洋趣味の要素を用いて、飾られた。「西洋趣味」「日本趣味」という言葉は、ともに不安定な用語である。これらは互いに補いあうかたちで配置される過程で定義されるものと認識しなければならない。

本章では明治末期のある特定の事例から、当時の日本の上流階級の「洋館」「洋間」の装飾の背後にある感性や世界観を探究したい。事例には一九〇六年に刊行された『婦人画報』誌室内装飾特集号を取りあげる。『婦人画報』は日露戦争まっただ中の一九〇五年に発刊された。本章で取りあげる室内装飾特集号はその翌年に出ている。この号の図版によって、世界帝国主義期にあった日本の国内市場における、明治期上流階級による美的選択、また置物や内装と写真表象との関係について、数々の問いが生まれる。本章の意図は、こうした問いを浮上させ、われわれの観察を秩序づける図式をいくつか提示することにある。

これらの問いが依拠する理論的枠組みは、オリエンタリズムの問題である。単純化を恐れずにいえば、エドワード・サイードの理論にいうオリエンタリズムとは、植民地主義的世界観に基づいて、既存の帝国主義的政治の権力関係に加担したり、その構造を正当化したりして文化を解釈する見方である(今沢紀子訳『オリエンタリズム』)。当時の日本は西洋から見て「オリエント(東洋)」に位置しながら、植民地獲得によって列強の仲間入りをしつつあった。その国際的地位は両義的であるため、サイードの用語の適用は明らかに複雑になっている。

明治時代から現在まで、明治の上流階級は西洋の皮相的な模倣者としてしばしば描かれてきた。「洋館」は、フロックコートや女性のスカートを膨らませるバッスルなどとともに、政治的に斬新ながら文化的には非独創的とされてきた時代の代名詞である。日本の文化遺産の保護対象がより新しいものへと進んできたため、明治期の多数の建物が、文化財として価値を認められるようになってきた。しかし、例外的な日本人建築家の独自性を取りあげたところで、明治の文化を「猿真似」と見なす通念は変わらない。西洋と対等になろうとしながら、西洋文明に同化される運命にあったという明治の人々への理解のしかたを、私たちは被植民地日本の言説と呼べるだろう。この言説において、西洋は文化的植民地主義の主体であり、日本は植民地支配の対象であったのだ。日本近代に関するこうした見方は現代でも盛んである(1)。

これとは対極的に、当時の日本人が東西両洋の知識や文化を採り入れるのに都合のよい特有の立場にあり、西洋、中国や韓国、あるいは自国の伝統からそれらを自由に引き出していたと見なすこともできるだろう。もしこうした流用《アプロプリエーション》が、日本の帝国主義的膨張の企てとアジアにおける植民地統治者としての位置づけに一役買っていたとすれば、その帰結はまさにサイード的な意味でのオリエンタリズムと呼べるだろう。

当時の感性に対する、以上二つの評価の対立は、究極的には表象を操る力の問題に帰着するだろう。日本や日本人が、日本的なものと西洋的なものの表象を自ら使いこなせたとみるの

(1) 明治天皇とほぼ重なるチュラロンコン(ラーマ五世)治世下(一八六八〜一九一〇年)のタイ王室の建築は、同じ「猿真似」の論理に基づきキッチュとして批判されてきた(Noobanjong, pp. 200–210)。

か、それとも西洋由来のそれら表象の虜になっていたとみるのか。しかし、日本イメージの掌握の問題は、巧みな流用とみなそうが、非独創的とみなそうが、結局個人を単に国民国家の反映と見なすことにつながる。日本国家が帝国の世界秩序における地位を争っていた時代にあって、国民なるものへの問いは、あらゆる文化領域に不可避的に大きくのしかかっていた。しかし実際の個人の趣味は、地域、ジェンダー、世代、階級、社会的身分など複雑な変数に規定されている。したがって、世界における明治国家の両義的な地位が及ぼした文化的影響を語るには、その地位自体が国内社会における文化戦略にいかに浸潤したのか、またどのような置き換えのメカニズムを通じて、世界の政治秩序が反復され反映され、また逆転され、国内秩序に浸潤したのかを分析しなければならない(2)。

一九〇六年の『婦人画報』はそうしたメカニズムが作用した表象の結節点を提供している。そこでは帝国のいくつかの文化的方向性が交わる。その図版は、私たちに植民地帝国の支配・被支配の二分法を超えるよう促す。オリエンタリズムと明治の趣味をめぐる特殊な問題に立ち返る前に、まずグラフ雑誌そのものを考察したい。なぜなら、これは政治構造を文化に置き換える媒体だからである。この置き換えからは問題を秩序づける二つの原則が見出される。一方はフェティシズムであり、他方は植民地主義あるいはオリエンタリズムである。前者の原則は人や社会の関係をフェティッシュの対象に置き換える。フェティシズムとは人の関係をものの関係と誤解するというマルクスの用語であれ、ある欲望の対象をほかのものに代替するというフロイトの用語であれ、置き換えの一つの形式である。他方、オリエンタリズムは、国際的な政治秩序を自然なものと誤解する、置き換えのもう一つの形式である。つまり後者の原則はこの誤解を反映して、世界のヘゲモニー構造を、国民間、あるいは国内の政治的文化的秩序へと置き換える。しかしこうした秩序化原則を説明しただけでは、明治上流階級の趣味は「オリエ

(2) 植民地支配下民族の「猿真似」に、転覆の脅威が潜むことを示唆するような、植民者と被植民者の文化的関係の再読については、バーバ、二〇〇五年を参照。

ンタリズム」だったのかという本章の最初の問いに答えたことにはならないだろう。そのためには明治の室内に実際に施された装飾言語と、その写真表象を、私たちはつぶさに解読せねばならないからである。

一　媒体――『婦人画報』

一九〇六年二月、発刊二年目の『婦人画報』は室内装飾特集号を発行した。冒頭の二十数ページは豪華な内装の写真図版であり、ほとんどは日本の特権階級の住宅の客間、応接室を写している。それらは、東伏見宮邸、岩倉公爵邸、二条公爵邸、黒田侯爵邸、細川侯爵邸、大隈伯爵邸、小笠原伯爵邸、秋元子爵邸、大倉喜八郎邸、金子男爵邸、三井三郎助邸、三井高保邸、宮内省装飾師吉田幸五郎による「新案和洋折衷の応接間」(図1)、三越呉服店応接間などの室内だった。『婦人画報』という誌名に明らかなとおり、この雑誌は第一に女性の市場を狙っており、第二に複製図版を売りにしていた。一八八〇年代以来急速に成長してきた日本の出版資本は、新設された高等女学校で教育を受けた中産階級以上の女性読者に大きな市場の可能性を見出していた。大宅壮一は後年、教育を受けた女性が雑誌を買うことへの当時の出版界の驚きを、「広大なる新植民地の発見にも似た」と表現した(前田、二一二頁に引用)。しかし、出版社が関心を向けた「植民地」とは、国内のこの市場だけではなかった。一九〇七年『婦人画報』は『東洋婦人画報』と改名し、通常日英二カ国語だった写真のキャプションに中国語を加えた。『ゴーディズ・レディズ・ブック』のようなアメリカの雑誌と少数の日本の先行誌によって、

図1　「新案和洋折衷の応接間」(『婦人画報』室内装飾特集号)。

すでに成功が保証されていた販売戦略にしたがい、『婦人画報』も娯楽と教養をとり交ぜて誌面を構成した。小説、高等女学校での活動報告、流行記事などとともに、最初の三号には男性医師による女性の衛生に関する記事、大山巖公爵夫人による戦時下の日本女性の責務に関する記事、男性著者が良妻賢母を語るいくつかの記事などが掲載された。

『婦人画報』は初の女性誌でも一番売れている女性誌でもなかったが、上流社会の家族写真が独自のセールスポイントだった。『婦人画報』と似た二誌の写真入り月刊誌、一九〇一年創刊の『女学世界』と一九〇六年創刊の『婦人世界』は、当時の女性誌で最大の売り上げだったといわれる。一九一一年の東京の書店における女性誌の売上調査で、『婦人画報』はこの二誌に次ぐ三位であった[3](川村、二五～二七頁)。『婦人画報』がこれらライバル誌と異なっていたスタイルは、高品質の写真図版をふんだんに使ったことであり、それが新鮮な魅力の源となっていた。コロタイプと網版印刷という、写真イメージの大量販売を可能にした主要技術は、日本では一八八〇年代末に実用化された。写真図版を売りにした最初の雑誌は、月に三度刊行されたという『日清戦争実記』で、一八九四～一八九五年の日清戦争中に前線からの図像を届けていた。図版中心ではないほかの人気雑誌にも、網版印刷による写真図版が掲載され、流通し始めていた。

カメラが国内の題材に向いたとき、写真図版は対象人物の社会的地位を「有名性」という新しい社会現象に変えた。『太陽』の一八九五年の第一巻第二号は、大隈重信伯爵(当時)と妻と母の写真を大きく載せている[4](坪谷、一九三七年、Clark, 2000)。このような政治エリートの私生活を見せる写真は、後に『婦人画報』の図版ページを埋めつくしていく、高位の一家の肖像に先駆けたものであった。『太陽』の読者は、政治家としての大隈をむろん知っていただろう。しかし私的な場面で撮られた大隈のこの写真は、彼の物腰、個人としての外見、さらには家族

(3) 当時の発行部数は不確かだが、おそらく各号一万部から十万部の間を変動していただろう。

(4) 『報知新聞』一九〇四年元旦号は華族女性(と女優)の写真を掲載した別の先行例であるが、それは一紙面に文字と写真をまとめられる新技術を示すためであった(Huffman, p. 283)。

の身なりや表情等々を、大隈の公的人格《ペルソナ》の一部にした(図2)。『婦人画報』はこのやり方をお家芸にし、華族の人物およびその財産の写真を雑誌の売り上げに利用しつつ、華族たちをメディア・アイドル的な存在かつ社会的規範に仕立て上げた。

撮影された人物たちは、ただ作り上げられた有名人であるというだけではなく(有名人とはみな作り上げられたものなのだから)、日本の華族制度自体が一八八四年にヨーロッパをモデルにして出来たものだったので、新たに作り上げられた華族階級でもあった。旧公家、武家に加え、政治家、軍人、やがては企業家にも、国家の貢献に応じてにわか爵位が与えられていった(浅見、一九九四年)。この複合的な近代上流階級の財産と地位を展示するグラフ雑誌は、当局の監視に使用された警察写真や、社会の最底辺を公衆の眼差しに曝したスラム調査報告の写真(図3)と同様に、社会秩序を構成する新たな表象体系を形作る上で不可欠であった(Tagg, 1988を参照)。明治の元老が作った爵位の体系を受け入れ、有名人という幻想の王国に仕立て直すことで、グラフ雑誌はこの体系をフェティシズムの対象に置き換え、新体制が生み出した関係の構造における政治的現実を、魅力的な個人と家族のイメージに置き換えたのである。

二　秩序化の原則I——天皇の棚

この雑誌を分析する最初のレベルは、写真の順序と提示のスタイルにある。『婦人画報』の口絵部分全体のレイアウトでは高位の人々の写真が冒頭に飾られた。天皇を中心とした明治の社会階層の秩序を映し出している。肖像写真を載せるにあたって各号は典型的には、親王・

図2　大隈重信伯爵(当時)と妻と母(『太陽』一八九五年二月号)。

図3　ニューヨークのスラムを撮ったジェイコブ・リースの名著『世界のもう半分はいかに生きているか』(*How the Other Half Lives*)より。リースはこの人たちの名前を記録しなかったが、同時代のグラフ雑誌が「有名人」を作ったのと同じように、リースの写真はこの「無名」の人々の顔、身体、私生活のありさまを公衆の前に現した。一八九〇年に初版が出たが、カメラは約二十年後、日本の貧民窟にも入ることになる。

内親王の写真に始まり、華族の個人と一家の写真が地位に応じて続き、最後に平民の家族が続いた。室内装飾特集号も同じ構造である。このように社会秩序に沿った写真の並べ方は、たとえば通俗的な家政学読本など、同時代のほかの刊行物冒頭の肖像写真にも見られる。しかし、『婦人画報』は室内装飾特集号において、単に垂直に階層化された社会が存在するという以上の意味を伝える独自のやり方で、この社会秩序を再生産した。華族邸宅の私室写真は、たしかに自分の家を装飾する際の規範を読者に提示してもいただろう。しかしもっと重要なのは、ジェイコブ・リースがニューヨークのスラムを撮った有名な写真によって、米国中産階級の読者が隠された世界に触れたように、『婦人画報』によって自国エリートの隠された生活領域をのぞき見る機会が華族ではない読者にもたらされたことである。室内装飾特集号は華族とその一家の見慣れた肖像写真を、無人の室内の画像で代替した。つまり家と財産を垣間見せることによって、親密な交際ができない代わりに、読者の手の届かない立身出世欲の対象を見せるという、さらなるフェティシズム化を行ったのだ。たとえば有名な大隈伯は、本人ではなく装飾された応接間によって表象された。彼は暗殺未遂事件により右脚を切断していたため、応接間には何重かの座布団を特別にあつらえた腰掛けがあり、また彼の妻の刺繍台も目を惹くところに置かれている。これらの私的な特徴については、キャプションでも言及されている(図4)。

口絵部分の冒頭を、帝室の家具一点を示す写真が二ページにわたって飾っている。宮殿そのものを撮ってはいないが、それはおそらく宮内省の規制のためであろう。「帝室の御道具」と説明された棚は、キャプションによれば東京美術学校の教員によって設計され、十年の歳月と三万円の費用で作られたという。記録写真のように分析的な眼差しが、この棚の紹介の特徴である。棚だけが写真の枠いっぱいに写り、背後の屏風によって、それが置かれた空間の読解は完全に防がれている(図5)。特集号のほかの写真が室内を幅広く撮っているのとは対照的であ

図4 「大隈伯爵及同夫人の居間」(『婦人画報』室内装飾特集号)。

図5 「帝室の御道具」(『婦人画報』室内装飾特集号)。

る。三方から撮影された棚の写真は同号の写真全体でも、もっとも詳細に細部を示している。外部の写真二枚にくわえ、一枚は内部を空にして壁板の装飾を見せるため、扉を開けて正面から撮っている(図6)。いかなる彫像も見ることができない神社の奥社のように、そのなかに何も見ることができないという事実によって、棚は神秘性をむしろ増している。皇室の神秘性は触知可能な崇敬の対象によって薄められることなく残るのだ。孤立して置かれ、日常の文脈を欠いたことで、空の「帝室の御道具」は畏れ多い隔たりを語っている。しかし同時に、写真という媒体がもつ事実性と細部提示とによって、読者の眼差しの侵入を許し、完全に知ることが可能な対象だという幻想も提供している。キャプションは、東京美術学校が巨額を費やし十年も職人の労働力を集中させたことで確かめられるような、皇室の権威を告知している。皇室の物品(しかも個人の持ち物を容れる棚)をこのように演出したことで、多木浩二とタカシ・フジタニが天皇の身体について論じた、表象の注意深い掌握が、建築や家具造作にも当てはまることが示唆される。棚だけを見せることで、皇室と『婦人画報』は、天皇を隠すというよりもその不在を提示しているようである(多木、一九八八年、Fujitani, 1996)。

皇室のイメージ管理は、皇室の傍系である東伏見宮夫妻の居間を示した、続く四葉の写真にも及んでいる。明治期の邸宅で依然として一般的だった書院造で建てられ、西洋流の造作の気配はなく、この号の残りを占める皇室以外の内装に比べると、多くの紙幅が割かれながらも説明が少ない(図7、図8)。これに引き続き、天皇の血族ではない二つの公爵家、岩倉家と二条家のそれぞれ内装と外観の写真が一枚ずつ掲載されている(アートペーパーを用いた外観写真はこれで終わる)。ほかの華族家が爵位に応じて続き、実業界の有力者大倉喜八郎の住宅(華族以外で唯一アートペーパーで図版が印刷された家である)と彼の美術館が続いた。親王の東伏見宮の宮殿外観は掲載されていない。初めて登場した外観は岩倉邸のものである。公爵の一つ下にあたる侯

図6 「帝室の御道具」(『婦人画報』室内装飾特集号)。

図7 大きくて黒い毛皮のある東伏見宮の居間(『婦人画報』室内装飾特集号)。

爵の家まで、部屋の趣味上の特徴については編集部が自粛したのか、キャプションで言及されない。

東伏見宮邸では、提示のスタイルにおいてほかの図像と異なり、接客用というより日常向けの部屋の質素な内装が示されている。これは住宅の室内装飾の模範という以上に、高貴な住人の換喩として機能している。抽象的で日常からかけ離れた皇室の棚の写真は、後ろに続く図像を一貫する秩序化の原則を基礎づけている。つまり各々の図像における被写体の組み合わせが、それら被写体の所有者の代わりだとすれば、この棚はもっとも濃密な意味を抱えることになるのである。その後の図像は日常風景に近づき、見えるものと知りうることとの一致が増えていく。そのような図像は、地位に忠実に順序を守ることで天皇制国家の階層秩序をはっきり表現したのみならず、明瞭な表象言語によってこの階層を精緻化もしたのである。地位が下がるにしたがって、たとえば紙質、図像の寸法、割り当てられた空白の大きさなどにおいて提示の様相が劣っていく。一方、図像やキャプションの内容は反対に、孤立したものから始まり、外装写真を含めて空間上の文脈をしだいに饒舌に語っていく傾向がある。そこでは図示された被写体の多様性が増し、図像中の物品を所有者に関連づけ、個人的な趣味判断を示すようなコメントが多く記される。隠喩としてみれば、皇室の棚は、そこからすべての記号が現れるような空虚な記号、つまりフェティッシュの原型として読むことができる。[5] 明治の元老が作り上げた政治的主導権の体系を、ものの表象にこのように置き換えたことは、『婦人画報』とそのカメラマンによる創造とみなすべきだろう。帝国の法令に強制されたわけでも、「国家主義的な」編集者が仕掛けたわけでもなく、帝国体制の中で有名人を作り上げ売り出すという戦略から生み出されたものだからである。

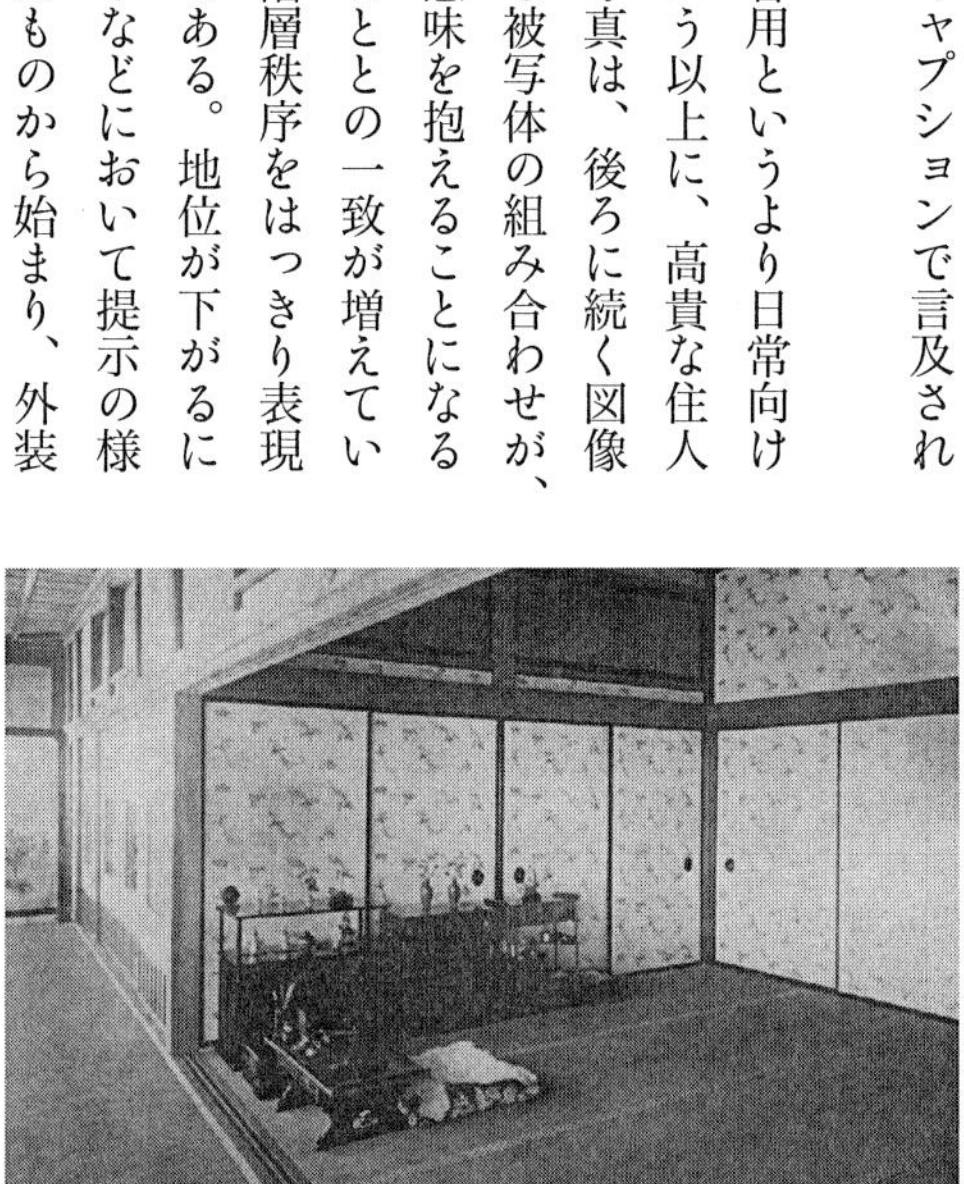

図8　小さくて白い毛皮のある東伏見宮妃の居間(『婦人画報』室内装飾特集号)。

(5)　スラヴォイ・ジジェクは、近代資本主義社会における日常品へのフェティシズムと対照的に、王への前近代的な崇敬を「個人間の関係のフェティシズム」だと指摘している(ジジェク、一五二〜一五七頁)。この観点からすると、カリスマ的な戸棚は明治の天皇制国家の混合的性格を示す端的な表現と読めるかもしれない。近代の天皇崇拝は日本人とその君主との関係を、天皇の身体を取り巻く神秘性を仕立てることによってフェティッシュ化しているため、天皇制を未完のモダニティの証拠とする見方にも一理あるかもしれない。

三　秩序化の原則2――天皇の靴

明治天皇が西洋式軍装で初めて日本国民の前に現れた一八七二年以降、天皇は公の場面で決して靴を脱がなかった。近年まで続いたこの政策の始まりは、内装に対する文化的な決定要素を左右する第二の秩序化の原則を考察する上で、一つの出発点となる。屋内外問わず履かれた天皇の靴には、表象と日常実践双方の水準における秩序化の原則として明治社会に作用した、文明化という名の自己植民地化過程が端的に現れている。

明治の華族の第一世代はなぜ洋館を建てたり洋間を設けたりしたのだろうか。その答えを、単にあらゆる西洋風のものの流行に帰すことはできない。実務上も外交上も重要な公的接待によって、こうした部屋が求められたのである。そこで流行と実用を分けて考えることはできない。日本人が西洋人に不慣れな習慣を押し付けるかぎり、西洋列強の眼にとっての日本は異国情緒に満ち、オリエンタルで、したがって対等ではなかった。世紀末、場合によってはその後まで、日本人ホストと西洋人ゲストが出会うたびに、関税自主権と治外法権という不平等条約の問題が潜在的につきまとった。こうした出会いにおいて作法、振る舞い、料理、服装、内装は一体となってそれぞれ連関した全体をなしていた。徳川幕府は外交の舞台で極力自分たち自身の儀礼に固執するという方法を採っていたが、明治政府は一八〇度転換したということが、天皇の西洋化された外見に現れた。以降日本人は、国際的な帝国主義秩序の命ずるところやその構造を、国内社会に置き換えることで、その秩序に参与したのである。これこそ明治政府のいわゆる西洋模倣の核心である。この置き換えは外国人が直接日本の土を踏んで建物に入ろうとしたこと以上に、華族第一世代が洋館を造る理由となった。こうした初期の洋館の多くは実際のところ、行幸時の天皇の宿泊用に建てられていた(内田、一四〜一九頁)(図9)。天皇がどこを訪問しようとも、その新しい靴によって西洋式居室の必要が生じ、板張りとカーペットの床が畳に取って替わった。行幸用に建てられたため、こうした洋間は公共圏(一人の世襲君主に体現された公共圏であれ、台頭しつつあったブルジョワ公共圏であれ)の再構築に供された。フジタニが指摘するように、天皇の巡幸は国家という公共圏の版図を示すものであった。同様に、西洋流の服装をした天皇が上流階級の邸宅を訪れることは、その室内に文明を刻み込むものだった。

明治の君主制は、日本の伝統と西洋近代王政の華やかさを示すレパートリーとを巧妙に結合した。土着の伝統は部分的に発明されたものがしばしばだったが、永遠のものとして示された。土着と西洋とを合成するレトリック自体は明治維新以前に遡るし(佐久間象山が「和魂洋才」という有名な熟語を一八五〇年代に造語している)、しかも日本の文脈に固有のものというわけでもない。[6] 西洋近代の猛攻に対し、保護すべき対象として土着の精神を本質論的に特権視するという原則が、こうしたレトリックを一般に決定している。パルタ・チャタジーが十九世紀インドに関して示すように、これは植民地化された知的状況の根本をなす言説である(Chatterjee, 1993を参照)。日本でこの言説は、神聖化された皇室の伝統を隠れ蓑にして主導権を覆い隠したいという、国家の要求に役立った。しかし土着の精神(と天皇の神聖性)の言説は、明治の啓蒙主義的エリート(女性誌の出版者も含む)が国家的象徴を通じて自己を正当化したいという、より広範な層の要求にも役立ったのである。

『婦人画報』室内装飾特集号は、皇族を、文化の本質の特権的保護区として映し出している。近代の華族は、西洋の物質的語法を通じて国内社会における自分たちの地位を表現しながら、その住宅は、天皇が率先した文明化の必然によって結果的に「植民地化」されていた。皇室の

図9 一八七一年に天皇の訪問を受けるために造られた黒田侯爵邸洋館(『建築雑誌』一五〇号、内田青蔵『日本の近代住宅』より)。

(6) 同世代知識人の間ではいまだ魂と才が厳格な二分法をとらなかったために、佐久間象山は西洋を相対主義的見地から見ることができたと多木は議論している(多木、六〇〜六一頁)。舶来ものと国内ものを統合するという考え方にも、日本

装飾棚の写真と東伏見宮邸和室の写真は、この政治秩序とその文化的反転との重ね合わせを反映している。皇室の棚は伝統的工芸品であり、東伏見宮邸の内装も椅子、絨毯その他西洋的な徴を欠いており、いずれも同号に掲載されたほかの写真と異なっている。こうした土着のデザインは最高の位置を与えられる一方で、ほかの図版が位置づけられた西洋中心の流行と趣味の言説からは切り離されている。伝統として括弧に閉じられ、皇室財産として聖別されたことで、政治的要求からも流行の変動からも隔てられ永遠のものと仮定された圏域において、土着の美学は西洋の文明に打ち勝つことができたのである。

西洋と日本との関係にまつわる物質のレトリックが、天皇と国民との関係に置き換わったことで、ほかの関係についての見方も変化した。西洋式の服装、家具、建築は単に「ハイカラ」な趣味だったのみならず、総じて生産、入手、維持する上で高価でもあったため、階級支配のレトリックに作用した。つまり新政府のコスモポリタニズムを示すのみならず、権力と富の新たな結合をも誇示したのである。(7) ジェンダーも同様に影響を受けた。すなわち西洋性は男性公衆のレトリックとなり、土着性は女性的なものとして再構築された私的圏域のレトリックとなった。『婦人画報』の写真の大多数を占めた応接間は、住宅の中の準・公的圏域であったため、ほかの部屋より早く洋間として設えられ、男性的な記号がこれを支配したのである。

しかし西洋から持ち込まれた室内装飾に関する言説は、洋間のジェンダー化を混乱させてもいた。西洋の室内装飾指南書では、女性が家全体の装飾を担当するものと仮定しがちだったからである。日本で西洋の室内装飾にもっとも近い分野にあたる座敷飾りは、通常有閑男性のすることだった。(8)『婦人画報』は西洋の女性誌と国内の家政学読本に依拠して、装飾を女性の仕事として描写したが、その描写は男性が寄稿した記事によるものだった。ジェンダー関係に置き換わった植民地的関係はこのように再生産された。すなわち、女性が管理する土着の住宅の

では長い文化的な歴史がある。聖徳太子、伊藤博文、吉田茂を合わせて、磯田光一は舶来文化の邂逅と浸透を、大和朝廷の成立以来日本文化を定義してきた根本的な歴史パターンとして扱っている(磯田、一九八三年)。

(7) これは服装に関してはそのまま続いたわけではない。「洋服細民」という新たなホワイトカラー下層階級が一九一〇年代に成長し、日本国内において男性の伝統的な服装は後進性よりも安逸と富を示す記号となったからである。

(8) 同時期、茶道は男性の営みから女性の営みに転化しつつあった(熊倉、八四～八五頁)。

内部にある、西洋的・男性的領域の適切な規範について、男性の権威が女性に教示したのである。

『婦人画報』一九〇六年四月号は大鳥圭介男爵の室内装飾に関する巻頭言で始まる。大鳥は日本女性に、西洋女性と同じく日々の務めに室内装飾を含めるよう説いた。彼は読者に、部屋の装飾が客に主人の人格と性向を語るものだと戒める。彼自身が自宅ですべての装飾を行っているとも述べる。添えられた写真には、大鳥邸の日本風と西洋風二つの応接間と、西洋間のソファに略装の和服姿で孫娘と座った大鳥自身が写っている。その西洋間では動物の毛皮が五枚以上、床に拡げられ椅子に被せられている。野生と狩猟を連想させる獣に囲まれた環境は、大鳥の男性性を伝える一方、孫娘と一緒にいる大鳥の表象は、女性読者向けに彼のイメージを和らげるよう計算されているようだ（図10）。男性アイデンティティの身体言語としての毛深さは、一世代前の日本人には野蛮に見えただろうあごひげを蓄えた大鳥と、その所有物である毛皮とを結び付ける。大鳥自身が実際に捕ったにせよそうでなかったにせよ、日本にいない虎と豹は異国の征服を示唆してさらに強い印象を与える。[9] 豹皮は室内装飾特集号に掲載された金子男爵邸客室の絨毯中央にも拡げられており、武士の趣味を髣髴とさせる劇的な鷹の襖絵、分厚い革装の本が積み上げられたサイドテーブル、机上のローマ期の胸像（おそらく石膏の複製品）とともに、使用者の男性性を強めている（図11）。東伏見宮夫妻の居間では、皇子の大きく暗色のものと妃の小さく白いものとの〈夫婦〉熊皮が目に付く。しかしながらこれら皇室の内装は、ジェンダーの表現に関しては、非皇室の大鳥と金子の部屋に比べれば微妙なものにとどまる。大鳥と金子の部屋にある多数の毛皮は、野性を支配下に置くことを通じて表現された男性性というヴィクトリア期西洋の語彙に明白に属している。

室内装飾特集号には女性の居室も数枚掲載されており、洋間も日本間も含まれている。女性

図10　大鳥圭介男爵と孫娘（『婦人画報』一九〇六年四月号）。

（9）　動物の皮革は明治以前に前例がなかったわけではない。徳川期以前の武士は外来の毛皮を使用していた。ポルトガルの伴天連は織田信長が毛皮を着ていたと記述したし、足利義満も最上級の座敷では輸入した敷物と虎の皮で部屋を飾っていたと記されている（Kidder, p. 476）。明治後期に杉本文太郎は畳に毛皮を敷くことを「賤味ある」ものとしてけなしている。杉本、一七四頁。杉本の見解は、狩猟が厳しく制限されていた江戸期の支配的趣味を示したものであろう。

図11　金子堅太郎男爵の客室（『婦人画報』室内装飾特集号）。

の西洋間には、小さく軽い家具と肘掛けのない椅子が多い。またそこには、土着の美的モティーフも多く登場している。小笠原伯爵夫人の客室では日露戦争中着物の生地として流行していた元禄模様のカーテン、テーブル掛け、掛け布がある（後出図21）。この歴史主義的転用によってこの部屋のジェンダーが女性と定義されるのは、男性が仕事時の服装として洋服を採用したことで、着物の模様が女性の圏域に押し込められたからである。大倉夫人の居室では同様に、平安寝殿にある几帳のようなものがある。土着の伝統と女性性をお互いに結び付けた装飾物を求め、これらの部屋は古典的な過去に遡ったといえる。天皇の西洋式の靴に始まった生活環境の植民地化は、このように異国性と土着性、現代性と古典性、男性性と女性性それぞれを再組織する、ものやモティーフを通じた美学言語に結実したのである。

とはいえ、秩序化の原則として天皇の靴は、表象の水準だけで作用したわけではないので、ある実際上の疑問を考えるところに立ち戻らねばならない。つまり住人や普段の客は、『婦人画報』に掲載された洋間で外履きを脱いだのだろうか。現行の慣習から考えると、彼らは外履きを脱いで、木の床の上を歩く際はスリッパを履いたと想像するだろうが必ずしもそうではなかった。

日本家屋で外履きを脱ぐことが、明治日本で西洋人訪問者がしぶしぶとはいえおおむね従うことに同意した、数少ない慣習の一つであったのは事実である。一八七〇～八〇年代の西洋人の旅行記は、紐の長い靴を脱ぐ、あるいは召使いや苦力《クーリー》に脱がせてもらうという面倒を避けるため、横浜の商店で畳敷きの床の縁に座らねばならない不愉快について記している。

例外は存在した。アメリカの旅行記『若者二人、日本中国旅行冒険記』(*Adventures of Two Youths in a Journey to Japan and China*)（一八七九年）は、日本家屋で靴を脱ぐのが礼儀正しいこととはいえ、よく拭いておけば履いたままでも西洋人の客を許してくれると説明した。イギリス人クリスト

ファー・ドレッサーは一八七六～七七年に日本を訪れたが、ほかのイギリス人のうち「大きな靴を履いたまま中に入り、畳を傷つけるのが目的であるかのように床を踏みにじる」複数の商人について不満を記した。徳野利三郎は日本のスリッパを発案したといわれる仕立屋であるが、元々は靴を脱いだ後に履くためではなく、西洋人が外履きの上に装着することで室内でも脱がなくて済むために明治初期に作ったといわれている(武知、一三～一四頁)。西洋人が靴を履いたまま室内に上がったというこうした例は、法的な水準で適用された治外法権と同様に、日本家屋において西洋人の客のため、ある認可済みの治外法権が実際に適用されたという点で、政治権力と日常の振る舞いとの直接的な相関を確証しているようにみえる(図12)。

しかしこの相関関係は実際にはそう単純なものではない。というのも、室内利用と靴に関する習慣との西洋化を本当に始め、上流階級の規範を定めたのは、数人の迷惑な外国人というよりも、天皇であったからである。日本人は元来家の中で靴を履くことに特に強い不快を覚えるため、洋間で靴をスリッパに取り換えるという妥協策を選んだのだと、我々現代人は想像しがちである。しかし現在のようなスリッパの使い方が生じるには、時間がかかったようである。明治期の住宅の洋間や洋館の特に公的な機能という見地から、靴を脱いだり履いたりする空間の境界は、一時期、今日とは違う形で引かれていたようである。たとえば一八九八年に第三次伊藤博文内閣で文部大臣を務めた、啓蒙家の外山正一の下記の発言を考えてみよう。

国民の風俗として、是迄家の中へ唾や痰を吐くことはない、唾筒《ツバハキ》を手に持て吐いたものたが、今日は随分堂々たる高位高官の人でも、家の中で所構はず痰を吐き唾を吐いて平然として居る、立派な「カーペット」の上へペツ〳〵と吐いて、靴で跡を押へ付けて置くのを、歴々の人の中に度々見た、コレも畢竟泥の靴で家の中へ上ると云ふ事が起りたる為に出来た風習であらう、けれども西洋の家では、ソンナことをやりやアせぬ、西洋では往来

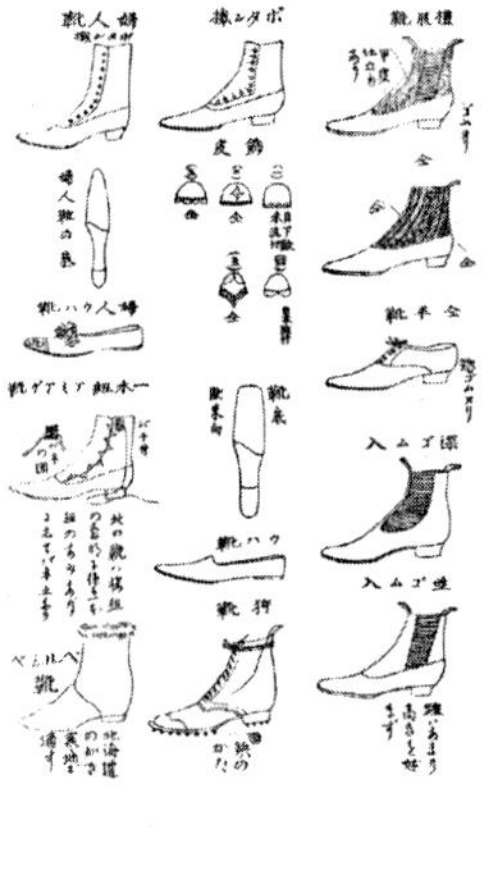

図12　一八九三年に流行っていた西洋靴(『東京百事流行案内』より、『日本近代思想大系23 風俗 性』一九九〇年に収録)。腰をかけなければ脱ぐことが難しい紐やボタンの多い長靴が一般的であった。

が奇麗だからして、少し位泥が附くだけで、室内へ土足で上ツても穢《ヨゴ》れないです（稲生、四五二頁）。

外山は絨毯の部屋に靴を履いて入ることが上流階級男性の間で一般的な習慣であることを前提に書いているようだ。彼が指摘する問題は、その習慣そのものではなく、日本の街路が西洋のそれに比べて奇麗ではないということである。外山の批判から、日本人男性は洋間を、土着の習慣の上に洋風の内装を被せた室内空間ではなく、屋外空間の一部として扱っていたことがわかる。外山が批判するこうした人々は、この習慣を西洋で学んだかも知れないが（外山は唾を吐くことを「西洋に返却したき弊習」とも述べている）、西洋人訪問者からの圧力によって自分の家をそう扱ったわけではないだろう。むしろ、洋間は私宅の中に「西洋」という概念を組み入れ、思考や振る舞いの新たな慣習をその周囲に育んだのである（図13）。

条約改正に伴って、外国人が開港場の外に居住し土地を所有するという権利を新たに得ることになる「内地雑居」の実施が差し迫り、いかに日本社会が対処するかという議論のただ中に、外山はこの批判を記した。外山のような社会改革家にとっての関心は、西洋列強による日本のさらなる植民地化をいかに払いのけるかではなく、むしろ日本全体が世界文化的な空間となるような時代に向けて、自国民と西洋人の双方がいかに日常の慣習を修正するかにあった。しかし時代の経過につれて、日本のほとんどの世帯で最終的に落ち着いた解決法は、靴を脱ぐという自国の習慣をより重視するものであった。洋間でスリッパを使用することが標準的な習慣となるにつれて、家全体から靴を追放する要求によって家庭内はより完全な私的空間となった。しかしこの移行期において、日本の上位層における家庭の位置づけはいまだ流動的だった。穢れた空間と穢れていない空間との境界は、いまだ確定作業中の政治的なものであった。ただ、西洋人が靴を脱ぐことに同意した後も、長く靴をはき続けていたのは天皇であった。金子、大

図13　上級の武家屋敷に使用されていた玄関式台で和服の女性が洋服の男性客を迎える（高橋文次郎『小学女礼式訓解』平城閣、一八八二年）。明治時代の作法書は武士のしきたりを一般国民（特に女学生）のために再発明し、また「洋」と「和」の対立軸をその上下関係のうえに乗せた。

隈、また明治後期の同世代男性たちが、その君主の手本に従い、こうした部屋の一部でも靴をはき続けたということは十分ありそうだ。

四　三つのオリエンタリズム

これらの部屋で語られた、ものの選択と配置、表面の取り扱いといった装飾言語は、いかに国家と帝国を表現するのか。この問いで私たちは、政治的支配を強化するようにものを配置する、文化的産物へのオリエンタリズムの関係という問題に戻ることになる。明治日本のオリエンタリズムの眼差しは、おそらく三本の文化・政治的軸に沿って動いていたと想定できる。まず大陸アジアに対して(ステファン・タナカが『日本のオリエント』(Tanaka, 1993)で分析した「支那学」のかたちで、社会科学として現れた)、次に西洋に対して(西洋趣味を異国趣味に逆転させた「オクシデンタリズム」として現れた)、最後に日本それ自体の過去に対してである。

本章で扱っている写真は、日本が新たに帝国としての国際的地位を獲得した栄光のさなかに出版された。しかし軍事的勝利や新領土獲得と同時に、日本がそれ以外のアジアを即座に自信をもってオリエント化できたということを、当然の前提と考えるべきではない。(10) アジアにおける日本の文化的地位は依然不明確だった。中国の恩恵が美術その他の分野において、広く大きく認められていたのである。少なくともコレクターの世界で、中国の伝統絵画は日本の作品と共通の空間を占めていたようで、しばしば日本絵画以上に珍重された。(11) 室内装飾特集号の一ページには「秋元子爵夫人珍蔵の名幅」と記された中国の掛け軸二幅の写真が印刷されている。

(10)　ドナルド・キーンは、日本軍に敗れたことで民衆の中国に対する敬意がいかに急速に下がったかを示している(Keene, pp. 259–299)。ほかの論者によれば日本人の世界観における中国の位置は、徳川期にすでに下がり始めていたという。しかしことは単に尊敬の問題ではない。タナカの研究が明らかにしているように、日本帝国主義に貢献する「支那学」分野の形成は思想的葛藤も含み、その成熟は一九二〇年代を待たなければならなかった。

(11)　クリスティーン・グースは、明治の目利きには日本の絵画より宋朝絵画の方が高値で売れていたと記している(Guth, p. 133)。

(12)　当初の建物は多くの収集品とともに、関東大震災で破損した。残存品は建築史家・伊東忠太の設計で同所に建てられた新たな美術館に収蔵されたが、その展示館デザインは中国様式のひと棟と朝鮮様式のひと棟を含んでいた。

(13)　大倉が秀吉由来の屏風を所有していたことは桃山期日本の拡張主義を想起させる。桃山期の内装もまた壮大さと豪華さで知られている。

キャプションはその作品が帰属される宋朝の画家梁南と牧渓の名を挙げている。これらのみ、絵画そのものにページが割かれている。

しかし同号のほかのページでは、日本のものとともに中国のものが、収奪を連想させるほど大量に洋間に置かれている。貿易王大倉喜八郎が設立した私立美術館、大倉邸美術館(現・大倉集古館)の驚くべき内装の写真では、日本、中国、また不確かな起源の物品が、汎アジア幻想を思わせる異国趣味の建築環境に置かれている。[12] 美術館内を撮った写真は三枚ある。徳川霊廟の一部と、その両側に別のところからもってきたらしい二体の仏像。中国かモンゴルかあるいは古代日本かの調子をもった支柱と腕木に、奇妙な装飾を施した内廊下。そして、おそらく中国製の二脚の椅子にはさまれ、豊臣秀吉の聚楽第に由来するという屏風の前に置かれた大きな花籠だが、花の代わりに水晶玉があしらわれた銀彫刻、などである。[13] 邸内の写真では、土着の建築要素と中国のものであろう工芸とが、西洋式の食堂にしつらえられている。しかしもっとも異様に感じるのは、自然と近代技術を絡ませた作為的な表現で、「日蔭かづら」と「人造の葡萄の蔓を絡ませ、九房の葡萄の実には電気を点じ、燦爛として夜の室内を照ら」した、食卓中央の置物である(図14)。大倉邸に見られる、技術の誇示と汎アジア的な美学の絢爛さを組み合わせた特異な内装は、岡倉覚三の『東洋の理想』に現れたオリエンタリズムを想起させる。そこでは日本が、アジアにとって文明と啓蒙の福音を帯びた宣教師であり、同時に「アジア文明の博物館」でもあるという特異な位置を占めている。[14]

日本の文化言説は往々にして、西洋の人間と文物を一枚岩のものとみなし、東洋あるいは日本との対立構図で扱ってきた。明治期の室内装飾指南書において、西洋性は日本間の「清雅淡泊」の性格と対比されて「濃厚華美」のような形容でステレオタイプ化されていた[15](下田、二六三、二六九頁)。このようないわゆるオクシデンタリズムによって、文化という舞台上で展開さ

図14 葡萄を象った電気の照明器具が目立つ大倉邸食堂(『婦人画報』室内装飾特集号)。

(14) 『東洋の理想』は原文は英語で一九〇三年にロンドンで出版された。岡倉自身の思想経歴における自己オリエンタリズムについては、稲賀、八〇〜八六頁を参照。

(15) 『婦人画報』室内装飾特集号では花について「妖冶なる」西洋の花と「粋雅なる」日本の盆栽という同様の対立項が示されている(前田、一一三頁)。

れた、帝国の軍事的外交的覇権争いからみれば、余興において勝利を主張できたのである。

明治期のオクシデンタリズムにおける西洋性の具現化は、記述言語によってのみならず、『婦人画報』に掲載された、もっとも富裕で高位の邸宅の洋間にふんだんに備わった洋風の物品の扱いにも現れた。こうした洋間では、予算上も生来の生活習慣や伝統の大工技術によって妥協しないで済んだし、社交儀礼上も正式なものが求められた。図版に表れた西洋式家具はほとんどの場合実際に重く、日本的な内装要素との対照から選ばれたようで、軽く質素な家具を好んだ同時代欧米の流行には影響されなかった(たとえば黒田侯爵邸など)。家具はたんに飾り立てるばかりではなく、空間における人の居住まいを形作る。したがってこの硬直した対比によって、振る舞いやならわし(ピエール・ブルデューが身体の「ヘクシス」、性向と呼んだもの)はコントラストを強めて翻訳され、主客の接遇作法に影響した。つまり『婦人画報』掲載の洋間のそここに不規則に置かれた椅子とソファによって、単純な平面と直線で明快に囲まれた日本の座敷とは異なる所作様態が訪問客に求められる。書院造の座敷では、固定された大きな家具が置かれず、社会的地位を示す床の間が空間を明白に方向付ける。よって壁、仕切り、床の間、同席の人々との位置関係などによる身体を介した空間規定が、社交上の繊細な交渉を成り立たせる。こうした日本の応接習慣との際立った不調和が、特に三つの邸宅で撮られた円形ソファに表れている(図15)。座敷は八〇畳であれ二畳であれ、何より主客が互いに出会う場であり、身体の方向が最優先事項である。これと対照的に、方向性のないこれらのソファをどう使うかは想像しにくい。しかしながら、もし洋間の洋間らしさを満たすための調度品としてそれらが配置されたとすれば、日本の礼儀作法に適さないという点こそが重要である。このような家具は見た目ばかりか、空間との不慣れな交渉を身体に強いることからも、洋間の異国趣味を強めたのであった。

図15 「侯爵黒田長成君応接室の一部」(『婦人画報』室内装飾特集号)。日本座敷での振る舞いを規定する方向性と正反対の考え方を現している円形ソファは右側に見える。

本章ではここまで、あらゆる趣味の問題の前置きとなるべき本質的な問いを発してこなかった。これらの写真に撮影された物品はどう入手されたか、である。帝国主義と美術を語ることは略奪を語ることに繋がる。日本の帝国主義と帝国日本の住宅に見られる物品との間に、直接的な関連性を追えるだろうか。この問いに答えるには、これらの邸宅の物品についてのみならず、皇室も含めた日本の私的コレクション一般について、家具と美術品の出自に関するさらなる情報が欲しいところである。

『婦人画報』の誌面に表れたほかのコレクションについてはわからない点が多いが、大倉邸については、日本が帝国列強の地位を手に入れたことによって、住宅内装に直接的かつ物質的な影響がもたらされたということを示唆するだけの情報がある。『婦人画報』のカメラマンが訪れた時点で、大倉の中国美術コレクションの収蔵は最近のものだった(図16)。大倉は武器商人として出発し、一九〇〇年には自らの企業帝国を大陸に拡大し始めていた(渡辺・森、一一一頁)。当時の中国における政治的混乱によって、手広く蒐集できる機会を得た。一九三二年に大倉集古館が出版した写真集が報告するところでは、西洋に獲られるのを阻止するため、一九〇〇年の義和団事変の際にコレクションの大半を購入したという(『大倉集古館』三頁)。列強が義和団を鎮圧した後、近代史上もっとも大規模な略奪事件の一つが生じた。この略奪騒動に関する西洋の報告では、日本兵はとくに中国美術や古物に関心を持っていたと記されている。日本軍が天津に入城したとき、どう処分するかにもとづいて略奪品をランク分けした指令書まで発令されていた。第一に挙げられたのは皇室に献上すべき品々であり、第二に博物館や学校で記念として展示される品々、第三に将校の記念品にとっておく品々などである。しかしこのように秩序だったやり方で実際に略奪が行われたかは疑わしい(小林、三五六、三六四、三七〇頁)。大倉集古館の写真集は、大倉の所有する中国古物が手許にやってきた経路を説明していないが、

図16　大倉集古館蔵、中国三国時代の獅子石彫(『大倉集古館』一九三二年)。

本人は義和団事変の二年後まで大陸を訪れたことがなかった。回顧録では、コレクションのほとんどは長崎にいた西洋の貿易船から購入したと記されている[16](田中、一〇四頁)。しかし中国宝物の窃盗に大倉個人が関与したかどうかは別として、日本が義和団鎮圧と清朝打倒に果たした役割は、日本の中国認識のみならず日本における中国古物市場、ひいては日本のブルジョワ階級の内装に影響を与えたことは間違いない。住友家は同時期に中国青銅器の世界最大のコレクションの一つを収集しており、明治後期の工業家が大量に入手した類例はほかにもある。一方で中国や朝鮮との長い貿易史の観点からみれば、秋元子爵夫人のように古い系譜をもった一家で『婦人画報』に撮影された大陸古物コレクションのすべてが、明治帝国主義によって形成されたと考える理由もない[17]。

国際的な古物取引商、山中商会に関する朽木ゆり子の研究によれば、二十世紀初頭の動揺の十年で、中国古物の日本と欧米の市場に向けられた重要なルートが形成された。山中定次郎と繁次郎の兄弟は、大阪で茶道具商の店を相続して、一八九四年に横浜からバンクーバーまで蒸気船エンプレス・オブ・チャイナ号に乗った。上陸後鉄道でトロントへ向かい、最終的にニューヨークに到着し、アーネスト・フェノロサ、ウィリアム・スタージス・ビゲロー、エドワード・モースの援助を受けて、中国と日本の美術品を売る店を設立した。一八九七年の古社寺保存法により仏像の移動を禁止されたことに加え、世紀末までに日本実業界にいる茶人たちが大金を投資できるようになった結果、二十世紀初頭に日本の骨董品価格は高騰していた。朽木が記すところでは、同時に中国での政治的混乱により市場における中国製の品々の量が「けたはずれに増えた」という。記録によれば、山中はすでに一九〇一年に中国で買い入れの出張所を運営していた。一九〇二年には、ボストンの収集家で岡倉覚三の友人でもあったイザベラ・スチュワート・ガードナーが、一丈(三メートル)を超す中国の銅製仏像を六体、山中から購入

(16) 一方、二代目の大倉集古館を設計した建築家・伊東忠太の経歴は義和団事変に深く影響を受けた。欧米列強とともに日本が占拠していた故宮内部の調査のため、伊東は事件直後に初訪中した。これは故宮が撮影され記録された最初である。

(17) 一九二二年に刊行された古物収集の手引書によると、徳川期後期にいくつかの研究の刊行によって古い中国青銅器への関心が高まったが、日本に現物はあまりなく、日清戦争と義和団事変で多数の青銅器やほかの夏商周三代の古物が到来したそうだ。この手引書は住友吉左衛門の収集品にとくに言及している(今泉、一三五~一三八頁)。今日、京都の私立美術館である泉屋博古館が住友のコレクションを所蔵している。ほかの美術コレクションがどう収集されたかに関しては佐藤、三九~五一頁を参照。

した。それは彼女が中国と日本の物品やモティーフで装飾して自宅に造っていた「チャイニーズ・ルーム」のためであった(図17)。この仏像は山中が中国で購入した十八体のセットに由来している。それらはドイツ軍が義和団事変の間に略奪したものだと伝えられたという。十二体が日本に行き、残った六体がボストンへ送られた。この後も中国古物の流出は続いた。一九〇八年以降、山中商会のアメリカでのオークションの記録によれば、同店は主に中国美術を扱っていた(朽木、五七~五八、八六~八七、一三三~一三五頁)。

もちろん『婦人画報』の誌面に西洋からの略奪品は現れない。むしろ日本人にとって、西洋輸入家具と美術品は、明治期に西洋人が日本美術を大量に買っていたのに比べて、はるかに入手困難だっただろう。西洋では五重塔の模型が人気の商品で、とくに万国博覧会では日本の売店で売られていた(図18)。これに対して同誌上に西洋建築の縮小模型はない。また西洋のコレクション向けに仏像が輸出されたのに対して『婦人画報』に西洋宗教美術はなく、西洋油彩画そのものも少ないということが、注目に値する。東伏見宮邸、岩倉邸、二条邸、黒田邸、細川邸、大隈邸、小笠原邸、秋元邸、大倉邸、金子邸、三井三郎助邸、三井高保邸と吉田幸五郎の「新案和洋折衷の応接間」、三越呉服店応接間などの写真には、確かに額縁のある絵が壁に掛かっているのがみられる。しかしその多くは小さく、また写真が収められたものも多い。金子邸表座敷のみが一枚、比較的大判の油彩画を飾っている。同じく眼を惹くのは、図版キャプションには日本や中国の画家による一〇点以上の作品に言及されているのに対し、油彩や油彩画家への言及は一切ないことである。

日本における制度上の油彩画教育は、一八七六年の工部美術学校設立で始まった。一八八〇年代に対応する部門として「日本画」が現れ、「西洋画」あるいは「洋画」が「油絵」を指す一般的な語になった。『婦人画報』室内装飾特集号の翌年、一九〇七年には政府主催の帝展に

図17 イザベラ・スチュワート・ガードナー邸(ボストン)の「チャイニーズ・ルーム」。

図18 オブジェとしての五重塔(一九一〇年代、ボルティモア・ウオルターズ美術館蔵)。

おける提出部門として「日本画」と「西洋画」の二つの用語が取り入れられた(Winther-Tamaki, p. 7)。しかし油彩画は同号の写真には比較的少ないことから、少なくともこれら上流階級住宅にある個人コレクションにおいて、主だった役割を果たしていなかったことが示唆される。油彩画はいまだ博覧会や帝展のような美術展など公的な場所に属していたか、あるいは特定の知識人サークルによってのみ蒐集されていたのかもしれない。

木下直之が指摘するように、日本の住宅に額縁絵画が普及することを妨げた問題の一つは、ほとんどの部屋が可動式の間仕切りで囲まれており、空いた壁が少なかったことだった(18)。木下は明治初期の多くの油彩画が、小壁や柱に掛けるため独特の判型に描かれていたことも示している。一九〇七年(帝展開始と同年)に三越呉服店が油彩画を売り始めたときも、小型絵画がとくに推奨されていた。これは低価格で日本の室内に合うため、固定壁のある完全な洋間を造るような金銭的余裕をもたない中産階級の消費者に普及できるという計算に基づいていた(図19)。明治期に「洋間」と呼ばれた部屋も大部分はそのものとして建てられておらず、畳の上に絨毯を敷いて内部に西洋家具を置いて洋間に変えただけのものであった。『婦人画報』に掲載された上流階級の室内にも、金子堅太郎の書斎と表座敷のように、該当例がある。

それでも、床の間に油彩画を掛けようと思えば、妨げるものは実際にはなかっただろう。木下は掛け軸に写真が貼られるというような、奇妙な展示法を例示している。また日本間に固定壁がある場合もあった。金子の表座敷も、絨毯と彫刻によって半西洋的になった畳敷きの部屋だが、そこでは油彩画と伝統的な掛け軸の両方が、床の間の外に掛かっている。この特集中のほかの室内でも、額縁のついた油彩画を掛けてもよい壁のスペースに、日本や中国の伝統的な美術品を置いたり、自覚的に「日本風」にみえる装飾を施したりした例が多くある。したがって部屋の建築的形態はともかくとして、特集号に油彩画があまり見られなかったことは、実際

(18) 西洋には逆の問題があった。日本のコレクターにとって空いた壁が少なかったように、西洋のコレクターにとっては屏風一双を見せるだけの床が空いていなかったため、屏風が左右バラバラに売られることが多かったことである。日本の屏風が、襖絵と同様に建築造作であり、室内空間を形成していたという事実もそこには反映されている。ほとんどの西洋人コレクターは、壁やマントルピースを飾る装飾品としてアジアの輸入品を考えており、それらで空間を形成しようとはあまり考えなかった(朽木、九頁)。

図19 三越呉服店の洋画小品展(『三越』一九一二年六月号)。気軽に買える小さな油彩画の展示販売は洋間を持つ、あるいは洋間に憧れる新興ブルジョワ階級のニーズに見合った。

上の問題という以上に、その上流の居住者にとって室内装飾上高い価値をもっていなかったか、あるいは彼らにとって西洋美術の市場に接する機会が少なかったことの現れだったと思われる。

過去の日本は比喩的にも、文字通りの意味でも、西洋より略奪しやすかった。比喩的な「略奪」とは、西洋における東洋の装飾品と同様に、洋間に日本的な味を加えるため日本の美術品や古物品を利用したことにみられる。したがってこうした部屋に展示された日本の物品は、西洋の内部装飾が成立させた表象体系の中では美術品か古物として機能するため、かつての意味を捨て去っている。幕藩体制の崩壊と廃仏毀釈という社会変動に伴った国内「略奪」品の実際のやりとりはあまり明らかではない。皇室そのものも含めた新興富裕層にとって、珍しい日本美術は西洋美術に比べれば入手が容易だったはずだが、明治末のこの頃になると、中国や朝鮮の物品ほど容易ではなかっただろう。クリスティーン・グースが指摘したとおり、ほとんどの大名は二十世紀まで巨額の資産を維持しており、そのためスミソニアン博物館の日本美術コレクションをつくったアメリカ人コレクターのチャールズ・フリーアが一九〇七年に日本を訪れたとき、『婦人画報』に一部掲載された秋元や黒田のものを含め、主要な大名コレクションは依然損なわれていなかった(Guth, pp. 89–90, 138)。しかし、明治維新の社会的再編成によって、それまで流通しなかった物品の流出が増えたことに疑いはない。維新後にそれまで裕福だった寺院、茶道の家元、幕臣をはじめとする上級士族などから物品が市場に流出したため、一部の美術商とコレクターは古くからの富を国内で「略奪」できた[19]。

スーザン・スチュワートは古物趣味の二つの動機を語っている。「ロマン主義の懐古的欲望」と「政治的な真正性への欲望」である(Stewart, p. 140)。西洋への対抗において生来の文化の真正性をある程度主張するために、日本の伝統に由来するものや要素がこれらの内装で転用され、変形され、配置転換されたのである。この転用に示された政治的欲望は、「日本様式」

(19) 東京の古物商の回顧録によると、維新以後に入札の方法などがない「おまつり」という売出し方によって大名と旗本の財産が流出し、その結果古物市場の「大革命」が生まれた。瀬木、一六六〜一六七頁に掲載。

を定義するという政治的目標に向けて日本のものを意味づけることで、欲望の主体を自らオリエント化している。『婦人画報』に写されている内装からは、日本の様式を自己オリエント化するというこの構造を構成する、相互に関連した三つの美的契機を読み取れる。それは寸法の巨大化、媒体となる素材や形態の置き換え、再文脈化である。

第一の巨大化は多くの万国博覧会展示品にみられた特徴だった(Trippi, p. 80)。諸国の文化的競争がもっとも明白なこの文脈において、特大製品の機能はごく明らかである。『婦人画報』特集号の写真に現れた室内に、より繊細な水準ではあるが、誇張された寸法によって権威を伝えるという同じ努力を示した複数の事例がある。撮影された住宅内装のどれにも、博覧会に出品されるような巨大な彫刻や奇妙に誇張された陶器などはないものの、数葉の写真には大判の絵画(大隈邸、大倉邸)、大胆なモティーフ(金子邸)、額装された大きな書作品(下田邸、秋元邸)、通常以上に大型の屏風や茶棚への好みが読み取れる。これら個別のものや展示様式が過去との明らかな断絶を示すかどうかを確かめるには、徳川期の内装をより詳細に追究せねばならない。しかし全体的な効果としては、とくに数寄屋における小さな道具や微妙な意匠と比べれば、壮大な規模への志向は明らかだ。

伝統的なジャンルにおいて巨大作品が流行した直接の原因として、一つには一八八八年に竣工した明治宮殿がある。新宮殿は上流階級の折衷的内装に、重要な規範を提供した(図20)。その竣工は、同時代の伝統的流派に属した芸術家にも恩恵をもたらした。というのも皇室は、新宮殿竣工直後から内国博覧会で作品を購入し始め、京都の画家たちや写実的な描写への好みを示したからだ(大熊、五〜六頁)。新宮殿の規模と半ば西洋的な設計によって、彼らは通常より大きな作品を求められた。ある美術雑誌は一八八九年に、皇室が空前の巾二間の表装を注文したと報じた。「名ある画工に命じ草卉花鳥並に日本人物を画かしめ」、それを宮殿の

図20　明治宮殿西溜まりの間(一九二二年撮影、三の丸尚蔵館編『幻の明治宮殿』より)。

壁の装飾に取り付けたという。新たに建てられた宮殿の内装に、古い絵画はとくに「欧米人の眼に」不適切に見えるため、そうした新たな絵画が必要だと同誌は説明した[20](大熊、八頁に引用)。

自分をオリエント化する第二の美的選択、素材や形態の置き換えとは、ある意匠やモティーフが通常現れるべき場所から抜き出されて、別の文脈に置かれることである。これは『婦人画報』掲載の部屋では、とくに内装表面を「日本化」するよう装飾する努力の内にみてとれる。先述した小笠原伯爵の応接間では、着物の生地を掛け布や緞帳に用いていることをすでに見た。置き換えはとくに壁の扱いに見られる。黒田邸の写真は丸、四角、扇形の絵で装飾された壁を示している[21]。色紙や扇絵を屏風に貼りつける伝統はあった。しかしここではその趣向が二面の大きな壁に拡大されている[22]。この部屋では長押の上の壁面も、装飾紙貼りである。こうした媒体の置き換えはいくつかの部屋に見られる。襖に広く使われてきた文様入りの絹や紙が、壁面とくに小壁の、徳川期書院造の内部ならば紙貼りは稀だった部分の装飾に使われている(黒田邸食堂、細川邸桜の間)。壁全面を同様に模様のついた壁紙で覆うという選択は、表面上「純日本風」の東伏見宮夫妻の書院にも表れており、鳳凰模様が内装に全面的に用いられ、襖、床の間の壁、小壁を覆っている[23]。

自己オリエンタリズム的衝動の三番目に挙げられる再文脈化は、近代の帝国主義以前からの茶道美学の長い伝統に関連づけられる。十六世紀以来、茶室の意匠は田舎家と隠者の庵に要素を求め、意識的に素朴な感性の建築環境を作った。茶人は桶型の瓶やほかの平凡な「オブジェ・トゥルヴェ」を茶道具に置き換えた[24]。クリスティーン・グースが示したとおり、明治の茶匠はこうした茶の湯本来の傾向にのっとり、自由に拡張した。彼らは仏画、建物の断片、地図さえも床の間に展示し、それらを美的対象として置き換えたのである(Guth, pp. 100–128, 146)。

(20) 描画対象として「日本人物」に言及しているのは、宮殿向けに作品が依頼される中で特別注意を払ったと思われる西洋人の視線を明白に反映しており、興味深い。

(21) キャプションはこの装飾された壁を「最も有名」と記している。

(22) 建物の一面を扇絵で装飾した一つの先例として、京都の揚屋である角屋の、天井に飾りの扇を貼った有名な「扇の間」がある。両者に系譜的関連はないかもしれないが、徳川期の最高級の売春宿の一つと、明治期の最高級の華族邸宅の一つが、内装において似た趣味を示しているということになる。

(23) 三越百貨店の最初の室内装飾師である林幸平が、数年後に公共建築でも邸宅建築でもこれよりさらに大胆な置き換えを実験し始める。林は漆工芸からモティーフを採り、それを壁、天井、敷物、家具に置き換えた。神野、一九九四年を参照。

(24) 室町時代の京都で自覚的に行われた素朴な造りの建築環境、「市中の山居」の起源については、高橋、四七〜七六頁、「オブジェ・トゥルヴェ」については、Cort, 1979 を参照。

明治宮殿の折衷主義的な内装は、ラディカルな茶人たちの実験ほどに斬新ではないが、同時代の趣味にとって同じく重要な方法で、日本のものを再文脈化するという明治の好みを示している。美術史研究者の大熊敏之は、皇室のコレクションに残った掛け軸の保存状態を精査し、その多くに長期間曝されたためと思われる退色を発見した。これは床の間に短期間飾るという本来の掛け軸の扱いとは異なり、半永久的に掛けっぱなしにするという西洋絵画と同様に扱われたからだろうと、大熊は指摘する。掛け軸として伝統的に表装された絵画も、『婦人画報』掲載の折衷式の部屋数室で、壁紙を張った壁に掛けられているのがわかる。新たに大きく生じた空白の壁を覆わねばならず、また豊かに装飾されたヴィクトリア朝の応接間が西洋流に富を示す基準となった。このため華族のコレクターたちは、皇室の先例にしたがい、自分の掛け軸を永久的な装飾の枠組みの一部として扱うという強い動機をもったのである(大熊、八頁)。

生来の伝統に属するほとんどすべてが再文脈化可能であったが、その選択と再定義は決して気まぐれではない。明治以前の茶道に一般的だった美的転用と対照的に、『婦人画報』の内装においてものが埋め込まれた文脈は、西洋のオリエンタリズムとコレクションの実践によって伝えられ、一般化された日本性、ジャパネスクである。室内装飾特集号の記事で、小説家かつ『草木栽培書』の著者である前田曙山は、盆栽を屋内に置くという、明治維新以前にはあまり例のない習慣が今や広範に見られると言及している(前田、一三頁)。撮影されたものでも数室でこれが確認できる。別の記事では趣味のコレクションを展示するという慣行を推奨し、古代土器、刀剣の鍔、新古玩具、鳥の剝製などに言及している(天放生、一九頁)。明治期以前からたくさんの古物蒐集家はいたが、住宅内部を装飾するためコレクション全体を展示するという考えは西洋からの輸入物であろう。壁に掛けられ、棚に飾られた、鍔、陶器、その他日本の過去の器物のコレクションは、本来の機能から遊離し、これも同じ論者が推奨した写真帳と同様、

図21　小笠原伯爵夫人の客室。窓掛け、テーブル掛けは当時着物地で流行していた元禄文様(『婦人画報』室内装飾特集号)。

視覚的娯楽、また訪問者の時間と洋間の空間とを埋める手段となったのである。

時代調の室内における歴史主義は、コレクションと同様、ものの体系と建築技術を「様式」という記号体系に転じて想像上の過去を示したことで、再文脈化作用をもっている。またコレクションと同様に、時代風の室内という考えも西洋から日本にやってきたもので、日本初の時代調の室内はおそらくアメリカの博覧会のために建てられたものであろう。『婦人画報』の室内装飾特集号には、明確に時代調と記された室内こそないものの、すでに述べたとおり平安時代や元禄時代からの調度品やモティーフのリヴァイヴァルがみえる(図21)。また、数枚の写真に、格天井と豊かに装飾された襖絵が写っているが、住宅建築にこれらを使ったことは桃山建築への回帰を示唆する。また、室内装飾特集号より三年後、煙草商で富豪だった村井吉兵衛が京都で一九〇九年に建てた住宅の「長楽館」では、一階と二階のそれぞれにアメリカ人ジェイムズ・マクドナルド・ガーディナーの設計によるヨーロッパ風の諸室と中国風の諸室、三階に桃山式と徳川式の諸室が設けられた。西洋人設計者が担当したことは注目に値する(Finn, pp. 212–213)(図22)。

室内における日本様式を構成するため併せて使われた、寸法の巨大化、媒体となる素材や形態の置き換え、ものの再文脈化は、広い意味ではすべて同方向の契機である。どれも日本の物品とモティーフという物質的な存在を増大し、日本的なるものの概念上の幅を拡げた。これらの契機にはある政治的基盤がある。それは、ある権力関係を正当化する土着のもののオリエンタリズム的転用を思わせる。明治期の日本的なるものの美的構築にみられる拡大という性格は、普遍的国民文化を形成するという国家の政治目標と、日本国家の名の下に地理的領域を拡大するという帝国主義の企てとに並行し、これらを反復するかのようである。この場合の美学における動きと政治における動きは表裏一体であり、どちらが原因というわけではない。特大の日

図22 煙草王・村井吉兵衛の私邸として一九〇九年に京都に建てられた「長楽館」の「美術の間」。大倉邸と同様、ここにも仏像を美術品として展示するという逆オリエンタリズムがみえる。建物は現在京都市有形文化財に指定され、ホテル長楽館の宴会施設になっている。

本美術を好む趣味、日本の装飾文様をより多くより大きな壁面に適用する趣味は、日本の帝国主義を《表現する》のではない。むしろそれは、政治の場に領土拡張が位置するようにして、美学の場に位置しているのである。

五　フレームを埋める――物品集合体と内部空間の商品化

写真は透明性という幻想で私たちを誘惑する。ここでは内装が問題だが、資料は写真だから室内空間は私たちの前で介在物なしに、私たちが立ち入るのを待ちながらそこにあるように感じさせる。しかしフレームの重要性は無視できない。実際、室内装飾特集号が刊行された当時、中産階級の応接室の意味と、それがグラフ雑誌に複製されたことの意味は重なっていた。洋間と写真の双方がものを展示するフレームになっていたからである。そこには、第一に洋間も写真もフレームであること、第二にそれらフレームがそれぞれの仕方でものを商品として提示したことという二つの点を指摘できる。

飾るため特別に用意された品々の集合体が「洋間」を作っている。これは一般に応接室という存在の性格ではあるが、明治の洋間では展示様態が新しく、そのために使われる物品の多くも新しかったため、特に明確である。洋間はものを充塡すべき箱だった――飾るべき壁であり、敷かれるべき床であり、家具を備え付けるべき空所であった。こうして洋間が構成され、その構成には自覚的な意味作用が伴った(図23)。書院造の空間は流動的で、固定された壁や家具がなく、一時的に置かれた装飾、仕切り、そして人の存在で輪郭づけられている。これと対照的

図23　ものを詰め込む箱としての洋間。「大山侯爵邸客室の光景なり。四方の壁張は金色燦爛たる花模様にして、窓掛は唐草模様を織出したる鈍子に絹糸の飾り総を付けたるもの、飾り棚には七宝焼の花瓶を始め種々の彫刻品置けり」(『婦人画報』一九〇六年三月号)。この時代の室内装飾指南書には洋間の正しい装飾法は「濃厚華美」を要とする、としている。

に、洋間は固定的であらかじめ仕切られた、三次元のフレームである。しかしヨーロッパ中産階級が多くの場合、趣味や収集品を数世代にわたって応接間に蓄積してきたのとは異なり、日本では輸入品か西洋を模範にした国内製家具を一切合切いっぺんに揃えた場合が多い。それらの家具は、所有者が幼少期に暮らし、大抵の場合依然として日常の大部分を過ごしていた形式の住まいとは、完全に異なる環境を生み出していた。その意味で日本の上流階級は、西洋からみて成金のような立場にあった。確かに出版用に撮影されたどの室内も、多少なりとも演出されたものである。しかし、『婦人画報』に示された室内は、西洋での同様の室内よりも日常生活から遠く、博覧会展示により近いものであった。維新後の日本の上流階級において、物理的生活環境の秩序があまりに根本的に変わっていたから、家族の歴史の蓄積をこの室内に見た可能性は低い。

『婦人画報』はこうした室内を撮影することで新生活様式を形成した物品のフレームを再フレーム化し、不特定多数の観衆(この特集号がなければ華族の邸宅の応接間など決して見られなかった多くの読者)へ図像を販売することで、本来は限られた観衆(家に迎える客)に示すため選ばれた日用品の集合体を商品化し、一種のメタ商品を生み出したのである。写真は室内空間を焼き付け、読者が単一視点から部屋を読み解くよう強いる。これによって人間の存在で輪郭づけられるのではなく、展示品で埋められたフレームとして部屋を知覚するよう促される。多くの建築写真は、人の存在と生活感を排除し、運動性を避けるため、居住空間の社会的多義性を拒もうとする。書院造の室内にカメラを向けると、その結果生まれる変化はとくに顕著である。本来なら身体で体験する流動的な室内であった書院の一部分を、写真が切り取って純粋な視覚対象にすることで、部屋は空のフレームに変形される(図24)。空間全体を表象し、また飾られた内容物を極力多く捉えようと努めたため、『婦人画報』の撮影者は奥行きを強調する斜めの画角を選

図24　写真では巨大な空白になる畳座敷。黒田侯爵邸大広間(『婦人画報』室内装飾特集号)。

択した。それまでの職人、作法の師匠、茶人が一般的に使用してきた建築と室内の図解は、部屋と装飾を平面図と立面図で表現していた。彼らは分節された平面が重なり合った集合体として、空間を解釈していた。この従来の見方と対照的に、斜めに撮られた『婦人画報』の写真は、家具の少ない書院造の座敷を空洞の容器として示しているのである。[25]

当時日本で、室内装飾は独立した職能としては存在しなかった。[26]『婦人画報』室内装飾特集号は「装飾師」と呼ばれた人々の作品を示しているが、当時その肩書きの人物が職を得られたのは、二箇所だけだった。それは三越呉服店と皇室である。同誌の口絵最終ページに載せられた二葉の写真は「宮内省装飾師」吉田幸五郎の設計による「和洋折衷の応接間」と、三越二階の楼上応接間を示している(図25)。前者は日本の民芸的な飾り物(仮面と木魚)、中国製と思しき衝立、西洋式の椅子とテーブルを組み合わせている。三越の応接間は天井周りの花柄飾りと、上飾りのついた重厚なカーテンがあるヴィクトリア盛期の意匠だが、金箔と思われる明るい屏風の前に日本の甲冑も一揃いある。宮内省装飾師吉田の折衷様式の部屋は、プロポーションにおいても装飾の豪華さにおいても三越より控えめに見える。三越が室内を徹底的に西洋的にしつらえ、日本の要素を置物に限定したことと対照的に、吉田の設計は和洋中のモティーフや物品を混合し、部屋全体に展開し輪郭づけるため日本風あるいはジャパネスクの要素を引き立てている。かくして宮内省装飾師は皇室に相応しく和洋を総合する巨匠として位置づけられる。部屋の場所は明らかにされないため、この部屋は特定のどこかというよりも一つの模範となり、日常世界と皇室の距離を保ったのである。

この規範的な内装二例がこのように異なるのに、同一の扱いで同一ページに掲載されたことは、両者の比較可能性を含意している。最後に登場したこれら一対の図像は、一方が皇室の聖域に関連し、他方が皇華族の位階とは無縁の商業資本に関連するため、同誌全体の配置を操作

(25) セット商品としての洋間と、撮影された内装のメタ商品性とは、ともに博覧会で初めて示された表象秩序に起源をもつ。したがって『婦人画報』に男爵大鳥圭介が内装の専門家として登場したのは似つかわしい。大鳥は政治家、外交官、一時は女子学習院の校長も務め(これが同誌との関係であろう)、さらに内国勧業博覧会に長く関与していた。一九〇一年に彼は第五回内国勧業博覧会の審査総長を務めている。彼は『婦人画報』読者に、極力多様な物品を展示し、展示品を頻繁に変えながらそれらの視覚的調和を保つことで、客がそれまでの訪問で見たことのある品に出会わないよう熱心に説いた。

(26) 美的な事柄に特化して室町幕府の将軍に仕えた同朋衆は、職業として装飾師と呼ぶことのできるもうひとつの系譜である。明治の装飾師と同様に、彼らは専門的識見を、かなり大きな割合で土着のものと舶来のもの、この場合は大陸から輸入された唐物として知られる工芸品とを融合する能力によって示していた(Murai, p. 17)。

図25 「宮内省装飾師」吉田幸五郎の設計による「和洋折衷の応接間」と三越二階の楼上応接間(『婦人画報』室内装飾特集号)。

する階層的秩序化の原則に矛盾するようにみえる。しかしすべてを均一化する衝動もまた、もちろん全編を通じて作用している。というのはグラフ雑誌の図像は読者の趣味に訴求すべく提示され、その役割は呉服店も皇室と同様に分有できるからだ。編集部は確かに皇室関連の物品に特権的な位置を与え、その傍系と華族の所有物を位階に応じて配列した。しかしだからといって皇室中心の社会秩序が、公認済みの趣味で構成された不可侵の階層を、事実として定義したり保証したりしたことにはならない。あらゆるものにおいて西洋が優越的地位を占めていたことによる植民地化された趣味の単純な秩序、また反動として「国粋」を発揚する単純な秩序の二つを私達はもしかしたら想像するかもしれない。しかし市場流通の法則がいつも社会地位のヒエラルキーや国家イデオロギーに従属するわけではない。結果的には消費者の欲望が『婦人画報』を秩序づけるのだ。大衆の消費に応じた同誌の図像の詰め合わせは、新たな社会秩序を教化する写真であれ、装飾のアイデア集であれ、本質というよりは表象様態としての「和風」・「洋風」という東西の交換可能性を示唆した。この感性の二分法は実際は、商品に依存する単一の体制を隠す単なる覆面であり、社会秩序に応じた東西の趣味の区別も、市場価値を高めるという一つの目的に奉仕するのみであった(中谷、三八頁)。

六　おわりに――世界的な博覧会秩序における日本の内装

『オリエンタリズム』においてサイードは、植民地支配者と被支配者の間に成り立つ、帝国主義支配者が全面的に権威を振るうという関係を想定している。サイードのいう帝国主義者は、

表象言語を妥協なしに統制でき、政治的に決定された語りの枠組内に他者をみな「書き込める」ようにみえる。サイードに影響されたその後のオリエンタリズム研究は、民族間の政治権力の境界線を直接的に再生産するように帝国秩序が現れた様子に着目する傾向がある。

支配者側に立つ文化創出者のみが自らの対象を自由に転用し定義するという、こうした政治・文化的支配の枠組みからすると、非西洋という「周縁」の産物だった、以上の『婦人画報』の上流住宅の内装の大胆さは印象深い。折衷的なしつらえの作者たちは、日本らしさを再定義し、東洋をひろく受け入れ、しかも意外かつ洗練された融合をもって西洋家具・装飾を用いて、複数の「オリエンタリズム」を配列した。こうした部屋が美的に成功しているか、キッチュに終わっているかを評価する必要はない。猿真似の産物ではないし、ヨーロッパで確立された美的秩序におけるいかなる単純な意味にも回収されない。ここには一見すると逆説的な現象がある。つまり日本はヨーロッパ中心の世界的文化競争に参入し、その国際秩序の論理によって国の独自性を示すよう強いられた。しかし当時たまたま折衷主義自体がヨーロッパの流行だったので、日本人ブルジョワは、折衷するべきモティーフとして日本らしさを再発明せざるをえなかったのである。彼らは西洋人のオリエンタリストに対して一定の優位性さえもったといえる。自己をオリエント化するオリエンタリズムが他人によるオリエンタリズムより巧みだったとしても、驚くべきではない(図26)。

しかし『婦人画報』掲載の室内で折衷的に組み合わされた西洋、日本、中国の物品は、自由に選択されたことを表しているわけではない。以上見てきたほぼすべての部屋に椅子とテーブルがあり、そのためこれらの部屋が一概に洋間と分類された。このことで慣習における先占的な自己植民地化が、明治の「室内装飾」(この語自体が英語からの翻訳語である)の根拠にあったことを私たちは忘れてはならない。帝国主義者が被支配民族の文化をオリエンタリズム的に表象

図26 金子堅太郎男爵邸表座敷(『婦人画報』室内装飾特集号)。油彩画と掛け軸、床の間にミロのヴィーナス、という大胆な折衷。

したものだけが、帝国主義の現れた文化的様相ではない。明治の上流階級の特異な位置に、また自らに向けて自らを表象するこれらの写真に、私たちは帝国主義が生み出した世界的文化状況の余韻を、調和音も不調和音も含め、別の水準で聞き取ることができる。

ブルデューが強調したように、単に有力者が趣味を生み出し弱者がその選択を甘受するというわけではない(Bourdieu, pp. 29–73)。政治闘争に対応して象徴財をめぐる闘争があり、そこでの権威に対する主張は、政治的優越のみならず、その逆つまり政治からの隔絶によっても生まれる。これは、政治の場における支配／被支配の位置が、趣味の場において再現される際の論理である。国際政治においても、意味の生産をめぐる社会階層間の国内闘争においてもこれは見出され、あらゆる反植民地主義的ナショナリズムが総じて、土着精神を外来帝国勢力に優越させることについて、一つの説明をもたらす。明治日本のエリート層では、つねに富が一部は西洋的な形式を通じて誇示されたにもかかわらず、「日本らしさ」は国内における価値秩序において、このように特別な位置をもっていたのである。

ティモシー・ミッチェルは「オリエンタリズムと博覧会的秩序」と題された論文で、万国博覧会、百貨店、美術館、近代都市そのものにおける視覚的秩序に、植民地主義的世界観との根本的な関係があると示している(Mitchell, 1992)。これらの場所は「物・世界《オブジェクト・ワールド》」という「日常品、価値、意味、表象の体系」を構成する。それらは確実性という幻想を生み出すために、本物らしさ、見る主体と客体との隔離、図面や説明書における再確認などを用いて、「客観的な仕方で《オブジェクティブ》」帝国主義が生み出した現実を表象する。グラフ雑誌はこれに似た能力を持っている。ミッチェルが分析した博覧会と同様、グラフ雑誌はある「物・世界」を作り出し、見る主体との埋められない隔離を作り上げると同時に、その世界に実際にいることを暗示する。それは見通し可能という幻想で眼差しを誘う。室内の写真は特に窃視症的な経験をもたらす。

カメラのために並べられ、フレーミングされ、露出され、複製されて、室内は生きられた空間から消費対象へと変化する。

しかしこのように論じると具体的な社会的文脈を考慮せずに写真技術の性質のみを語っているにすぎない。明治の日本人上流階級が帝国主義の博覧会的秩序に参入したのと同時に、複数の現象が発生した。技術面では網版印刷という発展、経済面では国内市場における日中古物の流通と、西洋家具を購入するだけの民間資本の蓄積、そして西洋やアジア諸国との対比における「日本」の再想像を可能にし、華族階級を進展させ、更なる富と舶来品を国内市場に持ち込んだ、日本帝国の軍事的拡張である。この博覧会的秩序によって転用した物品は変容した(もちろん実際には個人それぞれが転用していたことを忘れてはならない)。折衷的な家具や内装のように、博覧会的秩序のために作られた物品もあれば、壁紙になった日本絵画や絨毯が敷かれた和室のように、物理的に改変された物品もあり、床の間の外に掛けられた掛け軸、床の間に飾られたミロのヴィーナスの縮小複製のように、置かれた文脈によって改めて定義された物品もあった。写真雑誌における博覧会的秩序は、神秘性、有名性、土着性、洗練された世界的趣味の視覚的表現を通じて、天皇制国家や爵位の体系といった新たな政治体制をフェティッシュ化したのである。

本章の冒頭で、ひとつの問いを出しておいた。もしここで、これらすべてがオリエンタリズム的ではないと結論づけたらどうだろうか。すると筆者はどこにもたどりつかない知の道のりに読者を連れ出していたことになる。あるいはそうではなく、サイードの用語の有効限界を確かめてきたことで、帝国主義的世界における文化生産を理解する彼の枠組みのどこか外に到達したことになるかもしれない。ミッチェルが指摘したとおり、オリエンタリズムはもっと大きな、「世界に意味を与え、秩序立てて示す新たな装置」という全体的体系の一部であった。帝国主義は出口なき迷宮のように、どう動いても境界内部にすでに配置された対象と出会ってしまうという空間を形成した。一旦中に入ると、日本人の美的選択はヨーロッパが定義した世界における日本の政治的位置づけによって、また土着と西洋、伝統と近代という政治的にあらかじめ用意されていた対立項によって、余儀なく限定された。室内装飾の配置やその印刷複製におけるこうした美学上の動きは、植民地征服の正統性を保証するという意味では、すべてがオリエンタリズム的とはいえない。しかしそれぞれの動きが、ヨーロッパの文化秩序を日本の階級秩序に転位させ、帝国的空間を住宅空間に複製し反映させる小宇宙を生み出したことは確かである。

第一章参考文献

浅見雅男『華族誕生——名誉と体面の明治』リブロポート、一九九四年。

磯田光一『鹿鳴館の系譜——近代日本文芸史誌』文芸春秋、一九八三年。

稲生典太郎編『内地雑居論資料集成』第五巻、原書房、一九九二年。

稲賀繁美『絵画の臨界——近代東アジア美術史の桎梏と命運』名古屋大学出版会、二〇一四年。

今泉雄作「骨董の知識及鑑定法」『書画骨董叢書第八巻』書画骨董叢書刊行会、一九二二年。

内田青蔵『日本の近代住宅』鹿島出版会、一九九二年。

大熊敏之「明治期日本画と皇室および宮内省——明治十年代〜二十年代」宮内庁三の丸尚蔵館『明治美術再見Ⅱ』展覧会図録(一九九五年九月〜十二月)。

『大倉集古館』一九三二年。

川村邦光『オトメの祈り——近代女性イメージの誕生』紀伊国屋書店、一九九三年。

朽木ゆり子『ハウス・オブ・ヤマナカ——東洋の至宝を欧米に売った美術商』新潮社、二〇一一年。

熊倉功夫「近代の茶の湯」『茶道聚錦六　近代の茶の湯』小学館、一九八五年。

小林一美『義和団戦争と明治国家』汲古書院、一九八六年。

エドワード・サイード、今沢紀子訳『オリエンタリズム』平凡社、一九八六年／一九九三年。

佐藤道信「歴史史料としてのコレクション」『近代画説』二号、明治美術学会、一九九三年。

スラヴォイ・ジジェク、松浦俊輔訳『幻想の感染』青土社、一九九九年。

下田歌子『家庭文庫第七編　家事要訣』博文館、一八九九年。

神野由紀『趣味の誕生』勁草書房、一九九四年。

杉本文太郎『日本住宅室内装飾法』建築書院、一九一〇年。

瀬木慎一編『東京美術市場史　歴史編』東京美術倶楽部、一九七九年。

高橋康夫『洛中洛外――環境文化の中世史』平凡社、一九八八年。

多木浩二『天皇の肖像』岩波新書、一九八八年。

武知邦博「スリッパ」『かわとはきもの』一二六号(二〇〇三年十二月)、一三～一七頁。

田中日佐夫『美術品移動史――近代日本のコレクターたち』日本経済新聞社、一九八一年。

坪谷善四郎『博文館五十年史』博文館、一九三七年。

天放生「室内装飾四十則」『婦人画報』定期増刊「室内装飾」、第二年第三号(一九〇六年二月十五日)、一六～二一頁。

中谷礼仁『国学・明治・建築家――近代「日本国」建築の系譜をめぐって』波乗社、一九九三年。

ホミ・バーバ著、本橋哲也・正木恒夫・外岡尚美・阪元留美訳『文化の場所――ポストコロニアリズムの位相』法政大学出版局、二〇〇五年。

『婦人画報』定期増刊「室内装飾」、第二年第三号(一九〇六年二月十五日)。

前田愛『近代読者の成立』岩波書店、一九九三年。

前田曙山「日本室の花卉」『婦人画報』定期増刊「室内装飾」、第二年第三号(一九〇六年二月十五日)、一一～一五頁。

渡辺渡・森寿夫「初期大倉の対外活動」大倉財閥研究会編『大倉財閥の研究――大倉と大陸』近藤出版社、一九八二年。

Bourdieu, Pierre. "The Field of Cultural Production, or: The Economic World Reversed." In *The Field of Cultural Production*. New York: Columbia University Press, 1993.

Chatterjee, Partha. *The Nation and Its Fragments: Colonial and Post-colonial Histories*. Princeton, NJ: Princeton University Press, 1993.

Clark, John. "Changes in Popular Reprographic Representation as Indices of Modernity." In *Modernism, Modernity, and the Modern: Japan in the 1920's and '30's*, ed. John Clark and Elise Tipton. Sydney and Honolulu:

Australian Humanities Research Foundation and University of Hawai'i Press, 2000.
Cort, Louise Allison. *Shigaraki, Potter's Valley*. Tokyo: Kodansha International, 1979.
Finn, Dallas. *Meiji Revisited: The Sites of Victorian Japan*. New York: Weatherhill, 1995.
Fujitani, Takashi. *Splendid Monarchy: Power and Pageantly in Modern Japan*. Berkeley and Los Angeles: University of California Press, 1996.
Guth, Christine M. E. *Art, Tea, and Industry: Masuda Takashi and the Mitsui Circle*, Princeton, NJ: Princeton University Press, 1993.
Huffman, James L. *Creating a Public: People and Press in Meiji Japan*. Honolulu: University of Hawai'i Press, 1997.
Keene, Donald. "The Sino-Japanese War of 1894–1895 and Japanese Culture." In *Landscape and Portraits: Appreciations of Japanese Culture*. Tokyo: Kodansha, 1971.
Kidder, J. Edward. *Japanese Temples: Sculpture, Paintings, Gardens, and Architecture*. Tokyo: Bijutsu Shuppansha; Amsterdam: Abrams, 1964.
Mitchell, Timothy. "Orientalism and the Exhibitionary Order." In *Colonialism and Culture*, ed. Nicholas B. Dirks, pp. 289–318. Ann Arbor: University of Michigan Press, 1992.
Murai Yasuhiko. "The Development of Chanoyu." In *Tea in Japan: Essay on the History of Chanoyu*, ed. Paul Varley and Kumakura Isao. Honolulu: University of Hawai'i Press, 1989.
Noobanjong, Koompong. "Power, Identity, and the Rise of Modern Architecture: from Siam to Thailand." Ph.D. dissertation, University of Colorado, 2003.
Stewart, Susan. *On Longing: Narratives of the Miniature, the Gigantic, the Souvenir, the Collection*. Durham, NC: Duke University Press, 1993.
Tagg, John. *The Burden of Representation; Essays on Photographies and Histories*. London: MacMillan, 1988.
Tanaka, Stefan. *Japan's Orient; Rendering Pasts into History*. Berkeley and Los Angeles: University of California Press, 1993.
Trippi, Peter. "Industrial Arts and the Exhibition Ideal." In *A Grand Design; The Art of the Victoria and Albert Museum*, ed. Malcolm Baker and Brenda Richardson. New York: Harry N. Abrams with the Baltimore Museum of Art, 1997
Winther-Tamaki, Bert. *Maximum Embodiment: Yoga, the Western Painting of Japan, 1912–1955*. Honolulu: University of Hawai'i Press, 2012.

第二章

「味の素」
——味覚の帝国とグローバリゼーション

一九二〇年代中国の雑誌に載った「味の素」の広告。召使らしい少女はスープに「味の素」をふりかける。本棚、暖炉、油絵を備えた洋室で食卓を囲む三人は核家族を思わせる。このように、西洋的近代の記号を商品と関連させている。しかし日本国内における「味の素」の広告と対照的に、近代的主婦が自ら料理をする場面を示していない。

一　風味と帝国

味覚はとりわけ直接的で本能的なもののように思われる。育ったときに食べたり飲んだりしたものを自ずから好むようになるだけだというように、我々は味覚の嗜好を、観念以前の文化的蓄積の一部と考えがちである。味覚はある程度遺伝的なものでもある。しかし味覚は、社会的な力によっても影響される。酒やコーヒーの味を好むようになるのは、単に舌の満足の反応というよりも社会的・心理学的理由のためである。一方、別のものを予想して何かを口に入れると不快な知覚が引き起こされることから、味覚の経験には意識による予想が含まれており、したがって単に身体的な反応というわけではないことが判る。脳波の研究からは、人の頭脳は前もって美味だと告げられると、その味覚への反応が変わることが明らかになっており、意識による認知——すなわち言葉——は味の感じ方を直接左右できることが示されている(Rolls, pp. 809S–810S)。

化学者池田菊苗(図1)が発明し一九〇八年に特許登録されたグルタミン酸ナトリウムまたは「味の素」は、近代の食の社会史において顕著な話題を提供する。グルタミン酸ナトリウムは今日世界中で消費されているが、ほとんどの場合気付かれていない。その味に対する満足の反

図1　グルタミン酸を昆布から最初に抽出した理学博士池田菊苗、ドイツ留学時代の写真。ロンドン漱石記念館、恒松郁生氏提供。

応——池田が「旨味」と呼んだもの——はタンパク性の食物に対する本能的反応と結び付けられるので、有史以前に遡る〈根源的な〉ものなのかもしれない。しかし、「味の素」という製品はまぎれもなく近代産業の産物であり、またアジア太平洋における貿易と移民の回路を通じた「味の素」と競合商品の普及によって、この味覚体験は大日本帝国の歴史と深く絡み合っている。グルタミン酸ナトリウムは東・東南アジアの台所に今も広く見られるが、それは帝国の見えざる残余なのだ。

グルタミン酸ナトリウムは風味をもたらす物質であると同時に、近代科学産業の産物であるため、帝国支配下とその後における普及の物語には、食べ物に対する人々の態度ばかりでなく科学や産業に対する態度も関わる。グルタミン酸ナトリウムは食料そのものとは異なる新たな食品添加物として、明白な先行者も既存の需要もないまま異質なものとして、市場と食の体系に入り込んだ。よってそれは特別に純粋で直接的なかたちで、味覚体験に対する近代科学の影響を示している。この新製品に対する反応によって、いかにその味が既存の食生活と嚙み合ったかだけでなく、異なる文脈をもった消費者がいかに近代科学の希望と脅威を理解したかも判る。二十世紀の歩みにおいてグルタミン酸ナトリウムの科学は、健康を約束するものから、利便を約束するもの、知能の発達を約束するものなどの意味の様相、そしてついには身体に有害な脅威という逆の意味まで変化の道をたどった。最近では味覚科学の新たな言説が登場して「うま味」という言葉を普及させ、体によいか悪いかという問いから味覚の満足という快楽へと注意を転じさせている。「うま味」という味覚の源と、グルタミン酸ナトリウムという製品の身体に対する影響に関する問いはさまざまに立てられ、科学的研究は一世紀以上も進められた。しかし科学自体がつねに展開する過程であるため、この近代の商品にまつわる社会史のためにまず考えなければならない問題は、人間の健康との関連であれ人間の欲望との関連であれ、科学が証明する、あるいはいつの日か証明するであろう事柄ではない。むしろ過去に研究室から消費者大衆へ向けてどのような知識が伝達されたか、その大衆がそのメッセージをいかに理解し解釈したかということである。

日本でグルタミン酸ナトリウムは「味の素」という商標名で知られているが、中国と台湾においては「味精」と広く呼ばれており、北米では「モノソディアム・グリュータメイト」という化学名かその略称MSGで知られている。北米人であれば有機化学の知識がなくともこの化合物名をすらすらと言えるだろう。またほとんどの人は、それがしばしば「中華料理店症候群」と呼ばれる一連の有害な生理学的症状と関係することを知っている。一方それが日本の発明品であることは、多くの日本人は知っているものの欧米で知る人は少ない。それがどのようにして誕生の地から中華料理店と世界の食の体系とに移動したかを理解するには、東アジアと北米の台所ツアーをしなければならない。グルタミン酸ナトリウムが何故当初歓迎され、その後世界中で大量に消費され続けながら、いかに誹謗されるようになったかを語ることで、二十世紀の食品科学と食品市場にまつわる絡み合った歴史について多くを知ることができる。

二　大衆向けの工業的栄養源

池田菊苗は当時有機化学の中心だったドイツに留学し、ドイツの同僚とおなじように安価で大量生産可能な栄養源を開発するという希望をもった。この分野の創始者ユーストゥス・フォン・リービッヒはビーフエキスで知られるが、ビーフエキスがドイツ軍の糧食となったため、

図2　リービッヒの肉エキス広告。世界最初のブランド名、近代的広告戦略を持つ最初の多国籍企業のひとつであったリービッヒはその肉エキスを理想的健康食品として一八六五年に売り出した(Finlay, 1995より)。

リービッヒは結果的に大金をなした（Finlay, pp. 48–73）（図2）。当時欧州では、肉を消費することは国力の鍵とされ、米や芋で生きていると思われた植民地の先住民族を欧州列強が支配する理由であると広く信じられた。欧州諸国の軍隊と産業労働階級との力は、高額で不足がちな肉の供給に依存していた。その頃同時に、アメリカ大陸の牧草地では牛が安価に飼育されていたが、肉の運送が高くついた。リービッヒの会社は一八六五年にロンドンに設立され、南米ウルグアイのフライ・ベントスに工場を開設し、茹でた南米産牛肉から煮汁を圧搾し、欧州で売るため瓶詰めにした。三十四キログラムの牛肉からエキス一キログラムが生産された。

しかしリービッヒの肉エキスが販売されるとすぐに、他の化学者と医者はその栄養上の価値を疑った。一八六八年にもなると、含まれるカリウム塩が人体に有害であるという非難にもリービッヒは弁解しなければならなくなっていた（Finlay, p. 60）。それにもかかわらずリービッヒのエキス会社は市場を拡げ続けた。医者よりも料理人や家政学者に支持を求め、またすでに風味があり滋養に富むと受け取られていた牛肉コンソメ（英国で一般に呼ぶところの「ビーフティー」）を作る便利で安い方法を求めた消費者に直接アピールした。したがって多くの消費者は気付かなかったが、リービッヒの有機化学がなした公衆衛生への貢献は、工業的に濃縮された栄養を供給すると主張されたことから、工業的に濃縮された風味を提供することに転換していた。他の製品で追った競合社も、同様にタンパク質かその風味を安価な濃縮物で提供した。これらの製造者はみな健康上の利点を主張し、大衆の福祉に貢献したいということを動機としていると主張したが、その栄養上の価値は科学的にはほぼ確立されないままだった一方で、製品はおもに利便性のために受け入れられた。スイスの発明家ユリウス・マギーが乾燥野菜をベースとした即席スープ粉末を一八八六年に、つづけて野菜タンパク加水分解物（HVP）を発明し、「マギーソース」として販売した。一九〇八年——池田がグルタミン酸ナトリウム調味料を特許登

図3　リービッヒの肉エキスの後を追って開発された工業生産「うま味食品」、マギー・固形ブイヨン、オクソの広告。「子供」と「健康」は広告の主なテーマであった。

録したのと同年——マギーは大量生産の固形ブイヨンを販売し始めた(図3)。リービッヒの会社は一九一〇年に固形「オクソ」という銘柄の商品で対抗した。当時のイギリスの他の競合商品には牛肉ベースの「ボヴリル」と野菜ベースの「マーマイト」もある(図4)。

　このように、池田菊苗が欧州に到着した当時の有機化学分野は、彼の後の経歴にとって重要となるいくつかの特質をもっていた。つまり化学者は研究室の成果物を味見していたということ、彼らの学問には産業世界の拡大する労働者人口に食糧を供給する鍵があると広く期待されたこと、栄養の工業生産に漠然と結び付くような風味の工業生産によって富が得られるということであった。ドイツ人化学者カール・リットハウゼンはグルタミン酸を一八六六年に特定し、それにビーフエキスの風味があると気付いていたが、その商業的可能性を追求しなかった。一九〇二年に砂糖研究でノーベル賞を獲得したエミール・フィッシャーは、やはりグルタミン酸も研究したものの、匂いが不快であると考えた[1](広田、一八一頁)。池田こそ、まさしく事業としての先見性とグルタミン酸塩を感知する味蕾とを兼ね備えていたのである。
日本の医学博士三宅秀による「佳味は消化を促進する」という論文を読んで示唆を受けたと、池田は回想している。

　我が国の貧しい食生活を遺憾に思っていた私は、改善する方法はないものかとずっと考えていましたが、この論文を読むまで良い案が浮かびませんでした。この論文に出会って、「栄養価は高いけれど美味しさに欠ける食品を、安価で良質な調味料を使って美味しくすることができれば、この問題を解決できるのではないか」と思い至ったのです[2](『味の素株式会社社史』第一巻、一九七一年、四一～四二頁)。

ところでこの「安価で良質な調味料」の発見は、正確にはどのように日本の食生活を向上させることになっただろうか。美味しさに欠けながら栄養豊富で手頃などんな食べ物を日本人は

図4　ボヴリル、マーマイトの広告。

(1)　池田はフィッシャーの研究について、「新調味料に就いて」『東京化学会雑誌』第三十帙第八冊(一九〇九年八月)、八三二～八三三頁で触れている。

(2)　この回想はしばしば引用されてきたが、一九三三年に池田が記したものである。三宅による記事はまだ特定されていない。しかしそのような考えは当時の

十分とっていなかったのか。池田はこの回想において、むしろリービッヒやマギーと同様、風味の抽出、化学的濃縮と栄養というものの繋がりを曖昧に指し示したにとどまった。科学が食事を改善し、有機化学者が人体の求めるものの「素」を発見し、濃縮して、効率的に提供できるはずだという考えが広く支持されていた。国民の食生活を改善したいという池田の欲望の誠実さを疑う理由はない。食事への化学の適用、安価で大量生産された食物の風味の向上、有用な科学による収益——これらすべてが当時結び付いていたのだ。池田は日本人と比べて欧州人が体格においていかに大きいかも実際に見ていた。福沢諭吉らは西洋諸国に体力と体格において伍するためもっと肉を食べるよう推奨していた。おそらく池田は、もし安い肉がふんだんに入手でき、米食の大衆にそれをアピールできれば、国民を強くするものと信じていただろう。日本海軍は一八八〇年代、タンパク質不足が脚気を引き起こすという信念から英国海軍と同じ食事を採用することを決めた。缶詰の肉は日清戦争期から軍にとってますます重要になったため、池田の野望は国の目標と合致したのである(Cwiertka, 2002: p. 10)。

グルタミン酸ナトリウムの特許は日本で取得された直後に、米国、イギリス、フランスで取得された。特許出願書ではこの味覚は日本語では「快美の味」と記され、英語では「グルタミン味 glutamine taste」と書かれたが、国内向けの発明の宣伝において池田はこの特徴的な味覚を「うま味」と呼ぶよう提唱した。これは池田自身の造語であり、口語の形容詞「うまい」に由来している。池田はグルタミン酸ナトリウムをヨード製造業者だった鈴木三郎助の許に粉末状で持ち込み、鈴木製薬所(一九一二年より鈴木商店)は一九〇九年に「味の素」という商標名でこれを発売した。鈴木製薬所の当時最新の技術と池田が推奨した食事の改善との組み合わせによって、グルタミン酸ナトリウムは科学と国民の健康に対する十九世紀の進歩的関心との交差点上に置かれた。科学は生産のみならず、「味の素」の販売促進においても重要であった。日

化学者や医学者の間で一般的であった。またこれに続く一節で池田が「窮境を脱せんとの願望も亦余をして応用方面に転向せしめたる一の潜在動機たり」と、利益を追求したかった旨を率直に認めていることはほとんど触れられていない。

本が西洋列強に仲間入りするため産業を急速に発達させていた明治末期に、「味の素」は国内市場を確立しはじめた。日本の知識人は当時、近代科学の恩恵に多大な信用を置いていた。商業史家のルイーザ・ルービンファインが記すには、「味の素」は「衛生と栄養の予測可能性、効率、利便、科学的保証——文明開化という明治期の目標と共鳴する属性」を提供したのである(Rubinfien, p. 8)。

三　グルタミン酸ナトリウムと日本の主婦

しかし当初、鈴木商店は顧客の獲得に苦労した。グルタミン酸ナトリウムは登場して最初の四年間、何ら収益をもたらさなかった。製品が醬油製造者や料理店主に拒まれたため、ターゲットは転じて主婦になった。二十世紀初頭の中産階級女性、その台所と日本の食生活は大きく変化しつつあった。明治国家の指導下で優位に置かれていたエリート層の階級意識にとって、新たな家庭生活は必須の構成要素にみえていた。進歩的な中産階級の主婦は衛生、テイラー主義的能率、科学的な栄養などの教えに沿って自分の台所を切り回そうと努力した。そのため家族の健康を無知な使用人に任せられないとして、食事を準備する仕事一切を引き受けよと慫慂《しょうよう》されたのである。多くの中産階級の女性は台所での新たな役目を受け入れ、家族を喜ばせる方法として、また個人の満足の手段として、新しく栄養に富んだ料理をこしらえるという挑戦に熱心に取り組んだ。このとき彼女らは季節の循環に基づいた食事や食糧の準備と、多くの人手を伴う重労働で特徴付けられた台所仕事の長い伝統を捨てさった。そのため、祖母に料理法を学んだ母がいる二十世紀日本の女性たち――あるいは家計を監督するのみで使用人に実際の調理を行わせていた母がいる女性たち――が、照り焼きやトンカツといった折衷料理を教える料理本や新聞記事を消費し、男性シェフがコツを教える料理教室に通った。こうした展開全てによって明治後期の中産階級女性は、科学的な研究に基づいた合理性と利便を強調した新たな調理器具と材料を受け入れるようになった。改善された台所、栄養・衛生・効率に関する専門知識、またこうした知識体系に結び付けられたグルタミン酸ナトリウムのような新たな商品が、日本の主婦にとってグローバルな近代性に導かれる扉だったのである。

しかし、「味の素」は高かった。一九一二年、家庭サイズの中瓶は五〇銭であり、当時これで白米約三・五キロ、あるいは塩八キロを買えた。だから、この見慣れぬ粉末が台所の必需品であると、質素倹約を美徳として教え込まれた女性たちを説得しなければならなかった。

この目的に向けて、西洋料理、栄養学、家政学といった分野の専門家が製品を推薦するため動員された。こうした人々は女性雑誌や新聞記事のおなじみであった。「味の素」に名前を貸し出した一人は、人気作家の村井弦斎で、彼の推奨の言葉は最初の新聞広告(図5)に登場する。「味噌汁に加味」すると「最妙」になると彼は書き、この粉末を「毎朝食卓に欠くべからざる」「至極便利」なものとした。村井は明治期最大のベストセラーの一つである連載小説『食道楽』を数年前に著していた(『食道楽』に関して、村瀬、黒岩を参照)。小説も料理書も超えた『食道楽』は、台所に始まる日本国民の社会的道徳的改善に向けての召集令状であった。四巻にもおよぶ浩瀚な書であり、数百のレシピを紹介している。この本の成功によって村井は家庭の食と栄養に関する権威となった。村井はさらなるタンパク質摂取、変化を付けた食事、また食事の準備に費やすエネルギーと手間により消化の手間が減るという理論に基づいて食材を粉砕する料理法を称揚した。村井によれば、食の改善とは暗愚な日本人を文明に導くものだった。

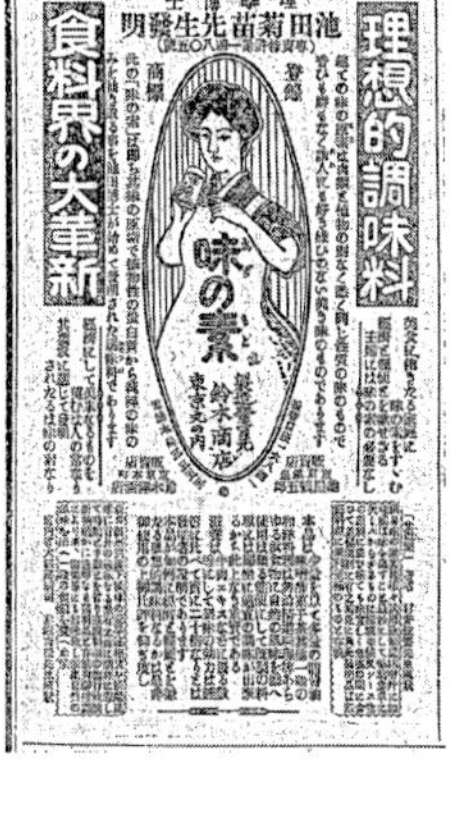

図5 「味の素」最初の新聞広告(『東京朝日新聞』一九〇九年五月二十六日)。白い割烹着と束髪は近代中産家庭の主婦の象徴だった。

この高名な食の運動家との連携によりグルタミン酸ナトリウムは、実際の健康への好影響という証拠は何ら示されなかったにもかかわらず、健康によいというアウラを得られたのである。

鈴木商店は、エリート階級の娘たちが中産家庭を経営できるよう訓練を受ける高等女学校の学生と卒業生に対して、もっとも直接的にアピールした。種々の学問をよせ集めた欧米の新学問、家政学を吸収したため、こうした女性たちは有益な科学という語りに浸かっていた。つまり彼女たちは医学と栄養学の専門家にとって理想的な標的を形成していた。家政学の教科書は「味の素」を、伝統的な出汁を取るのに使われる昆布と鰹節の代用品として賞賛した。[3] 一方で「味の素」の広告は製品が「純白」であることを強調し、当時の女性教育において漂白や消毒が強調されたのと重なって衛生的なイメージを製品に与えた。[4] 一九二二年から一九三七年まで、鈴木商店は高等女学校卒業生全員に試供品と料理本を送付した。添付された手紙は「味の素」が長年の科学研究の結果であると宣伝し、帝国発明協会に認可されたことも記されていた。「味の素」は価格、労力、時間の点でもっとも経済的な調味料であり、近代的「文化生活」に不可欠であると記された(『味の素株式会社社史』第一巻、一九七一年、二〇九〜二一〇頁)。一九二〇年代には中等・高等教育を受ける女性の数が急増しており、開明的な主婦が最新の科学的発明を用いて家族の健康と幸福を増進するという生活様式のイメージを用いて、一連の新メディアは家庭の合理化を促進していた。台所労働と身体の消化活動の双方に関する合理化の言語を纏うことで、「味の素」は日本の家庭を近代化するというプログラムに組み込まれたのである(図6)。

ほどなくして「味の素」は新聞の料理記事に頻繁に現れるようになった。しかし料理店の板前はこの白い粉を調理場に受け入れるのにより慎重だった。当初、和食の基本である出汁を誰もが簡単に作れるという即席調味料は、職人としての誇りが許さなかったのである。一九三〇

(3) たとえば、吉村千鶴『実地応用家事教科書』第一巻(訂正六版、東京開成館、一九一九年)、一一五頁。

(4) 一九三一年に「味の素」が皇室ご用達になり、「味の素」の化学者がより白く結晶型の製品を作るようになるまで、「味の素」の色は多少茶色を帯びていた(鈴木、一五四頁)。

図6 女学生や主婦に使用をすすめるために行われた「味の素」の講習会(『味の素沿革史』より)。

年代に日本で最も有名な料理人かつグルマンだった北大路魯山人は、「味の素」を軽蔑していた。しかし辛辣な魯山人でさえ、人気の調味料を丸ごと否定するのは避けており、家庭で幅広く使われることは暗に認めていた。

> 味の素は近来非常に宣伝されてをりますが、私は「味の素」の味は気に入らない。料理人の傍らに置けば、不精からどうしても過度に用ふといふようになつてしまひますから、その味に災《わざは》ひされます[……]御惣菜的料理に適する場合もあるのでありませうが、さういふことは上等の料理の場合ではありません。今の処、兎に角高級を意味する料理の為めには成るたけ「味の素」は使はないのがよいと思ひます(北大路魯卿述「日本風料理の基礎観念」『星岡』一九三三年十二月)。

密かに「味の素」を使用する店舗は増えていた。一九三九年に鈴木商店の雑誌『味』がインタビューしたある有力料理人は、「味の素」の使用がいまや不可欠になったと認めている。というのも、一般家庭の食卓で何にでも「味の素」を使ったため、人々の味覚が慣れてしまい、使わない料理を美味しいと思わなくなったためだという(『味の素沿革史』一九五一年、八八、九一頁)(図7)。

一九三一年はグルタミン酸ナトリウム普及の第一段階の到達点を象徴的に画した年であった。鈴木商店が台所でも食卓でも使える穴あきガラス小瓶の形で一般に発売したからである(長谷川、二二三頁)。またこの年、天皇の食卓で使われる宮内省御用達に「味の素」が公式に指定された。一九一八年から一九三一年までに、同社川崎工場の生産は年間八五トンから一〇七七トンへと十二倍以上増加した(『味の素株式会社社史』第一巻、一四八頁)。この時までに、内地の都市市場への進出は限界に達し、販売促進は農村部、植民地や他の海外市場に重点を置くことになった。穴あきガラス小瓶の登場によって、日本の都市部の主婦は、台所で振りかけても家族

図7　一九二六年に東京で開催された「第二回化学工業博覧会」の本館入り口に立った「味の素の女神像」。当時の日本の化学工業分野において、池田の発明がどんなに大きなシンボルだったかが窺える(『旬刊写真報知』一九二六年四月二十五日)。

各々が食卓で直接振りかけてもよいという、食塩と同じ扱いで「味の素」を完全に受け入れたことがわかる。高等女学校と日本女性の有益な科学に対する関心によって、「味の素」は日本の家庭の一部となったのである。

四　大日本帝国、中国大陸、華僑におけるグルタミン酸ナトリウム

当初一般家庭に、その後飲食業に進出した日本での経験と対照的に、日本の植民地だった台湾でグルタミン酸ナトリウムは逆ルートを採り、飲食業から一般家庭へと進出した。『味の素株式会社社史』によると台湾の料理人は一般に「味の素」にほとんど抵抗しなかった。実際、社長の鈴木三郎助が一九一四年に台湾を訪れたとき、すでに露店や飲食屋台で使われていた(鈴木、一〇六頁)。小さな島の植民地だったので、台湾は鈴木商店にとってほどよい大きさの支配市場となった。同社は台湾の主要都市の街灯全てにホーロー製の自社広告を掲げ、街路風景を商標名で徹底的に覆いつくしたため、他の広告主から不平が出るほどだった。標的となる中等学校女子学生がほとんどいなかったため、小学校の児童にむけて広告し、教師が使うグルタミン酸ナトリウムに関するクイズを添えて台湾の全小学校に試供品を配布した(『味の素沿革史』四六三〜四六六頁)。

台湾では自発的に製品を売り込んでくれる料理店と麺屋台もあった。もし卓上の穴あき小瓶が、内地の食生活における「味の素」の成熟した位置づけを象徴するならば、台湾では四角く

金色の一キログラム缶がそれにあたる。これは一九二八年に初めて輸入された。飲食屋台や麺屋台はこの缶を並べて客に「味の素」の使用を誇示した(5)(『味の素沿革史』四五四頁。)。彼らはおそらく、一九二〇年代にいくつか現れていた模造品を使っていないと告げるためそうしたのだろう。大きな金色の缶は個人消費者にもまた特別な意味をもっていた。台湾の商人は店で缶を開け、少量の量り売りを始めたからである。鈴木が一九三四年に再訪したときには、渡し守も一日五銭ほどの「味の素」を買っていた(6)(『味の素沿革史』四五五頁)。この市場獲得プロセスをみると、台湾におけるグルタミン酸ナトリウムが日本とはかなり異なる文化的位置づけにあったことが判る。街路でも、あらゆる階級の台湾人家庭でも、「味の素」は単に安く日常的な食材の一部という地位を確立しており、日本での宣伝に重要だった専門家の賛辞、衛生や効率といったレトリック、モダン生活という含意などは要らなかった。

料理の要因と社会的要因の組み合わせが、グルタミン酸ナトリウムの台湾への急速な普及に貢献した。味の素社史によると、製品がよく売れた理由として、台湾料理——そして中華料理一般——における、複雑な風味を作るのに使われる多種多様な出汁や食材の重要性があげられる(『味の素沿革史』二〇一頁)。台湾の料理人は確かに、日本の料理人より粉末スパイスを使うのに慣れていて、異国の白い物質におそらくあまり違和感をもたなかっただろう。またさまざまな社会的要因の中でも、台湾の食生活における屋台料理の重要性も一要因だろう。ファーストフードの形態で売るため、料理を濃く味付けする理由が屋台にはあり、グルタミン酸ナトリウムは強力な味覚刺激物として用いられた。同時に、植民地であったことと鈴木商店が市場飽和策をとったことが明らかに役割を果たした。今日でも台湾は一人あたりグルタミン酸ナトリウム消費量において世界のトップのひとつである(Hodgson, 2001)。

一九三〇年代には「味の素」の生産量が再び劇的に増加し、一九三〇年から三七年までに

(5) この金色の缶は、正確には一キロより多い一一二五グラムが入っていた。

(6) また、一九三八年に内地から台湾を訪れた人が「味の素」を毎日二回、三銭分を買っていた人力車の車夫に会ったことを記している(『味の素沿革史』九一六～九一七頁)。

四倍になっている。グルタミン酸ナトリウムの半分以上は依然内地で生産・消費されていたが、大陸や植民地における消費もまた急速に伸びていた。[7] 鈴木商店は一九二五年大連に工場を設立し、満州国政府樹立を追って満州市場に進出し、一九三七年には中国市場向けに天津に進出した(『味の素株式会社社史』第一巻、二三六、三〇〇頁)(図8)。一九三一年には京城営業所を設け、地域の事情に適した販売促進策を練り始めた。朝鮮の定期市に試供品を持ち込み、街路にチンドン屋を送り、「味の素」を景品付きで麺屋や飲食店に配布し、人気の妓生を描いたポスターを発行した(『味の素株式会社社史』第一巻、二三〇～二三一頁)。朝鮮向け輸出は一九二六年にたった二九トンだったが、一九三五年には一三六トンに上昇した。満州も同年代にかなりの量を消費した。一九三六年まで、朝鮮で消費されるグルタミン酸ナトリウムの全量が、鈴木商店の川崎工場で生産されていた。一九三六年に競合製品として大豆化学工業(日本窒素肥料の孫会社)の「旭味《あさひあじ》」が朝鮮市場に出現した。それでも一人あたり消費量でいえば、朝鮮の消費量は台湾に比べて依然少なかった。一九三五年に朝鮮半島の人口は二二八九万九〇〇〇人だったが、「味の素」を一人あたり約五・九グラム消費した。これは一九三一年の内地平均を下回り、最大の消費量を示した大阪府(一九三一年に三四グラム)を大きく下回った。さらに驚くことに、同じ年の台湾の一人あたり消費量六九グラム(人口五二一万二四〇〇人に対し「味の素」三五九トン)に比べると朝鮮の消費量は十分の一以下だった(『味の素株式会社社史』第一巻、二〇二～二〇五頁、『味の素グループの百年史』二〇〇九年、付録に基づく)。朝鮮人の大多数は自宅で味噌と醤油を作り、都市であれば家内制手工業者から日用品を購入し続けていた。伝統的な料理慣習と食品の家内生産の強さによって、グルタミン酸ナトリウムは同時代の台湾におけるほど朝鮮の台所で中核を占めるには至らなかったようである。[8]

台湾料理と中国南部の料理は密接に関連しているとはいえ、鈴木商店は中国では障害にぶつ

(7) 一九三五年に生産された「味の素」の約四四パーセントが輸出されている。

図8 満州の街頭を回る「味の素」の広告パレード(『味の素沿革史』より)。

(8) 多くの朝鮮人は、一九三七年の日中戦争勃発後に政府の統制によって朝鮮市場に流入した合成醤油を使うことで、初めて大量生産された「うま味」に触れたと考えられる。合成醤油は、味の素や同業他社がグルタミン酸ナトリウムの副産物として生み出した野菜タンパク加水

かった。一九一八年に上海と広東で販売を開始し、一九二二年には台湾と類似した宣伝攻撃を開始したが、目に付いた広告看板によって「味の素」は日本の帝国主義の象徴として、抗議の格好の的となった。結果として売れ行きは低迷した（『味の素沿革史』四六七～四六八、四七二～四七五頁）。一九二〇年代後半の鈴木商店の調査では、「味の素」はコスモポリタンな上海ではレストランや中流以上の家庭に浸透していたが、南京や他の都市市場では苦戦していた（『味の素株式会社社史』第一巻、二二三～二三四頁）。同時に民族主義的な反応によって現地産競合品の開発に拍車がかかり、輸入品より安く売られた。中国最大手の製造者天厨社は一九二三年に設立され、自社製品を「国産調味料！　純国産品！　輸入品とは異なる！　味の素より高品質で適正価格……！」と喧伝した（「呉蘊初与中国味精业」http://www.novelscape.com/js/l/liuyu/zgbn/011.htm）[9]。天厨社は意図的に「味の素」の包装と広告を模倣した。一九三〇年に不買運動と小売店の襲撃で鈴木商店は再び損害を被り、中国語の商標を考案し中国の競合社の包装を模倣することで応じ、市場競争のいたちごっこが続いた。この頃には、中国人経営の模倣企業の売上総計が、中国における「味の素」の売上を上回っていた（『味の素沿革史』四七九～四八〇頁）。

　中国における「味の素」の広告は上海の会社がデザインしたが、日本で行った宣伝のように製品の近代性を強調するものの、開明的な主婦が台所に立っている図像はない。ある広告では中産階級の一家が給仕を待っており、別の一枚では男女が共に食べており、もう一枚ではモダンな女性が一人で食卓についている（図9）。こうした広告のどれも、女性が自分で食事を準備したことが示されていない。代わりに製品はただ最新であり、食物の風味をよくすることのみが表現されている。

　天厨社の広告でも、優雅な服装の女性が食べ物に味を付けて運んでいるものの、エプロンを着けたり台所で作業したりはしていない。一九三三年、上海の新聞『晨報』の付録「国慶児童

分解物（HVP）を用いていた。合成醬油は一九九〇年代まで韓国市場を支配し続けた（Cwiertka, 2012: pp. 65–69）。

（9）このサイトでは創業者である呉蘊初の生涯を紹介し、国家の英雄として称えている。当時の中国で国産品を買うことは大きな政治問題であり、多くの商品にとって国産品かどうかが決定的であった。Gerth, 2003を参照。

図9　上海の街頭広告、一九二〇年代（『味の素沿革史』より）。

比賽画報」に掲載された広告では、栄養を強調している。おめかしをした少女が、天厨社の瓶（当時の「味の素」の瓶と同じ形である）から野菜に調味料をすくっている。添えられたコピー文には、子供の消化能力が低く、発育には補助が必要だと述べている（図10）。

明らかに中国人女性は普遍的な科学への訴えを拒んではいなかった。民国期中国の都市ではコスモポリタンな中産階級が分厚い層になっており、近代の家庭と新たな消費習慣を促進する女性向け刊行物が、日本における婦人雑誌と似た状況で出ていた。しかし日本において食事改善の実験場だった女学校、つまり中等教育機関には、中国では少数の女性しか入学しなかった。一九二三年に三二四九人の女性が中国で女子中学校に進んだが、これに対し男性は十万人を超えていた。さらに女子中学校は近代的な家庭の理念を説いたものの、料理は少なくとも国立機関のカリキュラムには含まれなかった（Zurndorfer, pp. 458, 461）。都市においても、家庭で中産階級の中国人女性は、日本に比べれば自分一人で台所を切り盛りすることも、核家族向けに料理することも稀だったのである。天津の近代家族を研究したエリザベス・ラクトゥールは、一九一九年以後の五・四運動における改革言説で核家族を指す「小家庭」が理想化されたにもかかわらず、都市の専門職層は実際にはほとんどが拡大家族に暮らしていたことを示している。ラクトゥールによれば、上海と天津の婦人雑誌は頻繁に理想の家庭を取りあげたものの、台所を描写したり台所仕事を論じたりすることは稀であった（LaCouture, pp. 102, 104, 313）。こうした要因はみな、中国では日本と対照的に、革新的な若い主婦が、グルタミン酸ナトリウムが食の体系に進出する主要経路にはならなかっただろうと示唆している。

日本での広告の初期形態では、上部に「理学博士池田菊苗先生の発明」という言葉を配置して、グルタミン酸ナトリウムが化学研究室から登場したことを強調していた。同様に天厨社の広告では創業者の呉蘊初の名が目立っていた。しかしその目的は、有益な科学との関連を訴え

図10　一九三三年、上海の新聞付録に載った「天厨味精」調味料の広告。子供の健康増進と会社の近代性が強調されている。「味精を使って調味すれば、二つの利点がある。風味を増すことで子供の食べる量を増進し、また彼らの滋養に役立つ」と書いてある。

ることではなく地元中国の生産であると強調することにあった。天厨社の調味料が輸入品の代替として売上を伸ばすにつれ、呉は民族の英雄となり、その名がさらに製品の販売を促進した(Gerth, p. 252)。

天厨社の販売方法には、中国の食生活にグルタミン酸ナトリウムが入り込んだ位置の特異性を示す、もう一つの特筆すべき相違点があった。商標は「佛手」と呼ばれ、ラベルは青と金色だった――これは呉の公式の伝記によれば浄土を象徴する色である(王、三六二頁)。この図像はグルタミン酸ナトリウムが大陸中国の食事に対して、スープ出汁の安価な代替調味料としてだけでなく精進料理の調味料としても有用とされた事実を表している。英語版パンフレットで天厨社は、自社製品が小麦だけから作られることから、精進料理に使えるという点を最大の特長だと主張した[10](Tien Chu Manufacturing Company, p. 6)。日本でも精進料理はグルタミン酸ナトリウムの受け入れ経路の一つではあったが、中国ではより重要な点となったようだ――おそらく多くの中国人が定期的に肉類を断っていたからであろう。

このようにグルタミン酸ナトリウムは、科学の勝利としてよりも、即席で出汁を取る安価な方法として、また最新の輸入品として――ただちに大勝利を唱える輸入代替品として――、また精進料理の調味料として、中華料理の成分に加わった。鈴木商店の統計と一般向けの料理本によれば、すでに第二次大戦前から華僑の間でもグルタミン酸ナトリウムは一般的な家庭必需品であったことがわかる。鈴木商店も天厨社も香港、シンガポール、中国人が集まるアジア都市や米国西海岸の都市に輸出していた。ヘンリー・ロウの『中国式家庭料理』(*Cook at Home in Chinese*)は一九三八年にニューヨークで発行されたが、全レシピにグルタミン酸ナトリウムを含んでいる。ロウはこれを「グルメパウダー」と呼び、五種の「中国基本食材」の一つに挙げている(Low, 1938: introduction)。しかしすべての中華料理書で礼賛されたわけではない。パー

(10) 呉蘊初を称える伝記類には、「天厨」は「味の素」と異なり、小麦だけから作られていたと記述されているが、これは誤りである。どちらも、グルテンを抽出するために当時最も廉価であった北米産の小麦を主に使用していた。「味の素」は現在でも、小麦や、ビーツ、トウモロコシなど安価な炭水化物の発酵プロセスから作られている。二〇〇一年、インドネシアで「味の素」の材料に豚由来の酵素が使われていることが知られ、豚を食べることを禁じているイスラム法に反するとして大きなスキャンダルとなった。

ル・バックの序文を付して一九四五年に初版が刊行された楊　歩　偉《ブウェイ・ヤン・チャオ》の有名な『中国式の料理と食事』には、グルタミン酸ナトリウムへの著者の不賛成を述べた特別な注記がある。曰く「近年調味パウダーが広く使われているが、これは正しい調理法の基準を低めて、全ての料理を一つの味に均すことになる」[11]（楊歩偉、二頁）。「味の素」が一九三〇年代に都市市場に行き渡ったことで、多くの日本人調理師も、また同様に中国人調理師も嫌悪感を共有していたのである。

五　米国におけるグルタミン酸ナトリウム

一九三〇〜四〇年代に英語で料理書を書いた中国人調理師が、「グルメパウダー」を当然視しようと、過剰使用を戒めようと、当時の米国にある中華料理店が日常的に使っていたと考えるのは間違いないだろう。この同じ時代にこそ、多くの白人アメリカ人は中華料理店を初めて訪れたのである。日本に侵略されていた中国への同情や、蒋介石政府の同盟国としての公認に伴った文化交流などにより、アメリカ人の中華料理への態度は変化した。非中国系アメリカ人が地元の中華街を歩き回るようになり、非中国人顧客向けの料理店や食料品店を経営していた華僑が中国の食品を販売し始めた（Roberts, pp. 152–153）（図11）。

しかし米国でのグルタミン酸ナトリウム消費の原因を華僑へと無頓着に求める前に、あまり目立たないが別の重要な経路を探究すべきだろう。加工食品と軍産複合体である。鈴木商店はすでに一九二〇年代、アメリカの主婦向けに香水瓶型の製品を販売しようとしたものの、それ

（11）　この本は「羅漢の断食」と名付けられたベジタリアン用のレシピなどで、グルタミン酸ナトリウムの使用を勧めている。

図11　一九三九年八月二日、日中戦争の最中に、ロサンジェルスに「チャイナ・シティ」という観光客向き新中華街が開かれた。門に星条旗と中華民国の旗が見える。テーマパークのような建物の一部はパール・バック作「大地」の映画セットから移されたと言われている（"Chinatown Then and Now," *Los Angeles Times*, September 27, 2015）。

ほど成功しなかった。しかしそういっても米国は市場として豊穣であることがすぐに分かった。実際一九三〇年代中期から一九四一年まで、米国は日本本土と台湾を除くどの国よりも「味の素」を買っていた(『味の素沿革史』五一二頁向かいの図表)。キャンベル・スープ社をはじめ米国の缶詰食品製造者がこの需要を支えていた(図12)。発明者池田菊苗と同様、彼らはグルタミン酸ナトリウムに美味しさに欠けた安価な食物を美味しくする力を認めたのである。米国市場を認識した鈴木商店は、それまでと違う形で製品を包装した。日本でグルタミン酸ナトリウムは、穴あき小瓶に入った食卓の必需品となった。台湾でグルタミン酸ナトリウムは、小売店がその都度少量を売る一キロ缶という形で現地の食習慣に入り込んだ。対して一九二六年以降太平洋を北米へと渡るときは、企業顧客向けの十ポンドブリキ缶を詰めた木箱という形であった(『味の素沿革史』五一三頁)。

当時米国は、食品全般を世界のどこよりも工業化していた。技術がますます高度化した軍からの技術移転が、食品加工の進展に大きく貢献した。第二次大戦後、軍はグルタミン酸ナトリウムの美点に関心をもったが、それは米軍糧食包装研究所将校のジョン・D・ピーターマン大佐の言によれば「風味に欠ける糧食は軍隊生活のどの要因よりも急速に士気を損ねる」からであった(Peterman, p. 3)。研究所が後援した二つのシンポジウムでは、産業界から専門家が招かれ、グルタミン酸ナトリウムの新たな利用法が議論された。

このように米軍はグルタミン酸ナトリウムを知っており、おそらくすでに第二次大戦中から糧食の一部に使用していただろう。しかし兵士の食の嗜好を体系的に研究すること自体が新しかった。米陸軍需品科は一九四四年に糧食受容研究部を設立した。この主題に関する最初の会議は太平洋戦争終戦直後の一九四五年十二月に開かれた(Meiselman and Schutz, pp. 199–216)。一般に軍隊には大規模な配給が必要だからというだけではなく、兵士が選択の余地のない受け身

図12 キャンベル・スープ。一八六九年創立のキャンベル社は一八九七年に濃縮スープを開発。一九二〇～三〇年代から日本産グルタミン酸ナトリウムを使うようになった。

の消費者群であり、その食欲をそそり可能な限り無駄のないように食べさせねばならないため、軍隊はつねに工業食品にとって特別な実験場を提供してきた(図13)。日本軍は一九二〇年代から三〇年代、すでに兵士の食の嗜好という問題に取り組んでおり、西洋や中国のメニューを多く含んだ高タンパク食に行き着いた(Cwiertka, 2002)。原料不足から一九四〇年度にグルタミン酸ナトリウムの生産が政府によって制限されたときも、鈴木商店は例外として、大型缶に詰めて特別な軍事割当として供給を許された(『味の素株式会社社史』第一巻、四〇九、四四三頁)。グルタミン酸ナトリウムの重要性は、このように戦時国家日本にも認められていた。

米軍のグルタミン酸ナトリウムに関する初会合の参加者カール・A・フェラーズは、戦中に太平洋に駐留したとき、日本陸軍の缶詰入りの魚や肉が「大豆加水分解製品」の入ったたれに漬けられているのを見付け、米軍兵士もこれを非常に好んだと回想している(Fellers, p. 47)。つまり太平洋における日米の軍事的衝突は味覚技術の移転に貢献したわけだ。アメリカの会議参加者は和食に何の関心もなかったし、池田菊苗が提案していた、グルタミン酸ナトリウムが独自の「第五の味」を代表するという考えも参加者は認めていなかった。しかし食欲を喚起し、極力安く大量のタンパク質を供給するよう工夫される、文化的に均質化された軍隊の糧食において、両国の食体系は共通していた。また最初のシンポジウムで示されたように、戦後の米陸軍需品科は、米軍占領下に置かれた大きな民間人口に対しても、食用に耐える安価な食物を供給するという課題への対処として、同じ関心をもったのである(Melnick, p. 66)。

二十世紀半ばのアメリカの消費者は概して、自宅で食品添加物を加えるよりも、加工食品製造者に任せる方が多かった。一九四七年の「アクセント」を皮切りに、「味の素」に相当するいくつかのグルタミン酸ナトリウム製品が米国で小売向けに製造された(図14)。それらは台所やバーベキュー・パーティで戦後二十年間珍しくなかったものの、日本の家庭で見られたよう

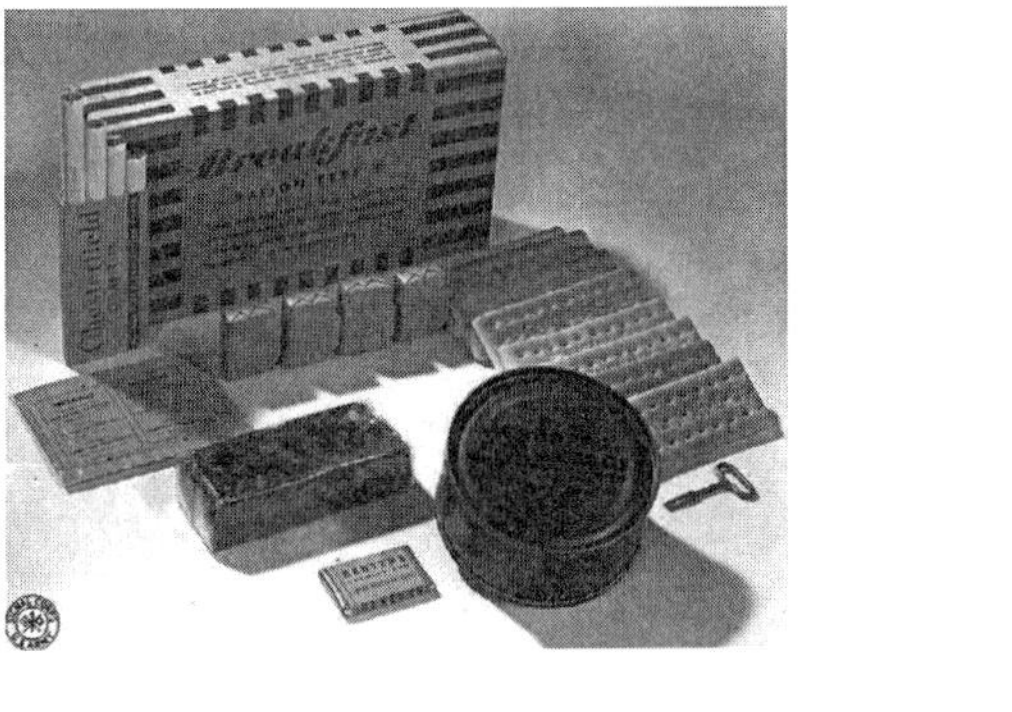

図13　一九四二年以降第二次大戦中米軍で最も広く使われた糧食「Kレーション」の朝食版。兵隊の間で不人気であったと伝えられている。

図14　一九四七年に発売された米国ブランドグルタミン酸ナトリウム「アクセント」(Ac'cent)。

な日常的な地位を得なかった。[12] しかし同じ頃にグルタミン酸ナトリウムは加工食品産業全般に広まり、また中華料理店もアメリカの風景に遍在する一部となった。したがって個人顧客があえて瓶詰めのグルタミン酸ナトリウムを家で食事に使おうと使わなかろうと、一般的になってきた二つの食事体験――缶詰や冷凍食品と、中国料理――から大量の味覚刺激物がアメリカ人の味蕾に届いていたのである。

消費者の食品産業への信頼は一九六〇年代に打ち砕かれた。環境運動、健康促進運動、製品安全性を求める消費者運動によって、食の体系における化学物質の危険性に市民の関心が振り向けられた。殺虫剤についての市民の怒号はレイチェル・カーソンによる一九六二年の『沈黙の春』の出版で始まり、食品添加物についての新たな警告が重なった六〇年代終わりまで高まっていった。一九六八年に科学者が人工甘味料のサッカリンに発ガン性をもつ可能性があると警告した。翌年十月に米国食品医薬品局が別の人工甘味料チクロの使用を禁止し、数百万ドル相当の清涼飲料の回収を命じた。

中華料理店症候群の「発見」も、アメリカの消費者が自らを養ってきた食品産業に反抗し始めたただ中にやってきた。一九六八年四月、『ニューイングランド医学雑誌』にメリーランド州の中国系アメリカ人医師ロバート・ホー・マン・クォクからの手紙が掲載された。そこには「筆者がこの国に来てから数年間、中華料理店、とくに中国北部の料理を出す店で外食をする度に奇妙な症状を体験してきた」と説明されている。クォクの症候群には、痺れや動悸があった。同誌はこの手紙に「中華料理店症候群」という見出しを与えたが、これを追った手紙や報告が直ちに舞い込む中で他の医師もこの言葉を用いたため、用語が定着した。塩、茶、ダックソース、輸入キノコなども元凶の可能性を指摘されたが、すぐにグルタミン酸ナトリウムを原因とする見解の一致がみられた。アンケート調査や研究室での実験がこれを追跡した[13] (Kwok,

(12) Ac'centは一九九九年までピルスベリ株式会社の商品であった。また、米国家庭料理古典書のひとつ *The Joy of Cooking* の一九五三年版にはグルタミン酸ナトリウムを「愛用者にMSGというあだ名で呼ばれている東洋から来た不思議な《白い粉》」と説明する記述がある (Rombauer, 1953: p. 834)。

(13) 名前の表記からしておそらく中国南部出身であったはずのクォク氏が、中国北部の料理を特定して問題を指摘したことは興味深い。これは彼の無意識の地域差別が表れたものかもしれないが、自分の食べている中華料理が北部のものか南部のものかを概してわからなかった非中国系アメリカ人にはこの区別は気づかれなかった。

p. 796)。

食品医薬品局がチクロの禁止を発表した数日後の一九六九年十月二十三日、食品・栄養・健康に関するホワイトハウス協議会のジーン・メイヤー議長はグルタミン酸ナトリウムをベビーフードから締め出すよう勧告した。グルタミン酸ナトリウム注射によってマウスに病的な肥満と脳障害が生じたと主張するジョン・オルニー博士による同年の研究に基づいたものである(『味をたがやす——味の素八十年史』一九九〇年、三五二～三五三頁)。チクロ論争を考慮してニクソン大統領は食品医薬品局に「一般に安全と認められる」物質リストに掲載された食品添加物の全てを再審査するよう命じた(Food and Drug Administration, 1999)。オルニーの証言、その後の動物実験、一九七〇年代を通じて無数の医師が報告した事例証拠などにもかかわらず、グルタミン酸ナトリウムは禁止されたり規制を追加されたりすることはなかった。現行の世界の食の体系においては、国によって制限の差があるにせよ、サッカリンやその他安全性の不明瞭な多くの物質と同様、グルタミン酸ナトリウムは健康への影響に関する論争が存続しているにもかかわらず消費され続けている(図15)。

六 「グルタミン酸ナトリウムを食べると、頭がよくなる。」

オルニーのマウスがグルタミン酸ナトリウム注射を受けた初の研究室動物というわけではなかった。一九五七年にイギリスの眼科医D・R・ルーカスとJ・P・ニューハウスは類似の実験を行い、生命に関わらない程度の大量のさまざまなグルタミン酸塩溶液を成体と新生のマウ

図15 現在、北米の中華料理屋の多くはメニューにこのようにグルタミン酸ナトリウム不使用を掲げている。写真右下のマークは一般的表記法。

スに注射した。注射が網膜の損傷に帰結することが分かった(Lucas and Newhouse, pp. 193–201)。その後オルニーを含め他の研究者が引用したが、この研究は当時一般人に知られなかった。彼らの発見は眼科医向け専門誌に掲載され、食物におけるグルタミンに触れなかった。仮に触れていたとしても無視されたかもしれない。一九六〇年代末に盛り上がることになる食品添加物問題は、一九五七年にはメディアの注目対象ではなかったのである。これに比べると、オルニーは広範に読まれている『サイエンス』誌に実験結果を投稿した。クォクの症例がいまだメディアで記憶に新しかった時期で、オルニーもまたグルタミン酸ナトリウムの「中華料理店症候群への関与」にも触れていた(Olney, pp. 719–721)。しかしルーカスとニューハウスの研究よりオルニーの研究に反響が大きかった、おそらくもっとも重要な要因は、実験科学と食物を取り巻く趨勢が、十年の間に米国で変化していたことだろう。警鐘を鳴らすオルニーの研究が載った『サイエンス』の同じ号には、処方薬の安全性について、また農業用殺虫剤についての記事も掲載されていた。

実験の意図や結果の解釈しだいで、同じグルタミン酸塩が頭脳を損傷するのではなく向上させるとみることもできた。実はルーカスとニューハウスのさらに以前にも、グルタミン酸ナトリウムの影響に関する他の実験研究があった。一九五〇年代末から一九六〇年代の日本では、「味の素」を食べることで頭がよくなると広く信じられていた。この考えの主な起源は製造者ではなく、生理学者で大衆向け作家の林髞《はやしたかし》であった。ベストセラー『頭脳——才能をひきだす処方箋』(一九五八年)で、林は頭脳には大量のグルタミン酸が含まれ、まだ十分には解っていないがこれに重要な神経系機能があることを研究者が見つけていると告げた[14](林、一三三〜一三四頁)。同書では、彼は素朴な言葉でグルタミン酸の重要性を唱えてもいる。

さて、では、ここにあげたような物質は、ばかにつける薬となるのであろうか。いや、

(14) 林は同書で、西洋人の小麦食に比べると、米食が日本人の発達を遅らせてきたとも主張した。彼は一九六〇年代に流行になった「頭脳パン」という製品を開発した。

白痴や精薄はどうにもならぬ。では、覚度のわるい真人間を、覚度のよい状態にすることができるだろうか。それはどうやらできる。すくなくとも近い将来において、それはできると予想されるのである。いずれにしても、これらの物質のもととなるグルタミン酸は蛋白質の分解によって出てくるのであるから、食物としては蛋白質を食することが、どうしても必要である。もちろん、グルタミン酸はグルタミン酸としてもはいってくるのは当然である。だから、とくに「味の素」を好きな人は、口からはいってくるのである(林、一二二頁)(図16)。

林には、グルタミン酸の神経学的効果に関する研究を推進するだけの理由があった。彼はこの課題について実験を行う中枢の科学者の一人だったからである。一九三〇年代にイワン・パヴロフに薫陶を受けた林は、条件反射に関するパヴロフの理論を日本に紹介した。パヴロフは犬の条件反射に対するさまざまな薬品の効果を比較研究するよう林に助言した。注射すると痙攣につながる運動反射を引き起こすことがすでに示されていたグルタミン酸化合物に林は焦点をあてることにした。自身の研究についての戦後の英語論文で、彼はグルタミン酸注射が脳の神経細胞を刺激するため、多量の服用は深刻な痙攣につながる一方、少量の服用は条件反射を高める(つまり犬がより簡単に反射を学習し、学習したことを想起する)と結論した(Hayashi, 1954)。後に、林の結果をグルタミン酸注射の有害な効果を示す証拠として引用する者もいたが、林自身が強調したかったのはグルタミン酸の潜在的な可能性であった。『頭脳——才能をひきだす処方箋』で、林は人間の脳の可能性は全体の三分の一しか達成されていないと主張している。効果的に刺激すれば、脳は向上できるという。同じ刺激効果は、その後ジョン・オルニーがグルタミン酸ナトリウムを「興奮毒物」と名付けることにも繋がった。この違いは、研究結果の違いというのと同等に、化合物による脳の人工的な興奮を積極的な可能性とみなすか脅威とみな

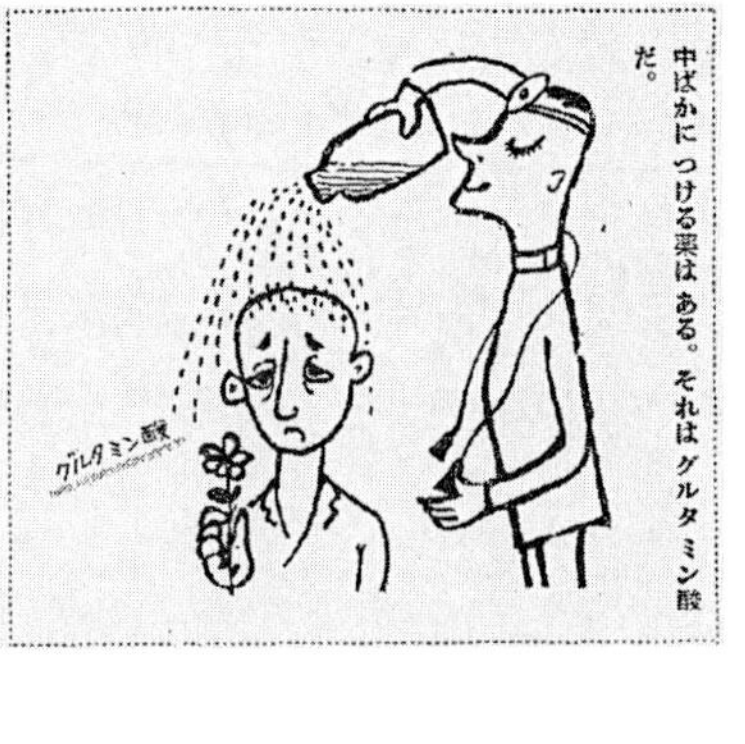

図16　元気のない表情の男性の頭にグルタミン酸を振りかける医者。「中ばかにつける薬はある。それはグルタミン酸だ。」(林髞『頭脳——才能をひきだす処方箋』一一九頁)。

すかという問題にもよっていた(15)。

フランスと米国では一九四〇年代と五〇年代、他の研究者によって、グルタミン酸がてんかん治療薬として、またマウスなどの動物に加えて人間の知能障害患者の脳の能力を高める可能性がある薬剤として実験されていた。『タイム』誌は一九四七年、グルタミン酸を知能障害とてんかん症の子供に投与すると子供の知能指数が上昇したと報告した、医学博士フレデリック・ツィマーマン率いるコロンビア大学チームの研究に関する短い記事を掲載した("Brain Food?" 1947)。しかし、研究者らも『タイム』誌も「味の素」などの食品添加物に触れていなかった。その後の研究から、グルタミン酸、特に口から摂取されたグルタミン酸と知能指数とが関連するという主張に疑いが投げかけられた。しかし希望の種は一度植えられると、一部は林による大衆向けの記述のため、日本で芽生え、たくましく育った。すでにグルタミン酸ナトリウムが各家庭で見慣れた品だったため、日本の消費者は林の理論をいとも簡単に応用できた。戦前の女学校で最初に宣伝されて以来製品に与えられていた、有益な科学というアウラは、さらにこの流行に貢献したに違いない。しかし「富国強兵」の明治末には、科学が国民の食生活を向上させ日本人の身体を大きく強くするよう約束していたのに対し、高等教育とホワイトカラーとしての出世がほぼ全ての親子への願いとなり、「教育ママ」という用語が誕生した一九六〇年代日本の学歴社会に相応しいことに、この時代の科学は子供を大きくする代わりに賢くすることを約束したのである。

二〇一三年に私がH－Ｎｅｔという研究者ネットワークで行った簡単な調査によると、グルタミン酸ナトリウムを食べると脳の機能が高まるという考えを示す証拠となる逸話は、他の国でもある程度伝えられたが、アジアに幅広くは普及しなかったようだ。多くの中国人消費者は健康によいとは考えたらしいが、知能を促進するとは考えていない。知能と関連づける議論

(15) 林はパヴロフの学生だったため「人間の最良の親友」イヌを第一に実験対象とした一方で、オルニーはマウスの実験を行ったということにも注意が必要である。林の行動主義心理学では、イヌは刺激に対する反応の学習を期待されており、この意味において科学者の知識生産への能動的参加者であった。これに対し、オルニーのマウスは注射され、物質の毒性を試験される、受動的有機体としてのみの存在だった。

が日本でもっとも拡がった一九六〇年代に、グルタミン酸ナトリウムは中国では贅沢品だった。同時に、グルタミン酸の実験と食品を特に結び付ける唯一の淵源だったであろう日本から、情報はほぼこなかった。後にグルタミン酸ナトリウムが中国で悪評を醸したとき、薄毛に繋がると聞いた人はいるが、これはグルタミン酸と脳に関する噂の、いわば伝言ゲームの結果かもしれない。一九一〇年代生まれのある台湾人女性が、一九七〇年代にしばしばグルタミン酸ナトリウムが子供を賢くすると家族にいい、在米の親類に製品を送っていたとも聞いた。一九六〇年、台湾の新聞記事でグルタミン酸ナトリウムが脳によいと報じられた(「味精能補脳」『徵信新聞報』一九六〇年四月二十七日)。これに引用源は示されていない。韓国のブログは、グルタミン酸ナトリウムを一さじも二さじも食べることが受験生の間で短期間流行し、シカゴの医科大学の特定されていない研究が賢くなれると証明したことが、これを焚きつけたらしいと報告している。このブログに流行期は示されていない。双方のケースから、かつての大日本帝国だった地域において「グルタミン酸ナトリウムで頭がよくなる」という説が、「グルタミン酸ナトリウムで病気になる」という危機の後もなお時折流行に乗ったことがわかるが、日本のようにあまねく反復され長期間信じられることはなかったようだ。

七　危機と反応——「ウマミ」の再発明

一九六〇年代に米国を押し流した、食品産業に対する消費者心理のうねりは、世界中の富裕国で生じた。一九六八年、日本の消費者団体は、ＰＣＢを含むことが判った普及食用油のカネミ油の販売停止を求めて争った。何千もの日本人が、この製品によって被害を受けたと主張した。同年消費者保護法が制定された。

チクロやその他添加物の危険に関する報道は、米国と同様に日本でも市民の警戒に結び付いたものの、グルタミン酸ナトリウムへの不安は日本で特別な反響を招いた。味の素社は依然世界のグルタミン酸ナトリウム主要製造者であり、日本の食品産業では最大手のひとつで、日本の消費者と長期の関係を築いていた。一九一八年に、宮武外骨の雑誌『スコブル』に「味の素」が蛇から作られているという噂が掲載されたとき(図17)、鈴木商店は嘘だと約束する新聞広告で応じ、消費者の信頼を取り戻した(『味の素株式会社社史』第一巻、一三八〜一三九頁)。当時は食物の不祥事を、製品が輸出されていたとはいえ自国にとどめることができた。日本の製造者には国内市場と密接な関係があったため、自発的になされた公約で消費者を安心させることができた。対照的に、一九六〇年代にはメディアもそこで報じられる産業の問題も世界的となり、商慣行が不透明で生産方法が複雑で判りにくかった巨大食品企業の重役を、消費者は疑いやすくなっていた。オルニーのマウスは、ホワイトハウス協議会の勧告後二日で日本の新聞に一面で報じられ、製品のイメージは日米双方で永久に損なわれた(『味をたがやす——味の素八十年史』三五三頁)。

一九七〇年までに、日本でグルタミン酸ナトリウムを取り巻いていた科学の明るいアウラは、どちらかというと黒雲になっていた。一九七〇年、味の素社の歴史上初めて売上が減少した。この危機に対し、同社経営陣は二通りの方法で対応した。第一に自社製品のラインアップを多様化し、瓶入りグルタミン酸ナトリウムの比重を減らすこと、第二に大がかりな企業イメージの刷新への取り組みである。彼らは一九六〇年代にグルタミン酸ナトリウムの売上が頂点に達しただろうという兆しが見えたとき、製品の多様化プロセスにいち早く着手して備えて

図17　宮武外骨の風刺雑誌『スコブル』は「面白い懸賞」というパロディー広告を載せ、「味の素」は蛇から作られていると主張した（一九一八年十月）。

いた。一九七一年には国内市場が飽和していることが明白に認められた(『食糧年鑑』一九七二年版、六〇頁)。ますます流行遅れになっているガラス小瓶と並行して、味の素社は魚ベースの即席だし「ほんだし」のような、「自然調味料」製品を導入した(16)(『食糧年鑑』一九七一年版、二六頁)。同社は他の加工食品にも迅速に進出した。一九六六年から一九七四年までに、味の素株式会社の売上に占める調味料の割合は五二パーセントから二四パーセントに減少した一方、加工食品は三パーセントから一六パーセントに増加していた。加工食品の生産は一九八〇年に総売上の三五パーセントに達するまで増加しつづけた。この戦略によって企業利益は十年の間、着実な成長が保証されたのである(長谷川、五二頁)。

一九七〇年代、「MSG」が米国で有害な科学と同義語となったころ、味の素社の系列会社やその競合会社はアジアと南米で生産と販路を伸ばしていた。彼らの成功は、米国や日本での酷評にも、食品関連消費者運動の第三世界への登場にも阻害されなかったようだ。味の素社と提携しているユニオン・ケミカルズ社のフィリピンでの生産は、一九七〇年の月産四八〇トンから一九七八年の七五〇トンに上昇した。一九六二年に設立されたタイ味の素社は一九七〇年の月産六〇〇トンから一九七四年の一二八〇トンに倍増した。一九六八年に設立された味の素のインドネシア工場は、一九七〇年に生産を始めた。小売高は一九七二年の五六トンから一九七七年の四一六トンに上がった。ペルー味の素社は一九六九年四月に工場を開設し、生産高は一九七三年の一五〇トンから一九七七年の三〇〇トンに上昇した。一九七七年に操業開始した同社のブラジル工場は、すぐに年間八〇〇〇トン以上を生産し、そのほとんどは輸出された。ブラジルを除けば、ほとんど全てがそれぞれの国内小売向けだった。欧州や北米の人々と異なり、これら諸国の消費者は「味の素」や他の製造者の商標が付いた瓶や袋で、頻繁に製品を購入し、台所や食卓で使ったのである。

(16) 一九七〇年の『食糧年鑑』によると、とにかく天然でなければならないというムードのなかで「自然調味料」がその年のブームになっていた(『食糧年鑑』一九七〇年版、六一頁)。

グルタミン酸ナトリウムを食べると頭がよくなるという噂に比べると、食べると病気になるという噂は間違いなく拡がったが、拡がりにむらがあったのは同じである。これは、欧米で出発し一九六〇年代に世界的ネットワークを形成していった消費者団体に、大きく影響されていた。国際消費者機構は一九六〇年に創立された。そのアジア太平洋事務局は一九七三年マレーシアに開設され、アジアの既存消費者団体を欧州の傘の下で連携させた。アジアでの反MSG運動は一九八〇年代初頭に始まった。国際的な連絡によってこれらの団体は強力になった。国際連合食糧農業機関（FAO）と世界保健機関（WHO）のロゴを付けた「味の素」の広告がマレーシアの新聞に掲載されたとき、地元消費者団体は国連と日本の団体に抗議した。同社は広告の撤回に追い込まれた（"Being Sold Short," 1985）。同じ国際組織に支援を受け一九八三年に設立された韓国消費者保護市民連合は、一九八六年に国内MSG消費量を減らす運動を始めた。この運動はマレーシアと同様に、馴染みの商品を危険な添加物とする新しい認識を化学名とともに広めることに成功した。[17] 一九九〇年代に韓国のある加工食品製造者は、米国から輸入されたアルファベット略語を用いて「MSGゼロ」と謳った自社製品広告により、競合会社との差別化を図った。その一方、反MSG運動が比較的生じないままの国もあった。たとえばフィリピンでは「味の素」のテレビ広告が今日も続いており、そこでは主婦が白い粉を調理中の料理に振りかける。これは同じ企業の日本での広告にはもう見られないシーンである。

一九六〇年代末の食品添加物への不安が生じるまで、最先端の化学技術は、味の素株式会社が最大の努力で宣伝したい誇りの淵源だった。味の素社の調味料を示す一般名称「化学調味料」は、同社文書でも法律やジャーナリズムでも長い間標準的に使われてきたが、一九七〇年代には明らかに戦略上の障害となっていた。その代わり、味の素社と国内グルタミン酸ナトリウム製造者は、池田博士が自ら選んだ味覚を表現する形容詞「旨い」という口語に立ち戻った。

（17）　一九七〇年代から八〇年代にかけての韓国におけるグルタミン酸ナトリウムに関するものも含めた消費者運動の高まりの実例については、Moon, pp. 80–90 を参照。

グルタミン酸ナトリウムを日本の消費者により親しく、自然に聞こえるようにするため、各社はこれを「うま味調味料」と改名したのである。日本うま味調味料協会が一九八二年、うま味研究会とともに設立された(『味をたがやす――味の素八十年史』四九六～四九七頁)。一九九〇年に刊行された味の素株式会社社史の第三版、『味の素八十年史』は『味をたがやす』という農業を想起させるタイトルにするなど、グルタミン酸ナトリウムを化学よりも自然に結び付けるため、さまざまな方法を用いた(図18)。用語の問題について社史は、「化学調味料」という言葉が一九五〇年代のラジオ政策により製品に押し付けられた用語だと示唆しているが、実際のところは、以前の社史は一貫してこの言葉を用い、この言葉の入った戦前の同社文書も引用している(『味をたがやす――味の素八十年史』四九七頁、『味の素株式会社社史』第一巻、二七五頁)。

池田博士の「うま味」という用語を業界が復活させたことは、有益な科学の推進者という味の素社のかつてのイメージを取り戻す、同社の全面的な企てを示している。池田はうま味が第五の基本味覚であり、甘味、酸味、塩味、苦味というすでに認められた基本味覚と別であると提唱した。一九八〇年代に業界は、味覚生理学に関連する最新の実験方法によりこれを証明しようと取り組んだ。味覚の「よい科学」は、「化学調味料」という「悪い科学」の死を宣言する期待がここに見られる。この目的で味の素社は、一九八五年にハワイで開かれた国際シンポジウムに始まる一連の研究プロジェクトに補助を出した。そこでは日米の研究者がストップウォッチ、色彩コードを付した味覚サンプル、被験者の舌にピンセットで載せる、液体をしみ込ませた濾紙ディスクなどを用いた実験について報告した(図19)。

研究者たちの結論は、「ウマミ」を有益な科学の言語で仮に認めた(Halpern, p. 328)。基本味覚が四つか五つかに関する主張の論理的一貫性を疑うシンポジウム参加者もいたが、自社製品が第五の基本味覚の源であると科学で実際に証明されたと味の素社が主張するには、この程度

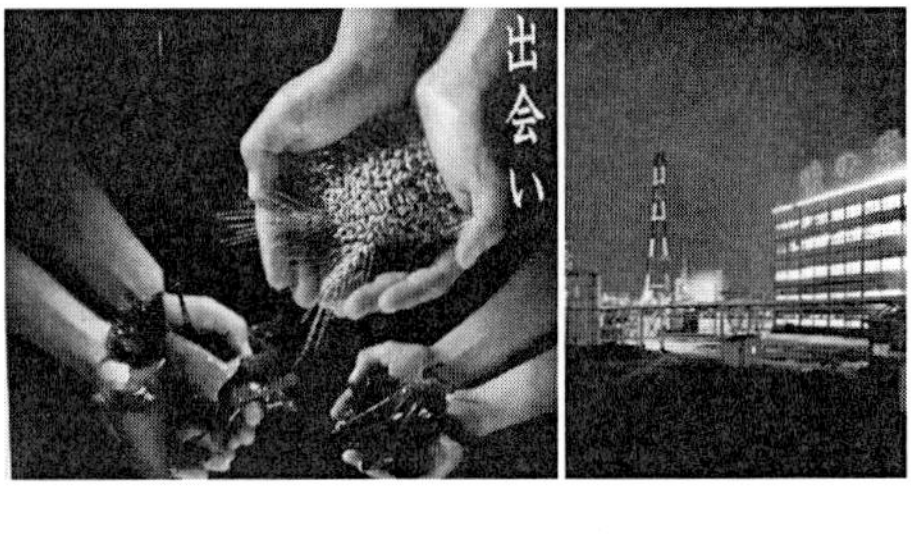

図18　一九七一年と一九九〇年に出版された「味の素」社史の冒頭写真。一九七一年版社史は、川崎重工業地帯にあるメインプラントの夜景をSF的にも見える表現の写真で工場生産を強調している(右)。一方、一九九〇年の社史では、"Ajinomoto Dream"(味の素の夢)という英語タイトルのもとで、自然イメージを強調した写真が冒頭に並んでいる(左)。

図19　「うま味」識別の遺伝を探る、新生児の実験。右の三列はグルタミン酸混合の液体を与えられた後の様子(*Umami: A Basic Taste*, 1987)。

まで条件を満たした支持で十分だった。[18] この見方を伝えるため、第一回シンポジウムに基づいた英語版刊行物は『ウマミ——一つの基本味覚』と題された。

二〇〇〇年以降生理学者は、舌表面にある一群の分子が、グルタミン酸ナトリウムが引き起こす刺激に特異的に反応することを示す複数の実験結果を発表している。『ネイチャー』誌は二〇〇二年二月に、「タンパク質の構成要素を味わうことを可能にする受容体が特定された。アミノ酸受容体は、調味料が用いるウマミの舌鼓を打たせるような風味を誘発する。この発見は新たな添加物の設計に益するだろう」とアメリカの新研究について報じた(Whitfeld, 2002)。業界はこれで科学における勝利を宣言する構えだったが、「悪い科学」はまだ降服していなかった。二〇〇一年末、弘前大学の科学者らは、グルタミン酸ナトリウムに富んだ餌を与えたマウスは網膜が薄くなり、失明に至ったという結果を報告した(Saleh, 2001)。

先の『ネイチャー』誌記者が、この味覚を「MSG風味」「セイヴォリー(風味よい)」などではなく「ウマミ」と呼んでいるのは注目に値する。これにより、悪評つきまとう「MSG」からより魅力的な「ウマミ」に注意を転じさせるグルタミン酸産業のキャンペーンが実を結んだことがわかる。[19] 英語に翻訳しないままの用語法によって、その風味に何かほかの言語では言い表せない日本的な特質があると暗示された人々は、製品の悪評が文化的誤解に由来しており、有益な科学により克服されるかもしれないと想像できるようになった。池田博士自身は、英語で述べるとき「glutamic taste(グルタミン味)」という語を使った。また、戦前の英語広告には「savory seasoning(美味しい調味料)」という言葉を使っているものがある。中国の製造者は広告で「鮮味」という語を用いていた。専門家から見れば各用語には異なる味覚体験の領域が示されているが、風味を示す口語は元々精確とはいえないので、池田の発明を伝えるには、どれでもそれなりに役立ったのかもしれない。しかし二十世紀末の世界が料理のグローバ

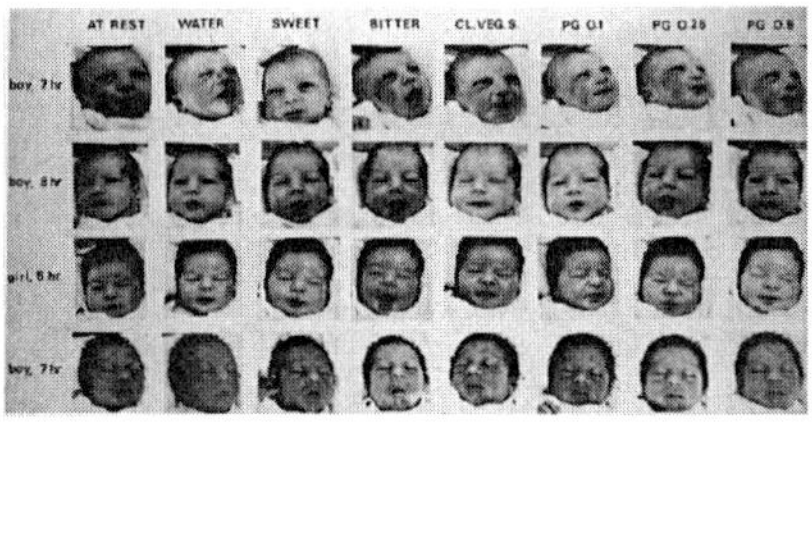

(18) 味の素その他食品製造企業からサポートされた研究ではあるが、企業利益につながる成果を出さなければならなかったわけではない。うま味研究が味の素社のCI戦略で重要な位置を占めてきたことを指摘することは、その研究自体を批判するものではない。

(19) “Umami”という語が英語の料理ジャーナリズムに定着しつつあることを思わせる近年の事例はいくつもある。たとえば、米国 *Bon Appétit* 誌には、“umami”を「全国のシェフの間での最新のキャッチフレーズ」と呼ぶ記事がある(Petrovsky, p. 45)。

リゼーションと国際的文化競争の時代に入ると、「ウマミ」には料理の革新者という日本の位置づけを高める魅力が備わっていたにちがいない。技術と感性の新たな組み合わせをそのレシピに、また新たな言葉をその語彙に加えることで、世界中を旅する有名人シェフの興味もかき立てた。こうした料理人の多くは、味の素株式会社の代表から「ウマミ」の概念を紹介されていた(Imai, 2015)(図20)。

また先程述べた、グルタミン酸ナトリウムに特異的に反応する分子が舌の上にあることを発見した近年の研究者がアメリカ人であり、一方その有害な生理的影響を発見した研究者が日本人であったという偶然の事実も興味深い。グルタミン酸ナトリウムの意味が構築される場は、もはや国境をもたなくなっている。日常品のナショナリズムが、一九三〇年代に上海の街路でグルタミン酸ナトリウムを争いに巻き込んだ(ときには身体的な暴力にまで及んだ)のと対照的に、現代の争いはグローバルな目的のため遂行され、人体そのものが戦場となっている。

どの名称が使われ誰が研究しようと、研究者が追究しているうま味受容体は、グルタミン酸ナトリウムを生理学的に正当化する役を果たしている。人間の舌が塩や砂糖に対してと同じくこの風味に反応することが実証されれば、グルタミン酸ナトリウムは添加物であるというより本質的な味覚の神殿に座を占めることができるかもしれない。このように、ここで実践された「よい科学」は、池田が元々取り組んだ味覚の科学とは性質も動機も異なっている。一九〇八年に「旨味」を造語したとき、池田は消費者の欲望を高めるため研究室で生み出した風味に名前を付けていた。しかし味の素株式会社がこの名前を再登場させたとき、これは研究室という神秘によって、未知との遭遇による不安があらゆる消費行動につきまとうことになった環境において、消費者を再び安心させる努力の一部となった。このようにして池田にとっての科学は物質的商品を生産する伝統的資本主義に役立った一方、近年の「うま味」の科学はイメージや

図20　二〇〇七年二月十八日のニューヨーク・タイムズ紙は、アメリカの典型的な中華テイクアウト容器をイラスト化したこの図版とともに、悪評高い"MSG"は実は流行の"umami"の素であるという賞賛記事を掲載した。

感情を生産する脱工業時代の資本主義に役立っている。

有益な科学から有害な科学へ、その後健康科学を超えて消費者の欲望に寄り添う味覚の専門技術へと、グルタミン酸ナトリウムがたどった道は、リービッヒのビーフエキスの物語を一世紀後に繰り返している。グルタミン酸ナトリウムもまた、帝国の近代科学とグローバルな近代科学との弁証法を同様に示しているのだ。つまり、リービッヒも池田もその研究が強い軍隊と国民を作る目的を持ったように、味覚と栄養の科学は当初帝国拡大のために提供された。その科学に対する脅威が現れると、製造者の戦略は代わりに欲望のグローバルな近代経済に転向した。その結果消費者と手を取り、栄養学者を置きざりにした。一方、味わいのあるスープを作る早道としてリービッヒのエキスを喜んだ十九世紀の消費者が、一般に栄養的な価値よりも風味を気にしていたのと同様に、今日のウマミの愛好者は、国民の食生活向上ではなく、純粋に味覚の快楽を追求しているのである。

八　帝国の後味

グルタミン酸ナトリウム消費量上位八カ国を示した次ページの地図から、食文化と帝国の経験の組み合わせが、現代の消費習慣の根底にあることがわかる。しかしまずこのデータから明らかになっている重要な事実は、今日これらの国々での一人あたり消費量は、第二次大戦前に味の素の生産が頂点に達したときの大日本帝国における消費量の十倍以上に達しているということである。これらの統計には小売と卸の双方を含んでいる。加工食品産業が一九五〇～六〇

グルタミン酸ナトリウム消費データ

	需要(『食糧月報』)(t)	人口(2011年)	一人あたり需要(g)
タイ	85,000	65,479,000	1,298
台湾	30,000	23,340,000	1,285
ヴェトナム	75,000	87,840,000	854
中国	1,100,000	1,340,000,000	821
日本	98,000	127,800,800	767
韓国	35,000	49,780,000	703
インドネシア	85,000	242,300,000	351
北米(米+加)	60,000	343,380,000	172
沖縄(1968年)	1,083 (本土より輸入)	970,000	1,032

沖縄におけるグルタミン酸ナトリウム一人あたり年間消費量の推移(日本本土からの輸入量より推定):4グラム(1931年)→115グラム(1955年)→384グラム(1964年)→1,032グラム(1968年)

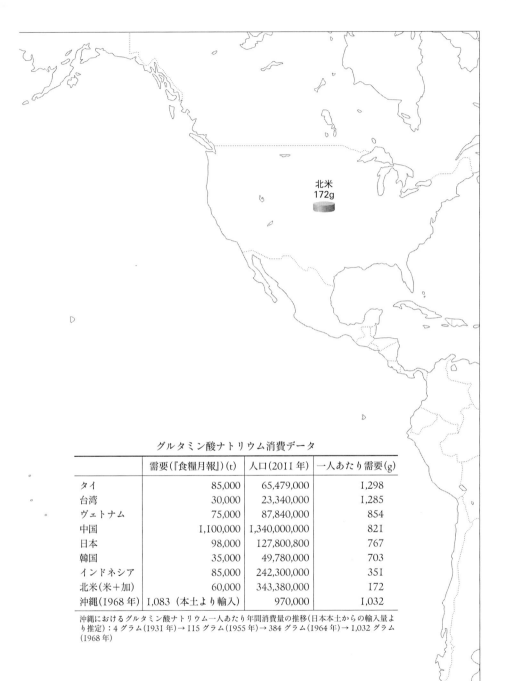

今日の世界的なグルタミン酸ナトリウムの影響圏
（国別のグラフは，2011 年の一人あたり需要）

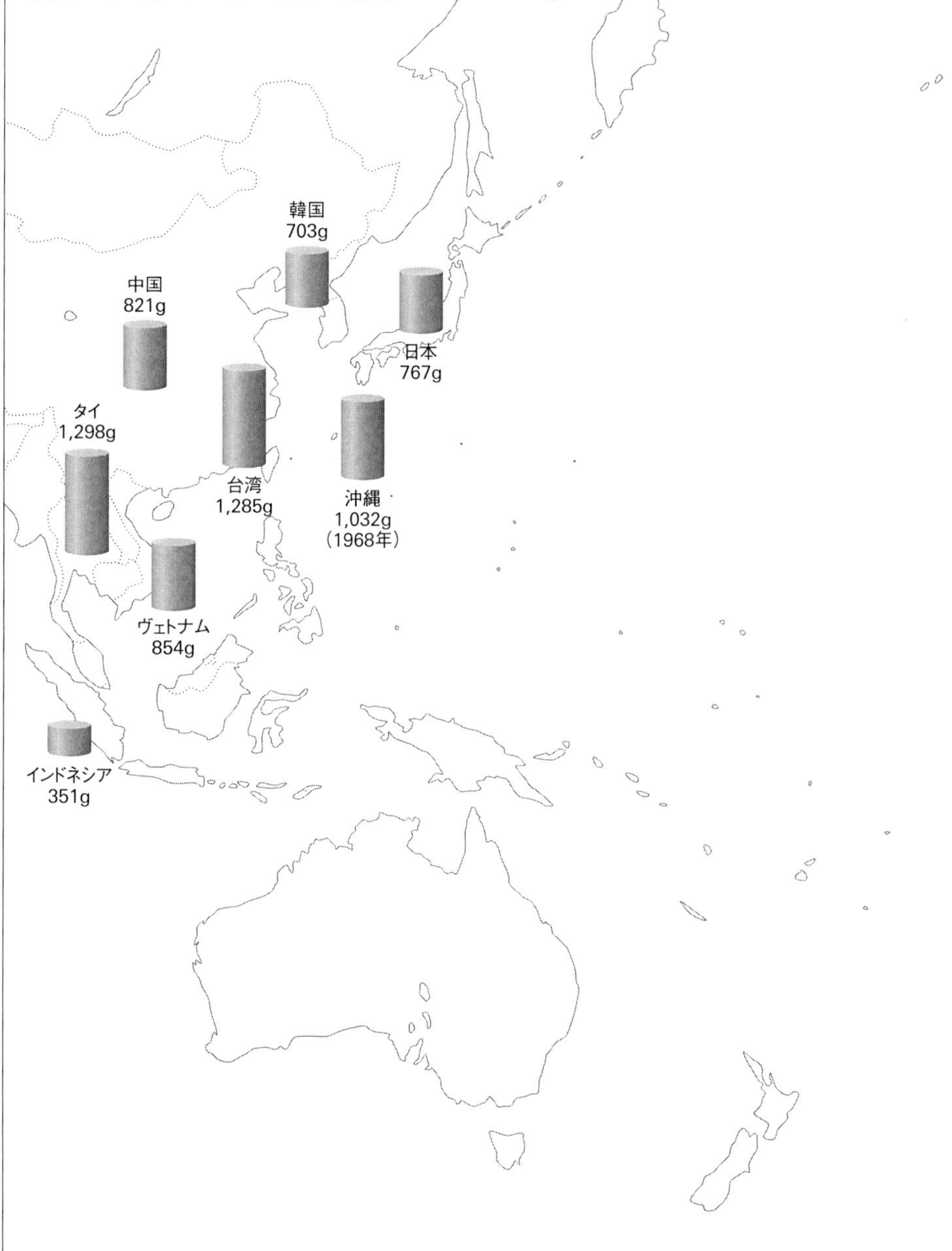

年代に世界で急成長するにつれ、グルタミン酸ナトリウム使用の大半は家庭から工場向けに転換した。一九五六年に製造過程に発酵法が導入されると、従来より安価に、無駄なく安定した品質で大量生産することができるようになった結果、価格戦争と、世界の食体系での氾濫が生じた(佐藤他、三三〜四七頁)。先のデータから気付く二つめの事柄は、上位七カ国が東・東南アジアにあり、八位は歴史上初めて「味の素」を輸入したアジア外の国であることだ。このような太平洋を中心とした分布は、どれほど既存の味覚や食事形態の結果なのか、どれほど大日本帝国の産業や移民・情報・物流のネットワークの結果なのか、どれほどもっと新しい他の歴史的偶然による産物なのか、把握するのは困難である。しかしながら、欧州、ラテンアメリカ、南アジア、アフリカの国がリストにないのは目を引く。インド亜大陸には十七億人規模の人口と、世界の他地域に比べ大きな割合を占めるヴェジタリアンがおり、巨大な市場だと思われるが、台湾企業の報告によると、二〇〇九年にこの地域は日本の六分の一に当たる二万トンしか消費しておらず、また生産は一切行っていない(蘇、一五三頁)。日本の帝国主義時代にも鈴木商店の販路はインドに及ばなかった。一九四七年以降、ネルー首相は国内農業・工業を重い関税で保護した。これはグルタミン酸ナトリウムによるインドの味覚の征服を妨げたかもしれない。グルタミン酸ナトリウムは一九七〇年代にインド中流階級で流行したという話はあるものの、地元の食習慣の根強さに加えて、大日本帝国が築いた文化圏の外にあったことと、インド独立後の保護貿易政策のため、消費は低いままにとどまったようだ。上位七カ国に入る台湾、韓国、中国はみな、一九四五年以前に鈴木商店の中核的な市場であった。タイ、ヴェトナムはいまや世界で最も多く消費する国に含まれるが、グルタミン酸ナトリウムの生産が厳しく削減された太平洋戦争まで日本の支配下にはなかったとはいえ、両国とも帝国日本の商圏に入っていた。両国とも屋台の食習慣が根強いのは、台湾や都市化が進行した他の東南アジア諸国と同様である。また両国は日本のグルタミン酸ナトリウム製造者と台湾の競合業者によって、一九五〇年代後半からの市場拡大の対象とされた。

上位八カ国のリストには載っていないが、欧州もグルタミン酸ナトリウム生産はかなりあり、戦後初期に日本が植民地市場を失ったとき、日本のグルタミン酸ナトリウム輸出の大半はドイツとスイスを中心とする西欧諸国に向かった(『グルタミン酸ソーダ工業協会拾周年記念史』五二~五三頁の統計による)。しかし欧州ではグルタミン酸ナトリウムのほぼ全量が、野菜の缶詰、乾燥スープ、固形ブイヨンといった加工食品の生産に使われた。瓶詰めの粉末に向けた小売市場はあまりに小さく、多くの西欧人は日本語の商標名も化学物質としての略称「MSG」も知らないほどだ。したがってグルタミン酸ナトリウムを欧州で目にすることはなく、有益な科学としての宣伝と有害な科学としての告発による浮沈も、ほぼ気付かれなかった。

一九四五年まで鈴木商店は独占的なグルタミン酸ナトリウム製造者で、おそらく世界市場の半分以上を確保していただろう。この時点でのグルタミン酸ナトリウムの影響圏、「味の素圏」は大日本帝国によって強く規定されていた。森下仁丹、星製薬などの製薬企業と同様、鈴木商店は日の丸の旗に追随していたのである。米国西海岸へよりよい生活を求めていた日本人移民の流れが止められた一九二〇年代に、同社はたまたま機会を得て太平洋を超えて米国に輸出を開始した。経済の見地からも同様に、味の素圏は基本的に帝国近代の現れと見なしうる。たとえば戦争中、同社は満州から大豆粉という形で日本の支配下地域から原料を輸入し、製品を植民地市場に輸出していた。同時に米国の経済的支配を反映して、鈴木商店が太平洋を超えたときの貿易関係における日本の地位は、世界システム論の言葉を使えば「準圏」にあった。つまり同社はグルタミン酸ナトリウムを工業サイズの大きな缶という半完成製品で輸出し、それがアメリカのスープ缶や野菜缶詰といった最終製品の生産に使われたのである。

植民地以後のグルタミン酸ナトリウムは帝国支配下の政治・文化経験の多様性を反映して、かつての帝国のそれぞれの国で別の歴史をたどった。ジュン・キュンシクが韓国の場合を説明している。朝鮮半島における日本製グルタミン酸ナトリウムの販売は一九四三年に終了した。国内産業が始まったのは一九五五年で、グルタミン酸ナトリウムが不足した十二年間の中断の後であった。ジュンが示すように、韓国の二大商標は味の素社製品と深く関連しており、そのこと自体が論争の的となった。味風《ミプン》は一九七〇年に、自社製品が味の素社と合弁で製造されているという広告を開始し、植民地時代の市場トップ企業の記憶を売りにしようとした（実際、それまで密輸された「味の素」が高級料理店で使われていた）。競合する韓国のトップ企業・味元《ミウォン》の製造者は、自社が「国民の企業」だと強調し、よって日本の製造者との合弁は国民を裏切っていると仄めかす広告キャンペーンで対抗した。しかし味元自身、植民地主義の痕跡を完全に免れたわけではなかった。「味元」という漢字は明らかに日本語の製品名を模倣しているからである（図21）。結局一九七〇年代後半、両社は「味」という漢字を使わない韓国語の新名称で、多目的調味料を製造し始めた。ジュンの主張によれば、この段階で韓国の調味料工業は、初めて植民地の遺産を乗り越えた。韓国では憧憬と嫌悪双方の相反する植民地以後の感情が「味」という漢字に凝縮されていたのである（Jung, pp. 10, 28–29, 34）。

　一九三〇年代に日本の領土内にあってグルタミン酸ナトリウム消費の少なかった沖縄では、米軍政時代に輸入が際立って上昇した。味の素社の統計では、一九三一年に沖縄人は一人あたり四グラムを消費し、日本国民の平均の半分だったことがわかる。一九五五年に統計が始まった日本のグルタミン酸ナトリウム全製造者の輸出総量データによると、沖縄の消費がすでに三〇倍にも増加していたことがわかる。この年、日本は米領沖縄に一〇〇トンを輸出しており、米国製品のアクセントと競合していた（『グルタミン酸ソーダ工業協会拾周年記念史』五三頁）。この

図21　韓国ブランドグルタミン酸ナトリウム「味元」の広告（一九七六年）。袋に「世界の調味料」と英語で書かれている。

一〇〇トンの一部は占領者側に消費されたかもしれない。一九五五年の沖縄の人口八〇万人に、推定八万人の米国人(一九六九年の最大値)を加えて考えると、この数字は一人あたり一一五グラムの日本製グルタミン酸ナトリウムと、不定量の米国製グルタミン酸ナトリウムが消費されたことを意味する。[20] 沖縄の人口がおよそ九五万人だった一九六四年に、沖縄は日本から約三九六トンを輸入しており、米国人を含め一人あたり三八四グラムにあたる。一九六八年には九七万人ほどの人口で、輸入は約一〇八三トン、一人あたり一〇三二グラムに増加している。日本復帰直前、一九六八年の沖縄は、二十一世紀初頭のグルタミン酸ナトリウムの上位消費国ランキングにおいて、台湾とタイに並ぶ順位となる。一九三一年から一九六八年までの一世代で、消費が二五〇〇倍に増加したということになる(『日本化学調味料工業協会二十周年記念誌』一九六九年、七六〜七九頁)。

沖縄の輸入グルタミン酸ナトリウムがどれほど沖縄島民に、どれだけ米国軍人に消費されたか知る方法はないが、沖縄で処理された食品の工場生産や缶詰加工はほとんどなかったため、再輸出向け加工食品には使われず、島内で消費されたと考えてよい。グルタミン酸ナトリウム消費の激増は、米国の影響下における沖縄食の混淆化と同時に発生した。実はそこに、二つの重なり合った帝国による増幅効果が示されているかもしれない。すなわち太平洋戦争中のアメリカ人の、野菜タンパク加水分解物(HVP)で味付けされた日本の缶詰糧食との出会いに遡る、軍事同盟の食事面でのさらなる展開かもしれない。

食事面での同盟は、米国占領下の沖縄において米国人の家庭経済専門家が実際に推進していた(図22)。小碇美玲が明らかにしているとおり、冷戦下米国の文化外交には、交換教育や生活改良普及事業とともに、米国軍人の妻たちが組織した催しを通して沖縄女性を教育し文化的に同化する試みが含まれていた。家政学や栄養学専門家がミシガン州立大学から一九五一年開学

(20) ハワイでの当時の一人あたり消費量に匹敵した。

図22 占領下沖縄の講習会でバルガー麦を使ったチキン・カレーの作り方を説明する米国農務省の料理研究者、マージャリ・ヘルド(米軍新聞 *Stars and Stripes* 一九六四年四月八日より)。ゆでて乾燥したバルガー麦はこの年に米国の支援団体より千二百万ポンド沖縄に送られた。ヘルドの料理メモを見ると各レシピにグルタミン酸ナトリウムが入っている(小碇美玲氏提供)。

の琉球大学に派遣されたが、彼女らは小碇が呼ぶところの「家庭の軍事化と軍国主義の家庭化」過程の一部であった。彼女らはハワイ大学にも関係があり、米軍が深く関わっていた東南アジア諸国にも派遣されていた。沖縄の食事に麦、牛乳、動物性タンパク質、脂肪が不足していると信じていた栄養学者は、沖縄の主婦に肉の入ったカレーやシチューのレシピ、あるいはパン作りや粉ミルクの使い方を教えた(同じような活動を日本本土でも行っていた)。アメリカ人読者向けにも沖縄の生活改良普及向けにも、彼女らが書き残した多くのレシピにグルタミン酸ナトリウムが含まれた。沖縄の米軍人夫人クラブでは、米軍基地住宅に土地を譲るため立ち退かされた沖縄女性に、小麦粉、砂糖その他傷まない食料品と、大量の「味の素」をクリスマスバスケットに入れて贈っていた(Koikari, 2012: pp. 83–84, 87; Koikari, 2015: p. 44も参照)。したがって太平洋におけるアメリカ軍事帝国は、かねてより大日本帝国を通じて広まっていた風味を受け入れ、その範囲を従来重視されてこなかった周縁的支配地域の食生活に拡張させたのである。

九　食品科学と食品文化

国境を越えた日常品のこの歴史から我々はどんな教訓を引き出しうるだろうか。グルタミン酸ナトリウムやうま味が特にアジア的であるという証拠は明らかにない。数々の調味料や食品添加物が、世界中で大量生産された食品を通じて各国の食生活に入り込んでいるのだ。グルタミン酸ナトリウムを含んだ加工食品や即席食品の世界的成功からすれば、少なくとも「グルメ」としては価値の低いこうした「料理」において、出自の国への関心も、多くの場合消費者に直接向けた宣伝もないまま、グルタミン酸ナトリウムは味覚に訴えていることがわかる。しかしその売られ方と使われ方を詳しくみると、無臭無色でたびたび無意識に消費されるにもかかわらず、グルタミン酸ナトリウムが文化的性格を決して備えていないわけではないことがわかる。販売促進、国家や帝国の政治、科学研究計画、資金団体、食の体系などから形成されたグルタミン酸ナトリウムの文化は、それぞれの環境に対して適応してきた。食の嗜好もそれにしたがって展開してきたのだ。

どのような状況で科学が根源的な風味体験に付加価値を確立し、どのような状況で確立しなかったのか。グルタミン酸ナトリウムの毀誉褒貶入り交じった受容に対する科学の役割を問うことで、我々の注意は、グローバルな近代における消費者の日常経験に向く。有益と見られようと、有害と見られようと、科学は持ち出される度に誰も否定できない、想像された普遍的価値の源を表象する。家庭の新たな科学と「味の素」を結び付けるキャンペーンに応じて台所に製品を受け入れた近代日本の主婦第一世代にとって、グルタミン酸ナトリウムは確かにグローバルな近代の徴だった。一九六〇年代には、技術革新を取り巻いたこのアウラがとっくに薄れ、単に月並みな調味料になっていたにもかかわらず、脳によいだろうという林髞の主張が日本で一般に受け入れられたことで、一部の母親は子供にグルタミン酸ナトリウムをもっと食べさせようとしたが、この受容は有益な科学というグローバルな近代に対する信頼の残滓とも読み取れよう。興味深いのは、同じ考えが他の国ではさほど魅力をもたなかったことである。商品「MSG」が台所に定着していたアジア諸国で、もし日本で明治後期以来育まれてきた有益な科学というアウラに同じ効果があれば、グルタミン酸と知能の関連を示唆する実験結果の報道は、きっと広く知られただろう。一方米国では、実験がいくつか行われ、有益な科学への希望が一九五〇年代に頂点にあったが、もしその時の米国にもグルタミン酸ナトリウムにアジアの台所と同じ存在感があったならば、実験結果は日本と同じように商品に結び付いただろう。しかし実際には、林の一般向けの著作からクォクとオルニーによる暴露までの十二年間、つまりグルタミン酸ナトリウムの世界売り上げが急増した間に、実験室の研究は売り上げにほとんど影響せず、ほぼ日本でだけ、大多数の消費者がグルタミン酸ナトリウムを「頭のよくなる食べ物」だと信じるようになった。このことには、日本では国内発明品であるグルタミン酸ナトリウムの特別な位置づけ、またこの時期にグローバルな近代に対して日本人が与えた特別な信頼が反映されている。

マギーソースのような製品にとっても、他のところで発明された多くの添加物にとっても風味の科学が一般的に成功したことから、グルタミン酸ナトリウムはおそらく大日本帝国の助けがなくても結果的には世界市場に広まっただろうと想像できる。しかし日本の帝国主義の影響を受けたアジア諸地域では、グルタミン酸ナトリウムは帝国の回路を通じて伝達され、帝国の日常品としてよりはっきりと記憶され、したがって帝国の近代という含意を引き受けた。韓国における ブランド名の問題には脱植民地後の微妙な文化的葛藤をかいま見ることができる。ほとんどのアジア人にとって、グルタミン酸ナトリウムがかつての帝国的文脈から切り離されて、グローバルな近代と初めて交叉したのは、それが有益な科学というよりも脅威の科学と結び付けられた一九六八年以降であった。この時以来、グルタミン酸ナトリウムはメディア、健康、グローバルに展開する消費者団体といった領域に属した。しかし同時に、植民地時代以後の文脈において米国と日本以外で、それが有害かもしれないというメッセージの広まりに差があったという事実がある。このことから、「グローバリゼーション」の時代においても、知識伝達は普遍的であるとか地理的に差異がないなどとは依然として言えないということが示唆される。科学知識には、それを解釈し強化し再配信する組織、専門家、メディアといった装置が必要なのである。

大日本帝国を通じた「味の素」の軌跡をたどることで、筆者は帝国主義との連帯責任や共犯関係を主張したいわけではない。近代の資本主義が帝国主義と不可分に結び付いていることに、議論の余地はないだろう。味の素社も他のグルタミン酸ナトリウム製造者もこの点において他企業と何ら変わることはない。むしろ筆者の意図は、帝国の近代とグローバルな近代という弁証法における日用品と味覚体験との位置づけを分析することにあった。グルタミン酸ナトリウムは帝国の公用の科学において生まれ、健康な国民と強い軍隊を形成する目的を主張し、帝国の経路を通じて市場に出回り、帝国の支配下に入った占領地域の人々の舌を慣れさせ、反植民地の民族主義者に抵抗され、後にポストコロニアルな葛藤をもちながら欲望された。一方、グルタミン酸ナトリウムは近代産業による理性の裏付けを通じて、後によい意味であれ悪い意味であれ、人体の働きに知悉しているという医学研究の自負を通じて、グローバルな科学を表すことになった。

有益な科学、有害な科学、あるいはただ巧みな宣伝、何によってであれ人間の味蕾が部分的には歴史によって形成されているのは明らかである。一九一〇年代、日本食の専門家と教育を受けた主婦たちは、グルタミン酸ナトリウムが開明的で合理的であると説得された。味わってみると、何と美味しかったのである。二十世紀初頭にグルタミン酸ナトリウムを台所に迎え入れた、日本の都市中流階級の主婦にとって、それは単に便利で「旨い」だけでなく、グローバルな近代の徴でもあった。ドイツから化学、米国から家政学といったように、特定の知識体系が欧米列強に支配された広範な帝国の経路から到来したにもかかわらず、衛生、効率、栄養、利便性は西洋の輸入品としてよりも普遍的な価値として受け入れられた。一度これらの事柄を学習すると、それらは中産階級女性の社会的アイデンティティの一部を形成した。女学校卒業者のほとんどはこれを拒まなかった。

一九二〇〜三〇年代に、中国大陸では当初「味の素」という製品でグルタミン酸ナトリウムが精進料理における肉スープの代用品となり、また「天厨」など国内で生産された類似品の場合は、日本の帝国主義に対する逆襲とされた。この文脈の上で味わってみると、彼らにもやはり美味しかったのである。一九七〇〜八〇年代に米国人は、MSGが「症候群」と呼ばれたものに関係する添加物だと理解したため、それを悪いものと判断し避けるようになった。そして一旦敏感になると、それとわかったときに「不味い」と感じるようになった。もし日本、台湾、おそらく東・東南アジアならどこであれ、その料理が、二十世紀中頃に中国料理が果たしたようなかたちで北米の食事に進出していれば、その症候群は「日本料理店症候群」、「台湾料理店症候群」などなどと呼ばれたことだろう。かつて賞賛された調味料が突然化学添加物になったとき、コンロ脇の白い粉を発見されたのは、北米の中国料理人にとって不運なことだった。一九八〇年代以降、業界のキャンペーンと味覚の科学における開発によって、グルタミン酸ナトリウムの意味は食の快楽という観点から再発明された。この再発明のとき、中華料理人は再び外れくじを引いた。つまり日本語の「ウマミ」は流行の新風味に日本と関連した付加価値を与えた一方、ウマミとMSGは基本的には同じであるのに、少なくとも英米人の視点から見れば、中華料理はいまだ「MSG」の否定的な意味合いの領域に置かれたままだからだ。中華料理のグローバルな人気と認知にもかかわらず、近年「和食」と「ウマミ」に結び付けられたような最先端の高級料理という評判を帯びていないのは、注目すべきことである。

グルタミン酸ナトリウムは十九世紀末の文明の理想、ヴィクトリア朝の科学、食事改善、専業主婦という近代的職業などをつなぐ結節点に生まれた。日本帝国の拡張によって伝播し、台湾、中国その他アジア料理の一部となったが、この過程で製品は日本帝国主義への民族抵抗と切り離せない政治的商品にもなった。華僑とアメリカ加工食品産業という別個の経路を通じて北米に運ばれ、一九六〇年代末までほとんどのアメリカ人には気付かれずに消費されたが、環境危機の時代の消費者の意識によってこれは不穏な目でみられた。一九八〇年代に「ウマミ」という味覚受容体の探究が、進展するグローバリゼーションの下での新たな脅威に対するグルタミン酸産業の対応において、主要な役割を果たした。これにより「ウマミ」研究は二十世紀末日本の資本主義文化の一部となった。科学は今後「ウマミ」を自然の一部として確立するかも知れないが、グルタミン酸ナトリウムのグローバルな軌跡は二十世紀社会の歴史と密接に関連しているのである(図23)。

第二章参考文献

『味の素沿革史』味の素株式会社、一九五一年。

『味の素株式会社社史』第一巻、味の素株式会社、一九七一年。

『味をたがやす——味の素八十年史』味の素株式会社、一九九〇年。

王丕来、王钰「东方味精大王吴蕴初」赵云声编『中国的资本家传 五：工商大王卷』长春：时代文艺出版社、一九九四年。

『グルタミン酸ソーダ工業協会拾周年記念史』グルタミン酸ソーダ工業協会、一九五八年。

黒岩比佐子『『食道楽』の人　村井弦斎』岩波書店、二〇〇四年。

佐藤奨平・木島実・中島正道「戦後うま味調味料産業の構造変化」『食品経済研究』第三九号(二〇一一年三月)、三三～四七頁。

『食糧年鑑』日本食糧新聞社、一九七〇、一九七一、一九七二年版。

鈴木三郎助『味に生きる』実業之日本社、一九六一年。

蘇遠志「台灣味精工業的發展歷程」『科學發展』四五七期(二〇一一年一月)。

『日本化学調味料工業協会二十周年記念誌』一九六九年。

長谷川正『味の素の経営戦略』評言社、一九八二年。

図23　左から「味の素」「天厨味精」「アクセント」。それぞれの国におけるイメージと利用方法を反映して、粒子が微妙に違う。日本の商品はかつてステータスを持ったものだったということを反映しているのか、振りかけても確認できるようにすぐ解けない粒状。中国の商品はスープ等にすぐ溶けるようにメリケン粉状。米国ブランドは食塩そっくり。ステーキにふりかけると肉が柔らかくなると思われていた。

林髞『頭脳——才能をひきだす処方箋』光文社、一九五八年。
広田鋼蔵『旨味の発見とその背景——漱石の知友・池田菊苗伝』私家版、一九八四年。
村瀬士朗「食を道楽するマニュアル——明治三〇年代消費生活の手引き」金子明雄・高橋修・吉田司雄編『ディスクールの帝国——明治三〇年代の文化研究』新曜社、二〇〇〇年、一六五〜一九八頁。
"Being Sold Short: Consumer Power in the Third World." *New Internationalist* 147 (May 1985).
"Brain Food?" *Time* 49, no. 23 (June 9, 1947).
Chao, Buwei Yang. *How to Cook and Eat in Chinese.* NY: John Day Company, 1945.
Cwiertka, Katarzyna. "Popularizing a Military Diet in Wartime and Postwar Japan." *Asian Anthropology* 1 (2002): pp. 1–30
Cwiertka, Katarzyna. *Cuisine, Colonialism and Cold War: Food in Twentieth-Century Korea.* London: Reaktion Books, 2012.
Fellers, Carl A. "The Use of Monosodium Glutamate in Seafood Products." In *Flavor and Acceptability of Monosodium Glutamate,* pp. 44–48. Chicago: Quartermaster Food and Container Institute, 1948.
Finlay, Mark R. "Early Marketing of the Theory of Nutrition: The Science and Culture of Liebig's Extract of Meat." In *The Science and Culture of Nutrition, 1840–1940,* edited by Harmke Kamminga and Andrew Cunningham, pp. 48–73. Amsterdam and Atlanta, GA: Rodopi, 1995.
Gerth, Karl. "Commodifying Chinese Nationalism." In *Commodifying Everything: Relationships of the Market,* edited by Susan Strasser, pp. 235–258. New York and London: Routledge, 2003.
Halpern, Bruce P. "Human Judgments of MSG Taste: Quality and Reaction Times." In *Umami: A Basic Taste,* ed. Yojiro Kawamura and Morley R. Kare. New York and Basel: Marcel Dekker, 1987.
Hayashi, Takashi. "Effects of Sodium Glutamate on the Nervous System." *Keio Journal of Medicine* 3, no. 4 (December 1954): pp. 183–192.
Hodgson, Aurora Saula. "Some Facts about Monosodium Glutamate (MSG)." *Food and Nutrition* (November 2001). http://www2.ctahr.hawaii.edu/oc/freepubs/pdf/FN-8.pdf
Imai, Shoko. "Japanese as Global Food: Umami, Celebrity and the Global Urban Network." In *The Globalization and Asian Cuisines: Transnational Networks and Culinary Contact Zones,* edited by James Farrer, pp. 57–78. New York: Palgrave MacMillan, 2015.
Jung Keun-Sik. "Colonial Modernity and the Social History of Chemical Seasoning in Korea." *Korea Journal* (Summer 2005): pp. 9–36.

Koikari, Mire. " 'The World is Our Campus': Michigan State University and Cold-War Home Economics in US-occupied Okinawa, 1945–1972." *Gender and History* 24, no. 1 (April 2012): pp. 74–92.

Koikari, Mire. *Cold War Encounters in US-Occupied Okinawa Women, Militarized Domesticity and Transnationalism in East Asia*. Cambridge: Cambridge University Press, 2015.

Kwok, Robert Ho Man. "Chinese-Restaurant Syndrome." *New England Journal of Medicine* 278, no. 14 (April 4, 1968): p. 796.

LaCouture, Elizabeth. "Modern Families in Tianjin, China, 1860–1949." Ph.D. dissertation, Columbia University, 2010.

Low, Henry. *Cook at Home in Chinese*. NY: MacMillan, 1938.

Lucas, D. R. and J. P. Newhouse. "Toxic Effect of Sodium L-Glutamate on the Inner Layers of the Retina." *AMA Archives of Ophthalmology* 58, no. 2 (1957): pp. 193–201.

Meiselman, Herbert L. and Howard G. Schutz. "History of Food Acceptance Research in the US Army." *Appetite* 40 (2003): pp. 199–216.

Melnick, Daniel. "Discussion." In *Flavor and Acceptability of Monosodium Glutamate*, pp. 66–68. Chicago: Quartermaster Food and Container Institute, 1948.

Moon, Eunsook. "Examination of Consumer Activism and Its Impacts: An Empirical Study of the Korean Consumer Movement." Ph.D. dissertation, Oregon State University, 2004.

Olney, John. "Brain Lesions, Obesity, and Other Disturbances in Mice Treated with Monosodium Glutamate." *Science*, New Series, 164, no. 3880 (May 9, 1969): pp. 719–721.

Peterman, John D. "Flavor: A Major Aspect of Ration Improvement." In *Monosodium Glutamate: A Second Symposium*. Chicago: Research and Development Associates, Food and Container Institute, Inc., 1955.

Petrovsky, Maureen C. "Umami Dearest: The Chef's Secret Fifth Flavor." *Bon Appétit* (September 2004): p. 45.

Roberts, J. A. G. *China to Chinatown: Chinese Food in the West*. Reaktion Books, 2002.

Rolls, Edmund T. "Functional Neuroimaging of Umami Taste: What Makes Umami Pleasant." *American Journal of Clinical Nutrition Supplement: 100th Anniversary Symposium of Umami Discovery* 90, no. 3 (September 2009).

Rombauer, Irma S. and Marion Rombauer Becker. *The Joy of Cooking*. 3rd edition; Indianapolis and New York: Bobbs-Merrill Company, 1953.

Rubinfien, Louisa. "Commodity to National Brand: Manufacturers, Merchants, and the Development of the

Consumer Market in Interwar Japan." Ph.D. dissertation, Harvard University, 1995.
Saleh, Huda Majeed. "MSG Found To Injure Retina, Damage Eyesight." ANI-Asian News International 2001. http://www.rense.com/general33/found.htm
Tien Chu Manufacturing Company ed. "A Century of Progress of Condiments." Shanghai, ~1932.
United States Food and Drug Administration. "Milestones in U.S. Food and Drug Law History." *FDA Backgrounder*, May 3, 1999. http://www.fda.gov/opacom/backgrounders/miles.html.
Whitfield, John. "Yum, Amino Acids." *Nature News Update*, February 25, 2002. http://www.nature.com/nsu/020218/020218-21.html#b2
Zurndorfer, Harriet T. "Gender, Higher Education, and the 'New Woman': The Experiences of Female Graduates in Republican China." In *Women in China: The Republican Period in Historical Perspective*, edited by Mechthild Leutner and Nicola Spakowskir, pp. 450–481. Munster: Lit Verlag, 2005.

第三章

紳士協定

——一九〇八年、環太平洋のひとの動き、ものの動き

一九〇八年十月米海軍のいわゆる「白い大艦隊」を歓迎する三越呉服店の広告絵葉書（ディテール、ボストン美術館蔵）。この年行われた大艦隊の世界一周は海軍力誇示が目的であったが、海軍兵にとっては、買い物三昧の観光旅行でもあった。絹織物と着物は人気の日本土産だった。

一　はじめに

　この実験的な論考は、一九〇八年における、日本人、朝鮮人、オーストラリア人、北米の移民、民族、帝国、政治的急進、家族の規範、病と健康、展覧会、住宅、家具、服装、髪型、身体の振る舞いに関する、五十の挿話という形式を採っている。通常の歴史学的論証の方法を避けることで、一見して相互関係をもたないような出来事や発言どうしの連関が、間接的に現れ、互いに共鳴し合うことで歴史の状況《ミリュー》を描く試みである。筆者の短い解釈文は二字下がりで表した。

　本章の全体をなす五十の挿話において、筆者は個別的な事実を記し、解釈という介入を最低限にすることを追求した。同時に事実を取捨選択して配列したことに潜む、恣意的な権威の行使を隠そうとも、それら事実のあいだや周囲の不確かさという隙間を埋めようとも努めなかった。

線的な因果論的解釈が歴史学にとって大きな価値をもつとはいえ、すでに定まった歴史の語りと議論の形式のため犠牲にされるものも多くある。我々はとりわけ、全体的な状況《ミリュー》の感覚、つまり過去のある瞬間において経験が深く相互連関していることを犠牲にしている。モンタージュによって、この感覚を取り戻す一方法が得られる。たとえば本章に出てくる、アメリカの野球試合で歌われた曲を通じて宣伝されたスナック菓子と、ハワイの砂糖農園でストライキ参加者を慰撫するために用意された野球グラウンドのあいだに、あるいはアメリカの報道陣が若い女優の髪に言及したことと、元・韓国統監の暗殺者の証言が統監の髪型に言及したこととのあいだに、少なくとも通常の意味における因果論的関係は、一切見当たらなさそうだ。しかしこれらの出来事と言葉が大体同時期だったことから、我々は社会的・文化的なパターンによる繋がりを想像できる。これらの出来事の一つを取り出せば、通常組み立てられる歴史叙述により説明できるが、出来事どうしの間に感じ取れるパターンによる繋がりは断たれたであろう。

本章を書くにあたり、フランスの文学集団ウリポに所属した作家たちの実験の、歴史学版を試みた。彼らはたとえばアルファベットの一字を使用しないというような、恣意的な制限を自身に課していた。本章で筆者自身に課した制限は次のとおりである。①主観的評価を導き入れるので形容詞と副詞を避け、また出来事がこの枠組みで読まれるべきだと示すような抽象的な概念名詞を最低限にしようと試みた。その代わり引用を幅広く用いたことで、テキストの並列とそれらがしばしば驚かせる独自性を、普遍的な議論の代表とせずに、歴史上の可能性の暗示にとどめておいた。[1] ②抽象的な水準に上って議論の統一性を求める代わりに、以下の特定の名詞や関連した対象群を、調査するにあたって注意し、記述するにあたって強調した。つまり紳士、労働者、動物、またバンガロー、ヴェランダ、ピアノ、椅子、ブランコ、また植民地(しかし「植民地主義」は外した)、博覧会、運動、食物、恋愛、衛生、伝染病、殺人である。「旅する」「動く」「漂う」「散らばる」(それぞれ異なる程度の自由意志を暗示している)など身体的な動きに関連した少数の行為動詞を使うことで、上記事物とそれらに巻き込まれた人々の、常なる運動と流れを示そうとした。また筆者が記述したり引用したりしている瞬間に誰がどこにいて、どこへ向かっていたのかをできるだけ正確に描こうとした。③各挿話のある側面が次の挿話に再び現れるよう配列することで、別種の出来事についての語り同士が共鳴するよう促し、バラバラにならないようにした。④最後に、なるべく一九〇八年になされた行為と発言に限定しようとした。ただし全体の構造をより緊密にまとめるのに役立つ場合、以上の規則を逸脱することもある。末尾にかけて伊藤博文の死(一九〇九年十月)と大逆事件裁判(一九一〇〜一一年)のため、筆者は日米紳士協定が交渉されていた期間に展開し始めていた出来事のうちある流れにおいて、終結への目配りをした。

通時的な歴史とは対照的に、共時的なアプローチによって、我々は瞬間が大切だと気付かされる。現代ならば朝のニュースが、世界中からきた同時的な出来事を奇妙に並列しながら、そのことを我々に伝える。毎日我々の意識は情報のモンタージュに浸り、そこから世界を形成する。しかし歴史を書く際、過去のある瞬間の人々と出来事もまた、一つの世界に同時的に存在したということは、簡単に忘れられてしまう。一九〇

ひとと情報の動き

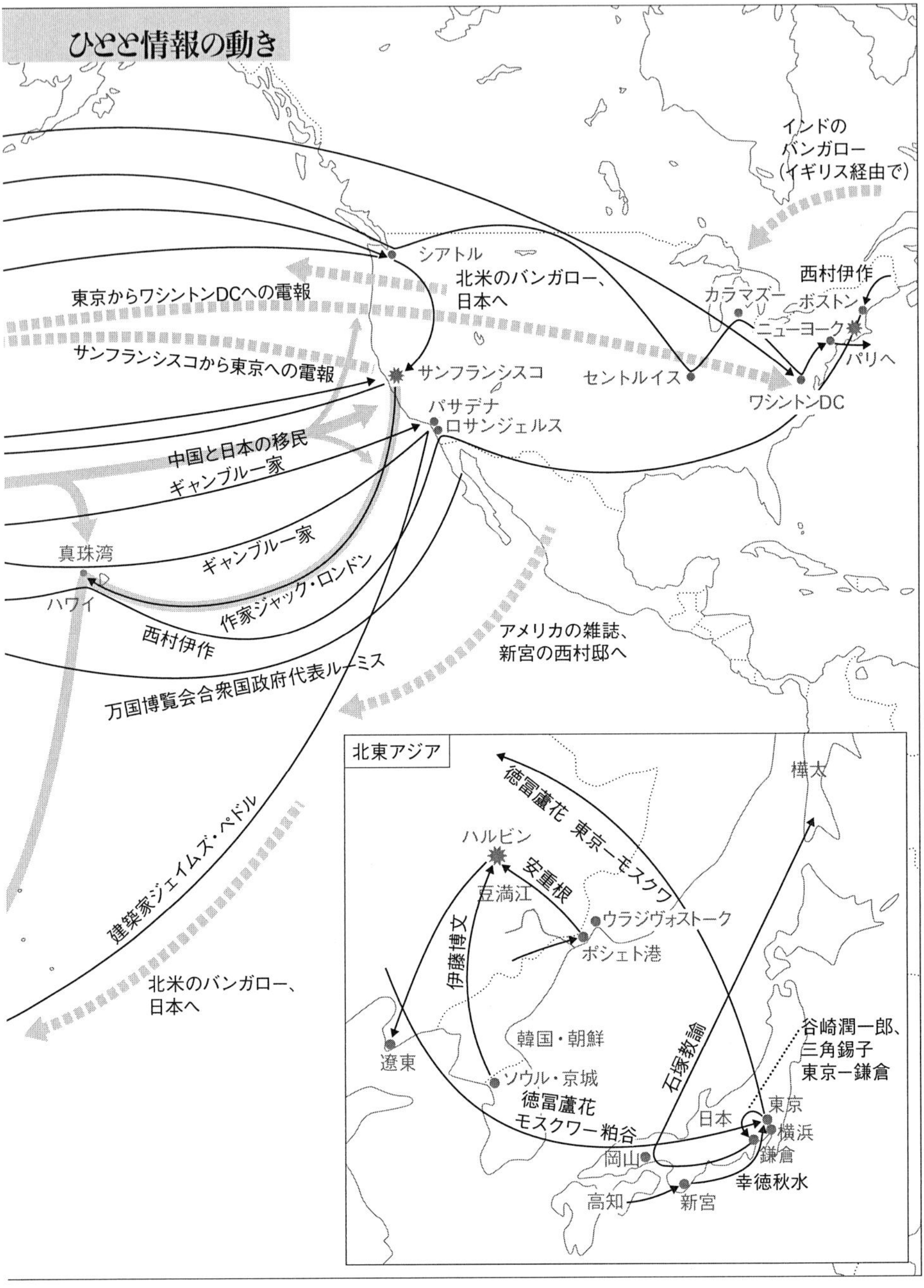
インドのバンガロー（イギリス経由で）
シアトル
北米のバンガロー、日本へ
西村伊作
東京からワシントンDCへの電報
カラマズー
ボストン
ニューヨーク
パリへ
サンフランシスコから東京への電報
サンフランシスコ
セントルイス
ワシントンDC
パサデナ
ロサンジェルス
中国と日本の移民
ギャンブル一家
真珠湾
ギャンブル一家
ハワイ
作家ジャック・ロンドン
西村伊作
アメリカの雑誌、新宮の西村邸へ
万国博覧会合衆国政府代表ルーミス
建築家ジェイムズ・ペドル
北米のバンガロー、日本へ
北東アジア
樺太
徳冨蘆花　東京ーモスクワ
ハルビン
安重根
豆満江
ウラジヴォストーク
ポシェト港
伊藤博文
石塚教諭
谷崎潤一郎、三角錫子 東京ー鎌倉
韓国・朝鮮
遼東
ソウル・京城
徳冨蘆花 モスクワー粕谷
日本
東京
横浜
鎌倉
岡山
幸徳秋水
高知
新宮

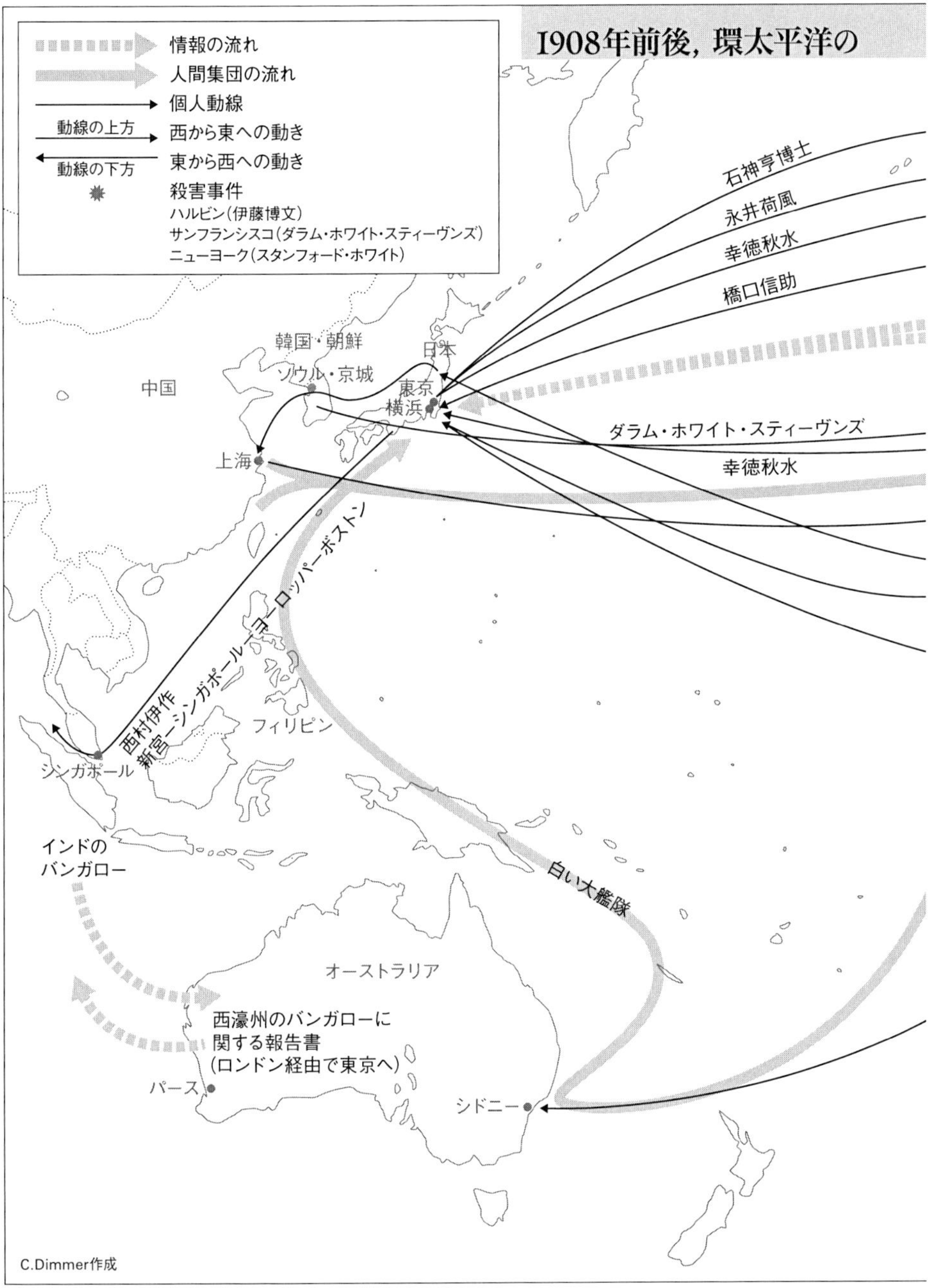
1908年前後, 環太平洋の
情報の流れ
人間集団の流れ
個人動線
動線の上方
西から東への動き
東から西への動き
動線の下方
殺害事件
ハルビン(伊藤博文)
サンフランシスコ(ダラム・ホワイト・スティーヴンズ)
ニューヨーク(スタンフォード・ホワイト)
石神亨博士
永井荷風
幸徳秋水
橋口信助
韓国・朝鮮
日本
中国
ソウル・京城
東京
横浜
上海
ダラム・ホワイト・スティーヴンズ
幸徳秋水
西村伊作
新宮―シンガポール―ヨーロッパ―ボストン
フィリピン
シンガポール
インドの
バンガロー
白い大艦隊
オーストラリア
西濠州のバンガローに
関する報告書
(ロンドン経由で東京へ)
パース
シドニー
C.Dimmer作成

八年、当時の世界の大部分は、鉄道、蒸気船、電報や新聞によってすでに「グローバル化」しつつあった。始まりを何百年も何千年も過去になるように「グローバリゼーション」を定義することも可能ではあるが、グローバルな同時性は十九世紀の終わりまで想像不可能だった。同世紀中ごろ以降、瞬間的と呼べる程度のコミュニケーションが急速に出現した。ロンドンがボンベイに電信で繋がった一八七〇年は、最初に大西洋間の安定した通信に成功したわずか四年後であった。合衆国はハワイ、グアム、フィリピンへ、紳士協定の五年前に当たる一九〇二〜〇三年に通信ケーブルを敷設した。

したがってモダニズム初期の美的実験において、文学や絵画におけるモンタージュの手法が身体的・心理的経験をかくも鮮やかに喚起するのに役立ったように、歴史の共時的なモンタージュは、グローバルなモダニティの語りにぴったりのものかもしれない。二十世紀初頭に太平洋を動き回った、その行程を瞬間的に本章で切り取られた人々は、筆者が事後に想像する中で立ち現れる断片的な太平洋史の登場人物というだけではない。彼らは当時も彼ら自身で、加速する情報、思想の流れ、同じ行程にある他の人々の動きに気付いており、その影響を受けていたのだ。モンタージュの形式で示されたた深い連関は、人々が一九〇八年にまさに経験し始めていた実際の連関と対応しているのである。

モンタージュによって、結末のある歴史ではなく、いわば開かれた歴史が創出される。ある一年の中の連関の糸は、明らかに無限に引き延ばせる。理論的には、一日でも一時間でも一分でも連関は無限にあるだろう。ヴァルター・ベンヤミンの『パサージュ論』は、断章で構成された歴史としておそらくもっとも有名なモデルを示している[2](本章の断片を集めていたとき、ベンヤミンを意識していたわけではないが)。ベンヤミンがモンタージュというシュールレアリスム的技法を歴史へ導入することを奨めたのは、「視覚性を高める」手段として、また彼が「歴史についての通俗的自然主義」と呼んだもの、つまり線的な散文の語りが生み出す順序と不可避の進歩というごまかしを乗り越える手段としてであった。彼はモンタージュによって「微小な個別的契機の分析を通じて出来事の全体の結晶を見出すこと」を目指したと記している。『パサージュ論』の場合、その出来事とは十九世紀の総体だった。類い稀な創造力に恵まれ、巨大なフランス国立図書館に隠遁して、ベンヤミンは結果的に『パサージュ論』を完成させなかった。[3] 一方で私のここでの抱負はもっと慎ましいものである。「出来事の全体の結晶」を望もうとは思わないが、ベンヤミンが求めた「視覚性を高める」何かは持ちえたものと期待している。

二　紳士協定――太平洋史への断片

紳士協定

一九〇八年、二人の紳士によって、北米大陸の太平洋岸に到着しつつある日本人は紳士ではないという合意がなされた。両紳士の一方は東京にいて、他方はワシントンＤＣにいた。一九〇六年十月十一日、サンフランシスコ市教育委員会は、同年四月に発生した地震による校舎破損のため過密になったとして、東洋人学校以外の市内の公立学校に日本人と朝鮮人の生徒の入学を以降認めないと宣言した。東洋人学校は一八八二年の中国人移民排斥法により「中国人と蒙古人」移民の子女を隔離するため、設立されたものである。サンフランシスコの日本人住民はこのニュースを東京へ打電し、日本の報道機関は異議を唱えた。日本からの異議の言葉はワシントンに打電され、連邦政府の関係者が教育委員会の決定を初めて知ることとなった。太平洋における戦争の可能性が日米の新聞と合衆国議会で論議された。ルーズヴェルト大統領が介入し、一九〇七年に外交文書が何度か交換された。日本政府は移民制限に合意し、大日本帝国と合衆国の間に「紳士協定」が成立したのである。[4]

労働者と紳士の線引きすべきところ

「労働者と紳士の線引きすべきところの画定が重大問題になっている」と、一九〇八年八月、在日米国大使トーマス・Ｊ・オブライエンがニューヨークのジャパン・ソサエティで発言した。[5] 日本政府は新たな移民政策の下、渡米移民と渡米「非移民」という新分類との間に線を引くことにした。一九〇八年十一月に東京から各道府県庁に送られた指令はこの区別を詳しく示した。移民は「教養の機会の少ない者」と述べられ、非移民は「教養階級」に属した。旅券は「非移民」とすでに海外にいる移民の配偶者と未成年の子供にのみ発行された。[6] しかしこの区別は、朝鮮や中国に旅行する日本人には適用されなかった。

移民会社

図1　ベンチに座る橋口信助，妻松子と子供（内田青蔵『あめりか屋商品住宅』より）．

日本の太平洋岸である宮崎県飫肥町《おびちょう》の材木商の息子に生まれた橋口信助（図1）は、当時合衆国の太平洋岸であるワシントン州シアトルに移民会社を設立しようと奔走していた。当初は学生として渡米したが、彼はアメリカ人の家で書生として働き、仕立屋を立ち上げ、オレゴン州のコロンビア川沿いの森林一区画を購入できるまで資金を次第に貯蓄していた。彼はそこで松を伐採する日本人労働者を捜していたのだった。[7]

中国と日本に拘束されて有り余る人口

これより八十五年前、コロンビア川周辺の地域が依然として係争中で、英国人にとってはコロンビア地域、アメリカ人にとってはオレゴン・カントリーだったとき、ミズーリ州上院議員トーマス・ハート・ベントンは当地をアメリカ軍が接収することで、中国と日本の「拘束されて有り余る人口」にキリスト教と民主主義をもたらし、彼らはいずれこの地に穀倉地帯を見出すだろうと説いた。『アウトルック』誌一九〇八年五月二十三日号の「アメリカ拡張の物語」と題された記事によると、ベントンの論理的な根拠はたいへん馬鹿げたものと思われ、当時の上院議員たちは「すっかり笑ってしまい、オレゴン占拠により英国人の機先を制するという実際には重要な問題を完全に忘れてしまった」。英国人はインディアンから土地を購入したという根拠で権利を主張していたからである。[8] 一九〇八年には当地はカリフォルニアとともに、だいたい十五万人の日本移民と七万五千人の中国移民にとっての穀倉地帯となっていた。およそ三万八千人の日本人移民がアメリカの農場で働いていた。一九一〇年には、カリフォルニア州の農場一九万四七四二エーカー（約七八八平方キロメートル）を日本人が所有または賃借しており、全国のイチゴの七〇パーセントを栽培していた。[9]

広々としたヴェランダのある邸宅

こうした労働者のほとんどは、ハワイ経由で渡米していた。ハワイが合衆国の領土であると宣言したハワイ基本法が米国議会を通過した一九〇〇年までは、日本人、中国人ほかの労働者は砂糖農園で働く契約でハワイに連れて来られていた。その後契約移民労働は禁止された。しかし人々の東への移動は止まなかった。一九〇八年に、ハワイの砂糖農園労働者四万五六〇三人のうち三万一七七四人、およそ七〇パーセントが日本人だった。[10] 彼らはバラックに住んでいた。ロナルド・タカキによれば職長は「立派なバンガロー式住宅」に住んでいた。農園主は「広々としたヴェランダのある邸宅」に住み、白人専用のクラブもあった。[11] ハワイで日本人の移民仲介業者は、カリフォルニアでの自由と高賃金を約束して同胞を誘い、さらに東方へと人を送っていた。一九〇二年の日本の大工は一日に約七〇銭（三一セント）ほどを稼いでいた。ハワイの砂糖農園で働く日本人自由労働者は一日およそ六八セントを稼いだ。[12] カリフォルニアの鉄道工夫は一日に一ドル稼げた。カリフォルニアの排日推進派は、西海岸の「ハワイ化」と呼んだ事態を恐れていた。

アメリカのバンガローを日本へ

日本から合衆国西海岸へ労働者を移民させる事業を開始できなくなったため、橋口信助は代わりにアメリカのバンガローを日本へ輸入することに決めた。彼はシアトルでの事業を一九〇八年十二月に閉じて、翌月横浜行き汽船に乗り込んだ。日本に戻った後、東京の家具街である芝に店を開き「あめりか屋」という看板を掲げた。[13] イギリス人植民者がインドで初めて開発し、次いで休日の小別荘向きの簡易な住居形式として広まったバンガロー式住宅は元々平屋建てだったものの、橋口が書生として働いていて、今日本に導入しようとしていたシアトルの住宅は、二階建てで一年中使う住居であった[14]（図2）。

橋口は建築の素養をほとんどもっていなかった。一九二五

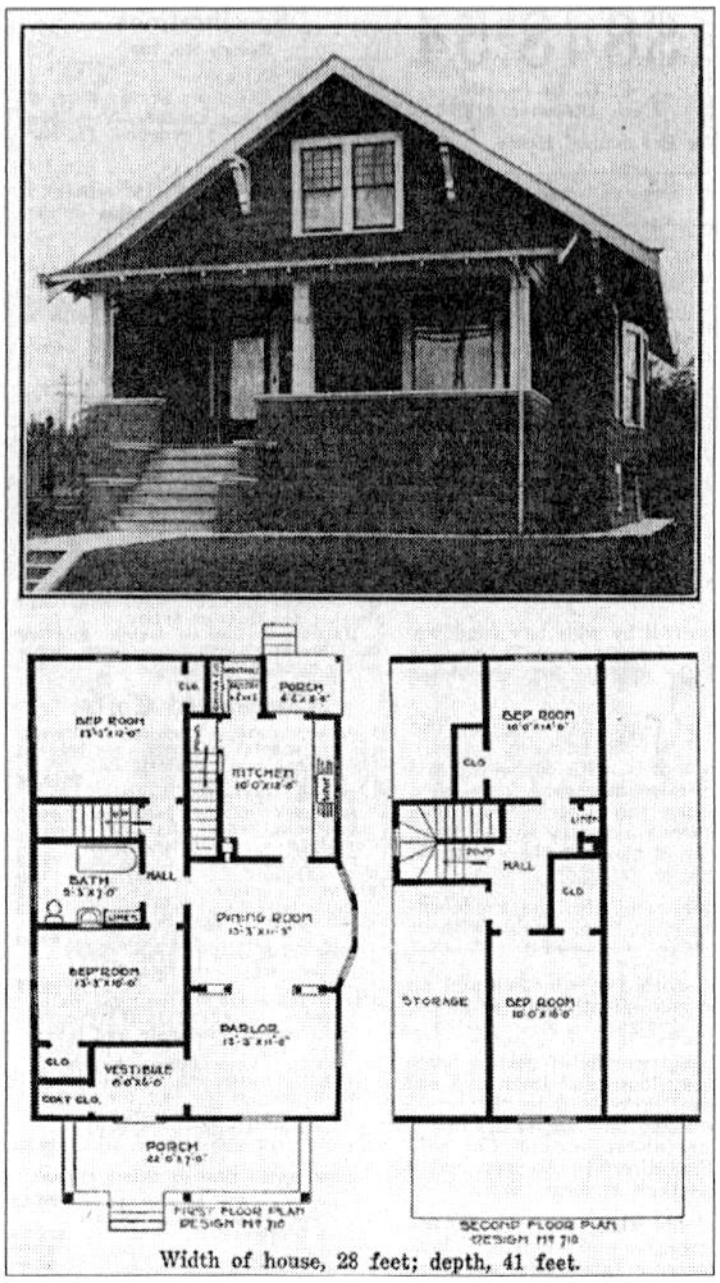

図2　英領セイロン(スリランカ)のバンガロー(左，ディンブラ農園，Charles Scowen 写真，1870–1890 年頃．P. de Silva 提供)と，米国西海岸のバンガロー(右，20 世紀初頭)．

年に書かれた回想で、彼は長い間正座で床に座らされた厳しい躾によって、自分が畳敷きを嫌うようになったと記録している。合衆国に到着し、アメリカ人は富者も貧者も同じように椅子に座っていることを知ると、これは日本にも早速持ち込むべき習慣だと確信するようになった[15]。

シアトルの中産階級向けに設計された建物は、当時日本で西洋式住宅に住みたがった上層の都市生活者の先入観や要求とはかみ合わなかった。日本人顧客はアメリカ風に見える住宅を求めたものの、内部の少なくとも一部には依然として床に畳を欲していたのである。橋口の最初の六棟のバンガローのうち五棟は、外国人向けに住宅を貸し出していた者が購入した[16]。その後あめりか屋は建売をやめて、家具を輸入しながら、注文住宅を建てる事業に転じた。

二人乗りブランコ

日本の大衆誌上などで、橋口は日本の住宅を掃除する難しさと安全確保の欠如を強調し、同様に仕事場に洋服を着ていき、家で和服に着替える不便さも強調した。彼は椅子座も推奨した。彼は東京で刊行されていた『婦人之友』の読者に対して、多くの人々は家で一日中「宛然《まるで》汽車にでも乗つたやうに」床から離れて暮らすのは「寛ぐことが出来ない」と感じるだろうと認めた。しかし彼が説くには、人々がこう思う理由は日本人がよくない椅子を与えられているからであった。

日本の家に備わっている椅子のほとんどは、実際には仕事場用であったと橋口は主張した[17]。前年の『婦人之友』に掲載されたあめりか屋の広告は、読者が西洋式の居間と結び付けるものと橋口が予想した事務用家具と列車の座席に対比させるかのように、揺り椅子と二人乗りのブランコを描いていた（図3）。

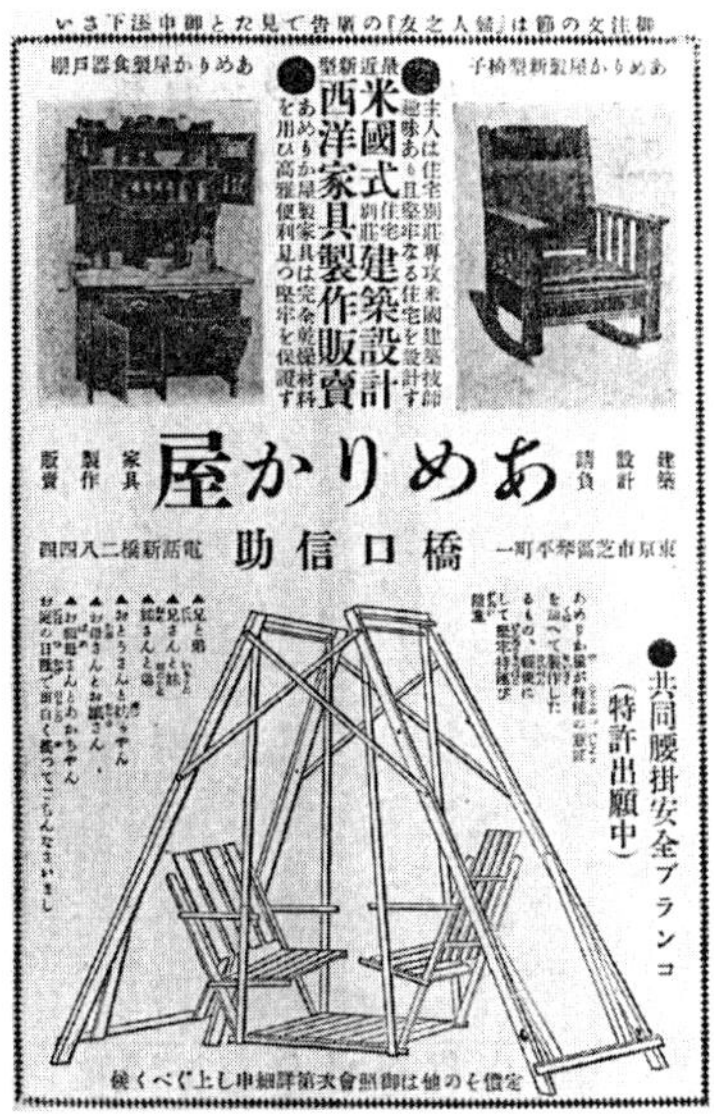

図3 「共同腰掛安全ブランコ」を宣伝するあめりか屋の広告（『婦人之友』1911年9月，内田青蔵『あめりか屋商品住宅』より）．

相応しい音楽の欠如

橋口の理想にあった住宅の中心は、当時アメリカの女性雑誌や住宅装飾専門書についての記述で流行していたような、くつろいだ「リビングルーム」ではなく、改まったヴィクトリア朝のパーラーに似ていた[18]。ピアノはその中心だった。『婦人之友』で橋口は西洋の住宅に比べて日本の住宅は「社交の舞台として将《は》た一家団欒の場所として」貧しいと述べた。彼は家族全員を伴った社交活動が欠けている原因を、日本における相応しい音楽の欠如に求めた。西洋の家ではピアノ音楽と歌で場を楽しませるのが一般的だという。これが日本にないのは、女性の習慣に根ざした理由のためであると橋口は主張した。日本女性は独身時代に自分で楽しむため音楽を学ぶが、通常結婚後やめてしまう。したがって社交の集まりが住宅の外で行われ、妻と子が排除されるのである[19]。

詩が作れても食へない

東京で刊行されていた月刊誌『成功』は、一九一〇年に「低劣な」日本の家族制度が国民の進歩を遅らせるので合衆国に永住するよう読者に勧めた。記者は「家族は真に人生の詩的方面である。然し幾ら詩が作れても田が作れなければ食へない」と述べた。東京で刊行された別の雑誌『亜米利加』

はその二年前に、アメリカ太平洋岸に移民した日本人労働者のほとんどが「人格のないのは云ふに及ばず、幾んど或点は動物に近いのである[……]事実が下等労働者である以上は、恰度我が国における支那の労働者を喜ばざると同様の観念を生ぜしむる」という不幸な状況を述べた(20)。

もしこの集団が分散すれば

ニューヨークに一九一一年に日本旅行から帰ったとき、教育者でジャーナリストのハミルトン・ホルトが『ニューヨーク・ポスト』で述べたところでは、日本人は衛生を良好に保っており、日本から朝鮮への旅程で三等船室を覗いたら三〇〇人の日本人旅行者が「清潔でいい匂いで、悪臭なく」そこにいることを発見したという。彼は「我が国で彼らが居留地に自ら閉じこもる傾向」は日本でも孤立と偏見の元と認識されており、「もしこの集団が分散すれば」日米関係が改善すると思われていると付け加えた(21)。

ある観念とものが二十世紀初め、合衆国東海岸から西海岸へ、そこから日本へ、西向きに流れていた。バンガロー、田園都市、うちとけた家族団欒、飾らない生活、屋外の娯楽などである。それらが移動するにつれ、文明と、この文明が自らの中に生み出した文明への解毒剤の双方を体現した。「移民」という太平洋を渡る反対向きの人間の流れはピークに達し、いまは抑制されていた。

アジア旅行

一九〇八年三月、デイヴィッドとメアリー・ギャンブルはロサンジェルス港で西行き客船に乗船した。デイヴィッド・ギャンブルは石鹸製造業プロクター&ギャンブル社共同設立者ジェイムズ・ギャンブルの十人の子供の一人だった。彼は同社の元総務部長兼経理部長でもあった。引退した今、彼とメアリーはカリフォルニアの新鮮な空気と簡易なバンガローの生活様式を求めてカリフォルニア州パサデナ市に家を建てることにした。三月に土地が拓かれた。工事と引越の混乱を避けるため、一家でアジア旅行に出た。設計者のチャールズとヘンリーのグリーン兄弟は、ボストンの人エドワード・モースの著書『日本のすまい――内と外』と一九〇四年セントルイス万国博覧会で日本建築の細部を学んだため、建物はチ

図4　石鹼王ジェイムズ・ギャンブルの息子デイヴィッド・ギャンブル一家のために，南カリフォルニア，パサデナに建てられた「ギャンブル・ハウス」(グリーン兄弟設計，1908年)．日本趣味を加味した高級バンガローとして名高い．

ロルやほかのヨーロッパの木造建築の影響も見せているものの、一家のためのバンガローを「日本のやり方で」設計していた(図4)。グリーン兄弟は、内装に南米、アフリカ、アジアから輸入された広葉樹材と、カリフォルニア産松材やほかの地元産針葉樹材も利用した[22]。ギャンブル一家の八月の帰国に際して、グリーン兄弟は彼らの住宅壁のためセコイア材で富士山のレリーフを彫った[23]。

アメリカ人の動物の扱い方

一八八四年の誕生直前に両親がアメリカ人宣教師によって洗礼を受けていた西村伊作《イサク》は、一九〇八年に日本からヨーロッパ経由で合衆国に到着した。彼の二人の弟はボストンとロサンジェルスにいた。紳士協定による制限と、もしかしたら西村の社会主義者との関係のために、日本当局は彼に合衆国行き旅券を発給しなかった。彼は和歌山県の太平洋岸の港町で多数の海外移民を送り出したことで有名な生地・新宮からヨーロッパに向けて船に乗り、シンガポール、コロンボ、スエズ運河を経由して移動した。ヨーロッパに到着すると、彼はハーグ日本大使館に弟が病気で日本に帰国させる必要があると偽った。実際二人は後に、サンフランシスコからホノルル経由で横浜に到着する船でともに帰国した。西村は新宮でアメリカの生活様式を推奨していたが、合衆国での経験に好意的な印象を持っていなかったようだ。回想『我に益あり』で、西村はアメリカ人の動物の扱い方に覚えた感嘆の念を思い出しているが、差別を受けたことも記している。中国人殺人容疑者を捜していた私服警官が鉄道車内で彼に嫌がらせをした。ロサンジェルスの弟が彼に知らせたところでは、日本人はレストランや床屋で歓迎されていなかった。弟の不安をよそに、彼はレストランに入った[24]。

小さな王国の王さまみたい

西村の両親は幼時から彼に洋服を着せていた。彼は靴を脱いだり床に座ったりする日本の習慣を嫌悪していた。一九〇七年の結婚後、『グッド・ハウスキーピング』『ハウス・アンド・ガーデン』『ハウス・ビューティフル』といったアメリカの雑誌を取り寄せ、妻にアメリカ式の料理法と洗濯法を英語とともに教えた。家具をすべてシカゴのモンゴメリー・ワードに注文した。合衆国から帰国後、アメリカの本に載っていた平面図を元に家を建てた[25]。加藤百合は、西村が家庭生活をパフォーマンスとして扱ったと指摘している。新宮の西村宅を頻繁に訪れた作家や芸術家はそれに驚いた。庭の芝生の上のテーブルで籐椅子に座って食事した一家の夕食の「洋風の画趣は幾度か私を励ました」と、一九一三年に一カ月滞在した画家の石井柏亭が記した[26](図5)。客はしつらえ、食事、料理器具の異国趣味に強い印象を覚えていた。西洋式の家庭労働を妻に個人的に教えることで結婚生活を始めたのと同じく、西村一家の集まりは彼の理想像に沿って演じられた訓練であった。「まるで小さな王国の王さまみたいです」と詩人与謝野晶子が感想を述べた[27]。

図5　新宮西村邸で西村一家の肖像を描く石井柏亭（加藤百合『大正の夢の設計家』より）.

文明人が食事を隠す必要はない

独学の建築家西村は生涯を通じて友人や親戚のために二、三十軒の家も設計したが、その多くがバンガローであった。これらの設計は彼が提唱する社会的透明性の理念を建築に体現していた。設計は玄関の外から内部を見渡せるようになっていた。西村は居間と食事室を統合することで、家族が食べる場所を客に見えるようにした。食事中に訪問者が来訪した場合、これが不便の元になるかもしれないと西村は認めたが、しかし食べているところを見られるのは決して恥ずかしい事でないといった。「食物を見付けたら、直ちに陰れた場所へもって行って、かくれて食うような」野獣の真似を文明人がする必要はないと主張した[28]。

文明の煤煙から逃れる

橋口信助と女性教育者三角錫子が編集していた雑誌『住宅』の初期の号で、西村はバンガローが日本人の生活を世界的にする理想的な住宅であると読者に伝えた。バンガローの屋根は日本の住宅のそれと似ていたし、室内も単純な平面と直角で構成され、日本人の趣味に合致していた。実際、バンガローのデザインの大部分は日本建築にヒントを得ていたと西村は指摘した。「文明の煤煙から逃れて自然に近い生活を試みやうとする」ため設計された、アメリカの真の意味のバンガローは、西村によれば四室か五室のみで構成され、玄関や応接間をもたない。大きなリビングルームは食事室と書斎を兼ねていた。小さなホールをもつバンガローもあるが、バンガローというものは「来客に玄関払を食はしたり、取次ぎに留守を使はす」ような生活様式のための住宅ではなかった。(29)

いくつかの共産主義的観念

一九〇八年、英国籍のオーストラリア人で独学の建築家ジェイムズ・ペドルはパサデナからシドニーに急ぎ帰り、イギリス人エベネザー・ハワードが『明日の田園都市』(一九〇二年)で提示した模範にしたがって計画されたオーストラリア初の田園都市デイシーヴィルの住宅設計コンペにバンガロープランを提出した。労働者住宅供給計画を長年にわたり提唱していた議員だったジョン・ローランド・デイシーにちなんで名付けられたこの町は、すぐにお洒落な郊外住宅地となった。カリフォルニアのバンガローは同年オーストラリアの建築雑誌に紹介されたが、「澄んだ田舎の空気」と「健康的な状態、幸福な責任感」の恩恵を、ことあるごとに屋外に出たがる「ノマド的本能」をもつ「楽しみ好きの」オーストラリアの人々に約束するものと記された。『ビルディング』誌でペドルはバークレーやオークランドといったサンフランシスコの新たな郊外の風景を賞賛し、所有地を囲むフェンスを撤去することで「いくつかの共産主義的観念」をアメリカの隣人関係から取り入れるよう、オーストラリアの人々に促した。(30)

デイシー自身は当時オーストラリア労働党の会計幹事で、なかでも保護主義的な派閥に属していた。党の綱領は「人種的純潔の維持に基づいたオーストラリア的感情の涵養」を求めていた。(31) 政治評論家A・モーリス・ロウがニューヨークで刊行される雑誌『フォーラム』に一九〇八年十月に記したところでは、「何年も前にオーストラリア人は、オーストラリアは白人国家であり、アジア人移民は許されないものと決めた」。ロウはオーストラリアの砂糖農園に「白人は働けないか働こうとしない」ため、比較的未開発にとどまっていると記した。特に日本人はオーストラリアでは「地球上のどこよりも激しく嫌われている」と述べた[32]。

在宅中を見られるのを嫌うイギリス人さえも

建築家田辺淳吉は『建築雑誌』一九〇八年一月号で西オーストラリアのバンガローを会員に紹介する記事を発表した。田辺はオーストラリアに旅行したことがなかった。彼の出典はパースの建築家が英国王立建築家協会に提出した報告だった。元の報告はオーストラリアの気候への適合を指摘し、「屋外の居室」であるヴェランダで寛ぐ楽しみを強調し、在宅中を見られるのを嫌うイギリス人さえも試してみればオーストラリアの習慣に改まるだろうと記した。著者は広いヴェランダの付いた平屋建て住宅を「バンガロー的」と言及したが、田辺はそれをインドなどに多くある家だと日本の同業者に説明した[33](図6)。

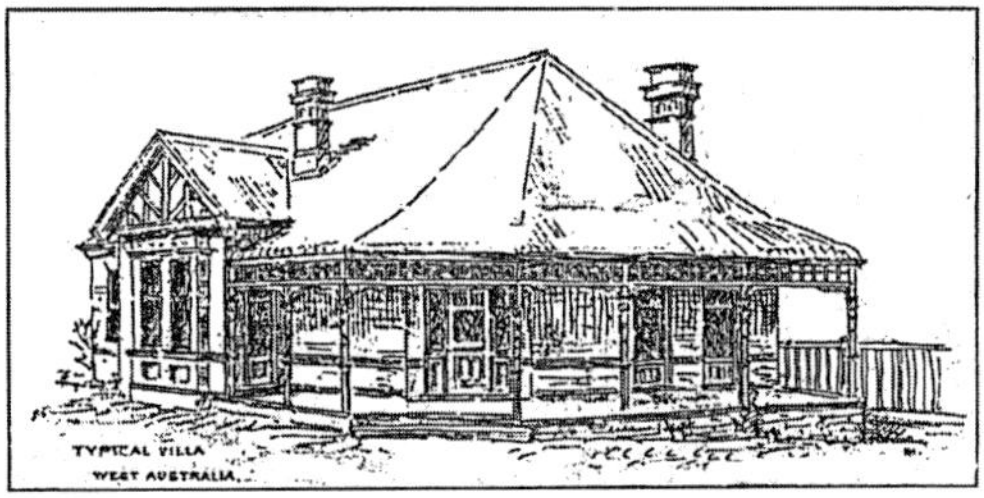

図6　イギリスの建築雑誌より日本の建築雑誌に転載された「西豪州のバンガロー」の図版(1908年, 内田青蔵『日本の近代住宅』鹿島出版会, 1992年に転載).

「東京辺の普通の住家」と外見上類似していることに印象を受けて、田辺はオーストラリアのバンガローに日本の住居建築改良のモデルを見出した。「大抵の人は洋服を着て[……]食事も段々と洋風を加味して」いたため、建築家には「中流社会に於ける欧風趣味の要求に応ずる」ような「ユニヴァーサルの住家改良問題」の提案を工夫する責任があると、彼は記した。「純洋式」の建築的解決を生み出すことになんら本質的な誤りはないが、費用、現在の日本の「民度趣味風土」が立ちはだかっている。田辺の翻訳においてイギリス人著者はオーストラリアの住宅について「其粗雑なるに至つては我同胞諸君も一驚を喫するであろう」と予想していると記された。田辺の見方では、こうしたオーストラリアの住宅は日本の建築家に当座の妥協案を提供するものだった。

蛮からの風習とのみ誇る

イギリス人建築家がオーストラリアのヴェランダで空気を吸うことを記述した中から、田辺は同じことを行ってきた日本の慣習を「蛮からの風習とのみ誇る」必要はないという確証を得た。しかし彼はいくつかのプランで、ヴェランダから直接居室に入るようになっていたことには賛成しなかった。来訪者が玄関から家の中を見渡せてしまうからであった。

イギリスのバンガローはシアトルのバンガローと異なるし、パサデナのバンガロー、ハワイのバンガロー、西オーストラリアのバンガローもそれぞれ異なる。しかしアンソニー・キングが実証したように、飾らない生活、あるいは形式張らないといったバンガローの考えはそれら全てを貫いており、そのため大英帝国の熱帯植民地での生活経験は、近代の余暇・休暇用小別荘、アメリカ版アーツ・アンド・クラフツ運動、北米やオーストラリアやその他の大衆向けの郊外住宅地の形成に繋がった。これには二つの流れがあった。第一は大英帝国内部でインドから発した流れであり、第二は英国から北米その他へ広まる商業的普及であった。田辺淳吉が紹介した西オーストラリアの住宅はインドから大英帝国を介して広まった第一の流れに属している。橋口信助やジェイムズ・ペドルのバンガローは二番目の流れに由来している。つまり住宅図集や雑誌を通じて英国から合衆国に影響し、次いで組立式住宅の大工の売り込みを通じて北米の太平洋岸に広まった、バンガロー形式の商業的普及という流れである[34]。グリーン兄弟のバンガローはいわば田舎家のロールス・ロイスであり、アメリカのアーツ・アンド・クラフツ運動の指導者グスタヴ・スティックリーの雑誌『ザ・クラフツマン』やほかの雑誌で推奨された簡易生活の理想に伴った、アメリカにおける日本趣味の流行に強く影響されていた。

退廃と神経衰弱

東京の社会民主党創設者の一人安部磯雄は一九〇八年、日本人に健康的な屋外の娯楽がないと記した。「アングロサクソン人」は健全で活力ある戸外運動に参加して「鉄の如き身体と鋼の如き意志を有して居る」、と同年六月の『成功』誌で彼は読者に伝えた。対照的に、日本人の娯楽は「女性的、退守的、隠居的で」あまりに多くの時間を費やした。相撲だけは例外だが、これも単なる見世物のスポーツであった。日本人が集まる場所はほとんどが遊廓や飲食店だった。家で畳に座ることは身体の運動を阻害する。日本人の座りがちな習慣が退廃と神経衰弱をもたらすのは、アメリカ西海岸の移民の間にも明白であった。[35] 安部は日本で野球の普及を先導する一人となった。

各国の労働者が熱中するこのスポーツ

ハワイの砂糖生産は、合衆国領土となった一八九八年から一〇年後の一九〇八年までに、年間二二万九四一四トンから五二万一一二三トンへと二倍以上になった。ハワイの砂糖農園の日本人労働者(図7)の賃金はほとんど上昇しなかった。一九〇二年と一九〇八年の間に、自由労働者の平均的な日銭は五セント上がっていたが日本人の契約労働者のそれは九九セントから九一セントに下がっていた。[36]「増給期成会」と自称する島内の日本人労働者の組織が、よりよい賃金と労働条件を要求しストライキをちらつかせた。オアフ島の日本語紙『日布時事』は社説で、ぜひとも自分たちの文化を忘れず「無鉄砲な過激論」が祖国にもたらしうる不名誉に思いを馳せるよう日本人労働者に乞うた。

図7　ハワイ砂糖農園の日本人労働者(Franklin Odo, Kazuko Sinoto, *A Pictorial History of the Japanese in Hawaii*, Bishop Museum, 1989 より).

増給期成会の指導者もまた大和魂を語った。一九〇九年一月末までに七千人のオアフ島日本人労働者がストライキに入っていた。ストライキは最終的には壊滅したが、スト参加者の要求はほとんど達成された。砂糖生産者協会が賃金を上げ、労働者キャンプを改築することに同意した。[37] この協会は、労働者にスポーツ、音楽、映画などの娯楽を与えるよう農園管理者に助言した。管理者は「各国の労働者が熱中するこのスポーツを推進するため」野球場を設置するよう命じられた。[38]

家に帰れなくったって

黒人に扮するコメディアンでヴォードヴィルの作曲家でもあったジャック・ノーワースは、一九〇八年のある日「私を野球に連れてって」という歌を数葉の紙の上で作曲していたとき、マンハッタン行きの地下鉄に乗っていた。「家に帰れなくったってかまわない(I don't care if I never get back)」という歌詞は「ピーナッツとクラッカージャックも買ってね(Buy me some peanuts and Cracker Jack)」と韻を踏んでいる。二つのプロリーグの成立と共に、野球は座って楽しむ娯楽となっていた。ノーワースの曲は合衆国で「非公式の野球讃歌」として知られるようになり、「食べるほどにほしくなる」という宣伝文句の、全米で初めて大量生産された甘いスナック菓子の一つ、クラッカージャックとこの娯楽との関係を固めた[39]。

太平洋食堂

西村伊作の叔父大石誠之助は、一八九一年濃尾地震で教会が崩壊して伊作の両親が亡くなった後、伊作を育てた一家数人の一人だった。大石は合衆国に漂流して、下男兼料理人として働いたのち、オレゴン州で医学を学び、新宮に帰郷してから食堂を開いた。食堂は和歌山県内初の洋食を出す店といわれた。伊作は正面に掲げる看板を制作し、英語と日本語で「太平洋食堂(Pacific Refreshment Room)」と記した(図8)。店名は「太平洋／平和(Pacific)」という語の二重の意味から選ばれたものである。大石は幸徳秋水が編集していた週刊『平民新聞』に定期的に寄稿していた。同紙はロシアとの戦争に反対する国内唯一の新聞だった。

図8　太平洋食堂の前に立つ大石誠之助(左から2人目)，西村伊作(その右)と店員(加藤百合『大正の夢の設計家』より)．

大石は『平民新聞』読者に食堂の計画を伝えて、次のように説明した。「茲にレストラントと云ふも普通の西洋料理店と違ひ、家屋の構造、フオルニチユーアの選択、内部の装飾等一々西洋風簡易生活法の研究を目安として意匠をこらし、中に新聞雑誌縦覧処、簡易なる楽器、室内遊戯の器具等を置き、青年の為清潔なる娯楽と飲食の場処を設くるにつとめつゝあります」。食堂は決められた日に貧民向けの無料の食事も提供した。食堂はじきに失敗した。西村の回想によれば、客は西洋式マナーについて講義を受けるのを嫌った。[40] 一九〇八年頃、大石は道徳改革と貧民の世話から、幸徳秋水が支持を始めていたアナーキズムと直接行動の哲学へと転じた。新宮での典型的な一日の終わりに「しばしば演説し、若者と反乱について語り合っている」と、その夏に大石は『熊本評論』誌の読者に向けて個人的な近況報告を行った。[41]

東京の紳士のように

警察は一九〇五年、幸徳秋水（図9）の『共産党宣言』翻訳が出版された直後に『平民新聞』の発行を停止した。幸徳は監獄で五カ月を過ごし、その後横浜でシアトルとサンフランシスコ行きの客船に乗った。彼は出発前、サンフランシスコのアナーキスト、アルバート・ジョンソンに、合衆国へ行けば「天皇の毒手の届かない外国から、天皇を初めとし[……]自由自在に論評」できると書き送った。[42] 彼がシアトル日本人会堂で五百人以上の聴衆を前に講演するとき、演壇の正面に天皇と皇后の肖像があった。その左右には日露戦争時の海軍の英雄たちの肖像、横の壁には当時駐韓公使だった伊藤博文侯爵の書が掲げられていた。幸徳自身の外見と振る舞いは、サンフランシスコにいた日本人同志の岩佐作太郎に、明治天皇を思い起こさせた。彼は「日本においては好紳士たることは勿論」で、モーニングと山高帽を身に着けて、木太刀を杖として携えていた。しかしそれはサンフランシスコでは「すこぶる異様の風態」に見えたと、岩佐が後年記した。[43]

図9　幸徳秋水.

群れをなして流入する

『インターナショナル・ソーシャリスト・レヴュー』一九〇八年五月号でキャメロン・H・キング・ジュニアは「日本

人に対する我らが兄弟愛の感情は［……］群れをなして流入するよそ者のスト破りとして彼らを見なす理由がなくなるまで」待たねばならないと述べた。また、オークランドでの社会党大会でアジア人移民問題を議論する中で、作家ジャック・ロンドンは「私はまずもって白人であり、次いで社会主義者である」と言明した。(44)

結核国際会議にて

石神亨博士は東方のワシントンＤＣへ向け一九〇八年旅行した。パナマ運河の建設は一九〇四年にフランスから合衆国に引き継がれたが、一九一四年まで完成しなかったから、石神はおそらく船でシアトルかサンフランシスコへ向かい大陸を横断しただろう。彼は結核国際会議に出席し、この病気を治療できるという血清について発表するため旅行を決めた。石神はペスト菌の発見者北里柴三郎の学生であり助手であった。彼は北里と香港に行き、そこで菌を分離するのを手伝った。ニューヨークで発行されている『ハーパーズ・マガジン』は石神の血清を大会の主な話題として最初に大々的に報道したが、その後にニューヨークから参加した医者による懐疑的な記事を掲載した。「会議の席上、日本の石神博士が自分の血清の価値に関して行った主張は、いまだ立証されておらず、大多数の医学専門家から承認もされていない」とその医者は記した。「何らかの特定の薬品よりも、患者自身の体力を強める衛生処置と生活様式がますます強調されている」。(45)衛生への関心は感染者を隔離することに繋がった。会議参加者の中には、結核の問題は人種の望ましからざる混合に関係しているという者もいた。非白人の衛生軽視が、白人人口を脅かしていると彼らは恐れた。(46)石神は『フィリピン医学雑誌』十一月号に血清の治験結果を公表した。(47)

もしひょっとして

「もしひょっとして、一万頭もの飢えた人食い虎たちが突然極東から連れて来られて、自由に我々の太平洋岸を食い荒らすに任せていたとしたら」と、『ハーパーズ・マガジン』一九〇八年七月四日号のウィリアム・イングリスによる記事は始まった。(48)イングリスはこの比喩を用いて、ペスト菌を媒介するノミの脅威を強調したが、読者には黄禍論の言い回しの響きを聞き取った者もいたであろう。しかしこの記事は移民問題に直接触れていない。疾病の拡大が日米で遅いのは、両国の人々が頻繁に入浴するからだと同記事は記した。イングリスはこの病気が「サンフランシスコのアジア人と、少々の白人のあいだにさえも足がかりを得た」後にとられた検疫手段も説明している。添付された写真には張り出し窓がついたサンフランシスコの二階建て長屋が写っており、キャプションには「この日本人住宅には腺ペストに感染したヒトとネズミの両方が見つかった」と書いてあった。

淑女協定

紳士協定の後、男性よりも女性の方が日本から合衆国本土に移動した。一九一〇年と二〇年のあいだに、合衆国に住む日本人女性の数は一五〇パーセント増加した。[49] 女性の写真が移民会社の事務所に貼られており、無料で縁組ができた。日本当局は一九二〇年に写真花嫁の移出を食い止めることに同意し、その同意は「淑女協定」とも呼ばれた。[50] 連邦議会移民委員会議長のアルバート・ジョンソン(先のアナーキストとは無関係)は日本人の写真花嫁が、平均五人の子供を育てながら、夫とともに農場で働いていることから、事実上労働者として移民してきていると報告した。一九二五年、前・南カリフォルニア大学助教授で早稲田大学講師の乾精末《いぬいきよすえ》は、農園で夫の傍で働いている日本人移民女性を「アメリカの標準ではないと認めざるをえない」が、「日本人コミュニティはこの慣行をやめるようさまざまな組織を通じて最善を尽くしている」とアメリカの社会科学専門誌に記した。[51] 横浜の移民協会は合衆国に出国する女性に、アメリカの家庭管理、衛生、作法について三五時間の無料授業を行っていた。[52]

文明化せざる西部のどこかで

三角錫子(図10)は一九〇八年に、鎌倉女学校教師として東京から南にある太平洋岸の逗子へ、おそらくは健康上の理由で転居した。彼女には結核の徴候があった。逗子の空気によって、病の症状を緩和する最善の機会が得られると、医者に奨められた。同年十月の『ハーパーズ・マガジン』に、あるジャーナリストは、結核のため「職をなげうち文明化せざる西部のどこかのテントに暮らす者のことを、誰もが聞いたことがある」と述べた。[53]

鎌倉女学校で教えているあいだ、三角はアメリカのフレデ

図 10　三角錫子.

リック・テイラーの科学的経営理論に影響され、家庭の習慣に「動作経済」と呼んだものを適用し始めた。次いで彼女は、この原則と一致した自邸を設計するようあめりか屋に依頼した。彼女はあめりか屋店主の橋口に自らの家庭科学を説いた。両人は協力して住宅改良会を設立した。同会は月刊誌『住宅』を発行し、より効率的なアメリカ式モデルに基づいて日本住宅を変革するよう国中の支持を公に訴えた。[54]

彼女はオルガンを弾いた

　三角は逗子に着いた当時、三十六歳で未婚だった。新鮮な空気に加え、結婚も容態を緩和する助けになるだろうと彼女の担当医は助言した。彼女が海岸に住んでいるあいだに、近くの学校の十二人の生徒たちがボート事故により太平洋で溺死した。三角は事故死者を祈念するため、アメリカ人作曲家ジェレマイア・インガルスによる賛美歌に当てて歌詞を書いた。その歌は「真白き富士の嶺」と題された。少年たちの葬儀で歌った自校の生徒たちに、伴奏として彼女はオルガンを弾いた。歌は有名になり、事故の名を日本中に知らしめた。

　少年たちの舎監石塚教諭は第三者から、三角と結婚するよう薦められていた。少年たちが溺れたとき、石塚は鎌倉にいてこの縁談を進めていた。彼は悲劇の責任をとって辞職し、西の岡山へ流れて別人と結婚し、のちに北の樺太へ赴任した。彼の死後、息子は父の悲劇の責めを徳富蘆花の『不如帰』という題の大衆小説に帰した。この恋愛物語の主人公浪子は結核持ちである。彼女は逗子に太平洋の健康な空気を求め、そこで最愛の夫の海軍士官と滞在する。石塚の息子の推測によると、結核持ちの三角に出会ったとき、石塚は小説中の恋愛を彼自身の人生に重ねたという。後年、石塚は息子に小説を読むのを禁じた。[55]

　Nami-ko: A Realistic Novel（『ナミコ―写実小説』）として英訳された『不如帰』は、アメリカの批評家たちから賞賛された。ウィリアム・エリオット・グリフィスは同作を「現代日本の家庭生活について現実的かつ真実の像を得られる、唯一の英語小説作品」と呼び、「もしかしたら我が国でストウ夫人が黒人奴隷に対してなしたことを日本の女性奴隷に対してなしうるかも知れない[56]」と付け加えた。

病気と健康や家族に対する態度、娯楽と余暇の形態、身体の振る舞い方、日常使いの家具と内装などが、ヨーロッパの植民地支配の文脈の中から新しい特徴を吸収しながら、ヨーロッパの拡張とともに地球を取り巻いていた。感染への恐怖によって人々は新たな占有領域を、人口が集まる中心から離れた山岳部や海岸部に求めた。ヨーロッパと北米と同様に日本でも、余裕のある結核患者は「転地療養」を行い、屋外のポーチに眠りサナトリウムのリクライニングチェアで無為に過ごしていた。同時に、慢性という結核の性質が新たな居住習慣を要求し、一夫一婦制と近代家庭という十九世紀に現れたロマンスの中に病気を位置づけた。

第二殖民地

東京の青山から西に十キロ少し向かった郊外の小農村粕谷に一九〇八年に移転したとき、『不如帰』=『ナミコ』の著者徳冨蘆花はベストセラー小説の印税で裕福だった。彼はこの引越を「都落ち」と呼んだ。四年後日記小説『みみずのたはこと』で語ったことによると、彼は文明から離れた簡素な生活を求めていた(図11)。一九〇六年にモスクワ南部の屋敷へレオ・トルストイを訪れたとき、重労働と田舎暮らしがもたらす道徳的効用のため農業を始めるよう徳富は勧められていた。一九〇八年三月十一日、蘆花は結核で入院中だった友人国木田独歩への手紙で次のように記した。「明治四十五年大博覧会までには、新宿八王子間の電車が近所を通るさうだ。つい此頃東京の某《なにがし》が近在に地所を買つた。其内前の谷に工場でも出来て、真黒な息つく煙突が立つかも知れぬ。然《さう》なればお仕舞だ。僕は早速第二殖民地を求めるね」[57]。

図11　粕谷の住まいの前で地面に座る徳冨蘆花，妻愛子と養女．「徳冨健次郎氏は田舎暮らしを送っている……」(『婦人画報』1914年4月号)．

豆満江を渡って北の満州へ

「貧而無諂　富而無驕」という書軸が、現在資料館として保存されている粕谷の徳冨蘆花旧宅の書斎に掛けられている。この書は安重根(洗礼名トーマス)のもので、彼はこの語を書した当時はほとんど知られていなかったものの、のちに日本の植民地支配に対する朝鮮独立運動の英雄となった人物である。二人が会見したことはなかった。蘆花は大連を旅行中に学校教師から書軸をもらった。一九〇八年に安は日本の支配に抗する朝鮮ゲリラ部隊を率いるため、朝鮮半島から豆満江を渡って北の満州へ移った。現地日本軍によって四散せざるを得なくなったため、彼と四、五人はロシアへ国境を渡り、ウラジヴォストークの南にあるポシェト港に向かった。十一月下旬、彼はそこで左手薬指の先を切り、農民、猟師、理髪師などを含んだ十二人の同志たちと血の誓いで国のため生命を賭する宣言に署名した[58]。

跪く高宗皇帝

図12　第一次日韓協定の署名を描いた北澤楽天の漫画(『東京パック』第3巻21号, 1907年8月. 東京大学情報学環図書室のご厚意による).

前年の七月、韓国統監伊藤博文侯爵は、韓国皇帝に皇位を放棄するよう迫り、また韓国軍を解散していた。半島の官僚の全任免権を韓国統監に譲るという文書が作成された。日本の政治風刺画家である北澤楽天はこの署名式を『東京パック』誌に描いた(図12)。その画ではプロシアに範をとった軍服を着た伊藤と外務大臣林董《はやしただす》が椅子に座り、脚を開いて手を腿に置いている。彼らは縮めて描かれた朝鮮半島の地面に跪く高宗皇帝の垂れた頭を見下ろし、皇帝は目の前に拡げられた文書に自分の印を捺している[59]。協約ののち、朝鮮半島と満州の広い範囲で、朝鮮人抵抗者が闘おうと集まった。これは安が家族に別れを告げて北に向かったときであった[60]。

より上層の植民者

ニューヨークの『インディペンデント』紙一九〇八年四月二日号掲載の韓国に関する報告によると、日本の韓国統監の外国人顧問ダラム・ホワイト・スティーヴンズがサンフランシスコのフェリーターミナルで、人数不明の韓国人に銃殺された。また同紙がみるところ日本からの移民の流れを合衆国からそらし、「軍隊についてくる山師」ではなく「より上層の植民者」の朝鮮半島入植を確保するための法案が帝国議会を通過したことにも同記事は言及した[61]。七月に組閣された桂太郎政権は同年末に、東洋拓殖株式会社を設立して日本人入植者が半島で農業を始める支援をした。最初の三年で六万人の移民が計画されたが、二年後には誰も申し込まなかった。自主的に大陸に移民した日本人は都市居住を好んだ。したがって東洋拓殖株式会社は韓国人小作人によって耕作される土地を日本人が購入するための融資事業に転じた[62]。一九〇五年の保護領化以降、統監府は韓国人のハワイと合衆国への移民を禁止することで、同地での日本人労働者との競争を緩和し朝鮮独立運動家を統制した[63]。

排出されたり包嚢に包まれたり

「パナマ運河によってカリフォルニアに同化可能な男女が移民するだろう」と、運河完成の前年一九一三年に前サンフランシスコ市長ジェイムズ・D・フェラン博士は記した。フェランの主張によれば日本人は「幸福な家庭にみられる、より高い願望」を顧みず「絶え間なくたゆまぬ労役に供される、完璧な人間機械」であった。彼はこう続けた。「我々は歴史の総体が警告してきた人種問題を生み出してきた。そこに二つの人種が隣接して暮らそうとする場合、一方が劣位をとらざるをえず、さもなくば抑えきれない衝突に陥ってしまう。まるで排出されたり包嚢に包まれたりしないかぎり異物が人体のシステムを乱すのと同じで、国家の身体に関わることである[64]」。運河完成からさらに四年を遡った一九〇八年には、パナマ太平洋万国博覧会の主要開催地をめぐるサンフランシスコ、ニューオーリンズ、サンディエゴの誘致争いが始まった。そしてサンフランシスコが選ばれることになる。

アイノに逐はれしコロボツクルの如く

一九〇八年秋、社会主義者転じて無政府主義者の幸徳秋水は東京の中で西に移転していた。小説家徳冨蘆花と同様に、生活の場を求めていた。幸徳が高知県の郷里にいた間、六月二十二日に彼の同志の無政府主義者が逮捕された。彼は党を再建するため八月に東京に出発した。新宮に立ち寄ったとき、彼が身体検査を受けた大石誠之助医師は、弱っており結核の疑いがあると告げた。幸徳は大石に、爆弾の作り方を知っているかとも尋ねた。大石は知らないと答えた。十月に彼は東京郊外の大塚駅に近い巣鴨村に居を定めた。幸徳は十一月三日の音信で巣鴨の清水と眠る乳牛たちを描き、『経済新聞』に掲載した。自分の移動の政治的目的に触れず、都市の成長からはじき出された零細の人として自分を描いた。皮肉な調子を込めて英語借用語を使って、彼は「オツフヰース」と別の「レシーデンス」を持つことの流行を記し、これが文明的な「ビジネスマン」の必須条件であると記した。東京南郊の大森に住みたかったが、より富裕な貴族紳商に占領されていたという。このように彼は「アイノに逐はれしコロボツクルの如く、大和民族に逐はれしアイノの如く」、文明の圏域を拡張する有力な植民者に追いやられて「閑地を尋ね」た。音羽から大塚に市電が延長すれば、この地域もまた変わるだろう——「我等の生存競争の劣敗者は又た何処にか逃出さねばならぬべし」[65]。

十二民族の位階

東京人類学会の会員は当時、コロポックルの実在に関して議論をしていた。アイヌの間にフキの葉の下に住む小型の人間の一族という伝説があった。人類学会会長の坪井正五郎は、これらの伝説がアイヌ人によって追いやられたか滅ぼされたかして絶滅した、アイヌ以前の民族の存在を伝えていると信

図13　世界の12民族の位階を描いた1904年セントルイス万博刊行物の口絵. 1位は“Americo-European”, 2位 は“Russian”, 3位は“Japanese”（Christ, “The Sole Guardians of the Art Inheritance of Asia” より）.

じた。坪井の庇護の下、九名のアイヌ人が一九〇四年セントルイス万博へ生きた人類展示として連れて来られた。万博の公式刊行物の口絵には、世界の十二民族の位階が描かれ、日本人（女性の姿で表された）は三番目でロシア人と「アメリカ・ヨーロッパ人」の下にあり、下から三番目に位置したアイヌ人（男性で示された）の七つ上にあった[66]（図13）。この図版にコロポックル人は含まれなかった。

ミカドの戦士の演習

金子堅太郎子爵は一九〇八年夏、万国博覧会合衆国政府代表フランシス・ルーミスの訪問を東京で受けた。一九一二年に計画されていた東京万国博覧会では合衆国と世界に対する日本の平和的な態度を示すことが意図されていた。『萬朝報』紙の風刺漫画は、東京で「ミカドの戦士が平和な博覧会敷地で演習している」のを見てルーミスが仰天している姿を描いた。『ハーパーズ・マガジン』は、実際には「大統領選挙とナショナルリーグの優勝大会が争われているとき、このような小さな事柄はアメリカ人に何の関心も呼ばない」のに、アメリカ人が衝撃を受けるという誤印象を日本の風刺画作者がもっていると述べた記事に添えて、この風刺画を複製した。万国博覧会はのちに財政的理由から中止され、より小規模に内国博覧会として同じ場所で開かれた[67]。

合衆国は共和制だから

その翌年、金子子爵は日本人学生がアメリカに留学する長所についてアメリカ人読者に述べた。彼が説明するには、かつて日本で「合衆国は共和国だから急進思想を吸収するおそれがあり、日本の若者は合衆国よりヨーロッパの君主制国家に送り出されるべきではないのか」という問題が持ち上がった。「しかしアメリカから帰国した日本人の働きの結果、彼らはヨーロッパで教育を受けた者よりずっと保守的だと判った[68]」。

受け容れられる唯一の混淆

これに先んじて金子が日本の貴族院書記官長だった頃、ハーバート・スペンサーが人種の混合に対する警告を書き送ってきた。スペンサーが助言するには、「外国人と日本人の国際結婚は積極的に禁じられるべきである……人種間の結婚と動物の異種交配はともに、混ぜ合わされる種が微妙な差異よりも離れていると、結局のところ《結果は決まって悪いものとなる》という多くの証拠を示している」。スペンサーは、これについて「馬、牛、羊の権威として知られる紳士」と話すことで「ついこの三十分の間に」確信したと付け加えた。「以上示してきた理由により、私はアメリカで中国人移民を制限するため定められた規則に完全に同意するし、もし私に力があれば極力最小限に彼らを制限するだろう。この決意への私の理由は二つのうち一つのことが起こるに違いないからである。もしさらに中国人がアメリカに居住するのを許されれば、彼らは混血しなかったとしても、奴隷とは言わなくとも、奴隷に近い階級を占める被支配民族を形成するに違いない。またもし彼らが混血すれば、悪い雑種《ハイブリッド》となるに違いない。どちらにしても、移民を増やすと仮定すると、社会の計り知れない禍いと、最終的には社会混乱が起きるに違いない。欧米の民族と日本人の相当な混血がもし起これば、同じことが起きるだろう」とスペンサーは続けた。「有利に受け容れられる唯一の混淆の形態は、物理的精神的産物の輸入と輸出で」あった。彼はこう強調して手紙を結んだ。「書き出したとおりに述べて手紙を終える――《他民族をできるだけ腕一本分の距離にとどめなさい》」。(69)

金子子爵がアメリカの万博理事を接遇したとき、東京で刊行されていた『婦人画報』が、和洋を折衷《ハイブリッド》した室内装飾の規範として金子邸を取りあげたばかりだった。同誌の写真には床の間に収まったミロのヴィーナスの縮小複製、絨毯、畳に載せられた動物の皮革と革張りの椅子、大きな猛禽類の墨絵が襖に描かれているのが写っていた。(70)

日本人の基本的な祖先は白人だ

スペンサーの金子への手紙は一九〇四年にロンドンの『タイムズ』に引用された。そして『タイムズ』の引用は『ハーパーズ・マガジン』一九〇八年九月二十六日号に再び引用され、「アメリカの日本人排斥の扇動――そして日本での米国人排斥――は、混血に関する明確な生物学的問題について結論が出るまで、非難されるべきではない」という論説を加えられた。(71) しかし日本人とアメリカ人が人種上隔絶していることに異議を申し立てる者もいた。ウィリアム・エリオット・グリフィスの同時期の著作『進化する日本国民――偉大な民族の進化階梯』の書評で、グリフィス博士がマレーの血に加えて「イラン系、コーカサス系、アーリア系の祖先の血統を示す多くの証拠」も示しており、「初期日本人がセム族に属していた」と記した。グリフィスは「日本人の基本的な祖先は白人だ――アーリア系かアイヌの祖先である」と主張した。中国人と朝鮮人とは異なり、日本人はモンゴル系ではないとした。(72)

自分の空中ブランコを収める三階

一九〇八年、女優ブランチュ・スローンはマンハッタンの東郊外にあるジャマイカで夏用バンガローの工事をちょうど終えた。スローンは「空の女王」として知られ、自分の空中ブランコを収める三階を大工に造らせていた。彼女は七年前ボントン・バーレスカーズ劇団が「日本旅行のアメリカ人」を演じたときにニューヨークでデビューした。(73) 彼女の夏の家の二階は大きな居間一室で、ピアノを置く壇と「隠しベッド」のついた屋外睡眠ポーチが付いていた。『バンガロー』誌はこの家を神社の鳥居を指す“Torri”と記し、その設計を賞賛した。「西洋的生活の要求に全て応えているのみならず、ミカドの国の建築にいつも現れる洗練の多くをも体現している」。建物の外装は仏教寺院に似ていた。フロリダに建てられた同様の建物はバンガローとパゴダを合わせて「バンゴダ」と呼ばれていた。(74)

日本製の日傘

自身をボードレールになぞらえ女優や娼婦との交友を楽しんだ日本人作家永井荷風は、米国滞在のほとんどをニューヨークで過ごした(図14)。彼はシアトルから始まり、ニューヨークに滞在するまで東へセントルイス、カラマズー、ワシントンDCへと旅行した。一九〇八年、荷風がさらに東のパリへ移っていたときに米国の描写を集めた本が東京で『あめりか物語』として出版された。この中の一話で、彼はマンハッタンの売春宿の女将の部屋を描写した。そこには「日本製の日傘と赤い鬼灯提燈」が天井から吊り下がっていた。その部屋には「矢張日本製と覚しい、地に金鶏鳥を繍取つた二枚折の屛風」も飾られていた。「東洋風の色彩が[……]一種驚くべき不調和を示して居る」と荷風は記した。(75)

荷風のもう一つの短編はシカゴの若いカップル、ジェームズとステラを描いている。彼女が家族と住む家で、彼らは一緒に「トロイメライ」をピアノで演奏し、曲の終わりでは両親が熱狂的に拍手する中、情熱的に抱擁する。日本では若い作家谷崎潤一郎が荷風の頽廃とコスモポリタニズムを見習おうとしたが、荷風と異なり、彼は裕福に生まれておらずいまだに海外に旅行したことはなかった。彼は神経衰弱のため太平洋岸の茨城県助川村(現在、日立市の一部)に逗留したとき荷風の『あめりか物語』を読んだ。谷崎の作風を分析した文学研究者ケン・K・イトウは神経衰弱を「当時文学界でファッショナブルだった病気」と説明している。(76)

図 14　扇子に描かれた永井荷風自画像(日本大学総合学術情報センター蔵, Edward Seidensticker, *Kafu the Scribbler: the Life and Writings of Nagai Kafu, 1879–1959*, Stanford University Press, 1965 より).

装飾のかぎりない展望

横浜からの報告でアンナ・H・ドワイアはニューヨークで刊行されていた『クラフツマン』誌の読者に、日本の家事は「女性の心にとても大事な装飾に、かぎりない展望を開いてくれる。そして――すばらしいことに――この魅力的な国では費用は最優先事項ではない」と述べた。ドワイアは「真鍮、金箔、絢爛な色で染められた掛け物」を畳の部屋に合わせた。インド製のリクライニングチェアには「煌びやかに染められたクッションを重ねた(77)」。バンガローと同様に、熱帯の材料で作られたリクライニングチェアはアジアでの植民者に最初受け入れられて以来、英語圏の住まいや別荘で普及していた(78)。

天井に吊した和傘を蹴るよう試させる

荷風がニューヨークに住んでいたとき、新聞は空中ブランコにのった女優がきっかけになって起こった殺人事件の裁

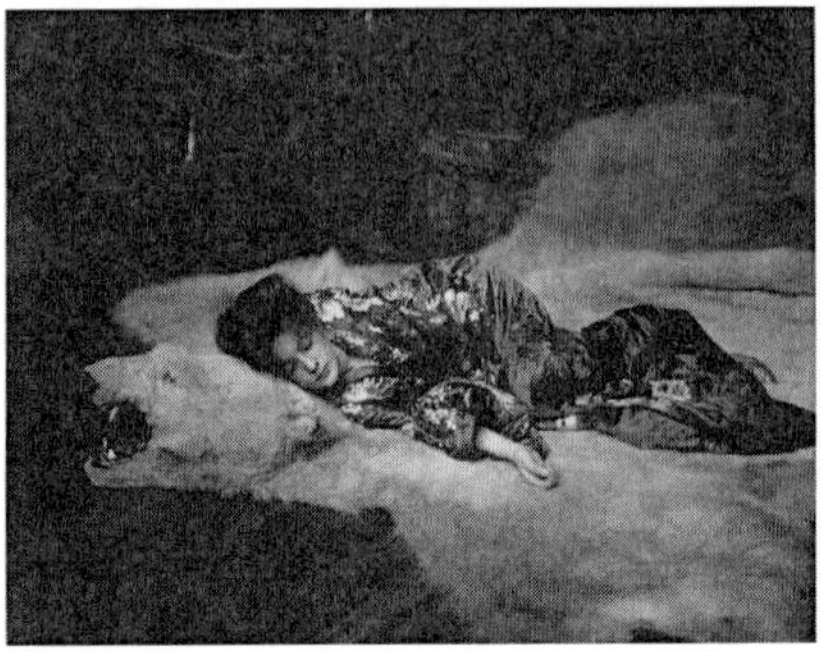

図15　ルドルフ・アイクマイヤー「疲れた蝶」(プラチナプリント, 1909年, 国立アメリカ歴史博物館写真史コレクション).

判を連日報じていた。妻で女優のイヴリン・ネズビットをかつて誘惑したことで生じた嫉妬の爆発により、建築家スタンフォード・ホワイトを殺した件で、ハリー・K・ソーは公判中だった。ソーは近距離から三発の銃弾を撃っていた。一九〇八年一月、陪審は事件当時狂気だったという理由で彼を釈放した。ホワイトは若い娘との数々の情事が知れ渡っていた。ホワイトが十六歳のネズビットと出会ったとき、ネズビット自身も有名であった。彼女は画家のモデルであり、顔は百貨店のディスプレイだけでなく郊外の教会のステンドグラスをも飾っていた。報道陣は彼女の髪を「栄光の王冠」と呼んだ。ホワイトは自分のペントハウスのスタジオで彼女を赤いビロードのブランコに乗せ、そこから天井に吊した和傘を蹴るよう試させた。彼はネズビットに着物も着せた。写真家ルドルフ・アイクマイヤーが熊皮の上に寝そべって着物を緩く着た彼女を撮影し、写真を「疲れた蝶」と題した(図15)。これは彼の有名作品となった。(79)

アメリカの建築、デザインや「シンプルライフ」の流行が日本のイメージで満たされていたとはいえ、太平洋をはさんだ文化貿易は不均衡であった。日本の文化的先端にいた人々はアメリカ白人の基準で文明化された生活様式を丸ごと輸入しようとしていた。他方でアメリカ人は通常、アジア人労働者に加えて、装飾と安っぽい置物などの皮相的な形態でアジアの「美」を輸入していた。が、全て皮相というわけではなかった。とくにエリート建築家とその施主などの場合、アメリカにおける日本趣味は、材料、材質、デザインへの深い敬意に基づいていることもあった。日本美術、日本に関する本、万国博覧会での日本館などにアメリカ人が見出したのは、重厚なヴィクトリア調の趣味からはまったく異なった美学であった。しかし同時に多くのアメリカ人は東洋的なデカダンスの雰囲気のために、また一時的に文明の範囲から逃れる戯れのために、日本のものを転用していた。

日本に帰り断髪を励行した

朝鮮のナショナリスト安重根はポシェトからさらに北のハルビンに移動し、一九〇九年十月二十六日、ハルビン駅に到着した前韓国統監伊藤博文公爵に近距離から七発銃撃した。伊藤は一九〇七年公爵に叙せられ、一九〇九年すでに韓国統監を辞任していた。同日彼は死亡した。七発のうち三発が前統監の胸と腹に当たった。関東都督府高等法院検察官溝渕孝雄は安に訊問した。伊藤自身は一時排外思想の持ち主だったが「一度西洋へ行きて其文明を見て従来の考へを改めた」ことを知っていたか。「左様な事は皆知つて居ります」と安は答えた。彼は伊藤が「米国へも渡り大いに得ることがあったと言ふ事、日本に帰り断髪を励行したと言ふ事も知って」いた。検察官は尋ねた。「朝鮮も数百年の昔から歴史を有し独立したる国なるに、夫れを日本が列国の監視あるにも拘らず併呑する事は出来ぬ」と思わないのか。安はそのことを判っているし、「日本が韓国を併呑せんとして居る野心があるにも拘はらず列国か黙視して居る理由も知って」いるが、「伊藤が気が狂つて居るので之を併呑せんとして居つた」と考えていた。[80]

日本の報道では、伊藤は女性に狂っていることで知られていた。日本の新聞風刺画は翌年、安の三発の銃弾の衝撃で後ろ向きに捻れて倒れていく韓国統監を描いた。彼の影は「女」という漢字になっていた。[81]

自然法のゆるさゞるところ也

一九〇八年に巣鴨村に住んでいたとき、幸徳秋水はアナーキズムの同志菅野須賀子と恋愛関係になった。二人は結婚していなかったし、菅野には当時獄中にいた別の恋人荒畑寒村もいた。幸徳と菅野の「自由恋愛」というスキャンダルが東京各紙の三面記事を埋めた。[82]

その後一九一〇年六月、幸徳は未然の殺人容疑で逮捕された。幸徳は大逆罪で起訴された二十六名の一人だった。新宮の大石誠之助も含まれていた。彼らは明治天皇睦仁を殺害しようと企てた件で起訴された。一九〇七年終わりに幸徳がサンフランシスコを出発した後、バークレーの日本人アナーキストの同胞数名が日本領事館の扉に「日本皇帝睦仁君に与ふ」という脅迫状を残した。それは「足下知るや。足下の祖先なりと称する神武天皇は何者なるかを。日本の史学者、彼を神の子なりといふと雖も、そは只足下に阿諛を呈するの言にして虚構也。自然法のゆるさゞるところ也。故に事実上彼また吾人と等しく猿類より進化せる者にして、特別な権能を有せざるを、今更余等の喋々をまたざる也［……］彼は何処に生れたるやに関しては、今日確実なる論拠なしと雖も、おそらく土人にあらずんば、支那或は馬来半島辺より漂流せるの人ならん。［……］足下は神聖にして侵すべからざる者となり、紳士閥は太平楽をならべて、人民はいよいよ苦境におちいれり」。手紙は脅迫で結ばれていた。「爆裂弾は足下の周囲にありて、将に破裂せんとしつゝあり。さらば足下よ」。

警察は新宮も含めて犯人を逮捕しようと全国に展開した。爆弾は一切発見されなかった。不敬罪が存在しないカリフォルニアで逮捕者は出なかった。合衆国の移民法は、入国以前から無政府主義者だったという証拠のない移民容疑者の国外追放を禁じていた。バークレーで日本人無政府主義者が住んでいた赤塗りの家で、岩佐作太郎と協力者竹内鉄五郎は捜査官に対し、ジャック・ロンドンに影響されたと述べた。幸徳、大石誠之助その他十名は一九一一年一月二十四日に絞首刑に処された。(83) 小説家徳冨蘆花はその翌週、第一高等学校でこの処刑を嘆く有名な演説を行った。

酔生夢死の徒が暮らすところ

一九〇七年夏、サンフランシスコを出航して二十七日後、スナーク号はハワイ準州オアフ島の真珠湾に投錨した。ジャック・ロンドンと妻チャーミアン、彼らが「トチギ」と呼んだ日本人給仕(本名は栃木秀久だった)が上陸した(図16)。ロンドンと妻はハワイヨットクラブで歓迎された。ロンドンは日露戦争の報告、大衆小説、随筆で高名だった。中には『黄禍論』(一九〇四年六月)と『私はいかに社会主義者になったか』(一九〇五年)が含まれ、後者の本で彼は「必ずやらねばならないこと以上のことには、一日だって体を酷使しない」よう誓った。一九〇八年八月八日の『ハーパーズ・マガジン』に掲載された記事でロンドンは読者に真珠湾の光景が夢のようであると記した。夫妻は日焼けした頰をもち、眼が「ぎらぎらしたドルの山を見つめすぎることで幻惑されたり曇らされたりしていない」「清らかな人々」に出会った。夫妻は「酔生夢死の徒が暮らすような非常に広いヴェランダ」のついた「夢のすまい」に案内された。そこでは和服を着て「蝶のように音もなく舞って回る」日本人メイドに給仕された。壁にはタパ布が掛けられていた。部屋には「確か子守歌より刺激的なものは何も演奏されな」いだろうとロンドンが感想を漏らした、グランドピアノがあった[84]。

異国の習慣、衣服、髪型を用いた文化的実験の深層には実際の政治があった。その政治もまた、日本人と朝鮮人の心にも、アメリカ人とオーストラリア人の心にも、無政府主義者にも保守派にもあった、人種というイデオロギーを経由していた。日本政府とその高官たちは、日本が開発途上の帝国主義国であり、自国民を他国に移出しながら、同時に帝国主義列強としての認知を求めていたために、奇妙な地位にあった。彼らがこの地位を交渉する一つのやり方は、白人が支配する世界秩序で生まれた差別的見方を暗黙裡に受け入れながら、自国で社会の下層階級を別民族として扱うというものだった。ミチコ・サワダが指摘するように、合衆国との紳士協定の受諾とは、民族主義的な認知が、日本帝国がアジアにおいて追求していた利益や列強間での日本の地位に影響することのないように、国際的民族間力学を国内化するこの戦略の一例であった[85]。帝国主義国家に反対する日本の急進主義者が西洋を訪れると、彼らは日本人であることの重荷をも担ぎ、カリフォルニアならば「黄色人種」と見なされた。国内で彼らは資本主義に加え神聖なる天皇の重荷も担がなければならなかった。日本の帝国主義に抵抗した朝鮮人は、これら全てに加えて自らの国家主権の喪失という事態にも直面したのである。

図16　スナーク号甲板上のジャック・ロンドン，妻チャーミアンと船員．日本人給仕の栃木秀久は写っていない（カリフォルニア州立大学バークレー校地理学部蔵）．

夢であるアメリカの湖

一九〇八年夏、アメリカ人がスナーク号の冒険を読んでいたとき、合衆国の艦隊も西へグランド・ツアーに出ていた。いわゆるグレート・ホワイト・フリート（白い大艦隊、白船）の航海計画は三月十四日に公表された。三月十九日に合衆国国務長官エリフ・ルートは日本大使高平小五郎から招待状を受け取った。手紙には大使が「帝国政府は貴国艦隊がサンフランシスコからフィリピン諸島へ計画された航海を聞き及び、日本国民が貴国民に対してたえず抱いている友情と讃美の感情を熱烈に示す機会がもたらされることを、衷心より切望していることをお伝えする」栄誉に浴していると書かれていた。ロバート・ベーコン長官代行が合衆国を代表して、この招待を「当政府は特別な喜びをもって拝受する」と答えた[86]。

オーストラリア人にとっての艦隊の航海の意義を記して、ジャーナリストのA・モーリス・ロウは『フォーラム』誌に、航海が何ら直接的な政治目的は持たないものの、それが「アングロサクソンの世界の想像をかき立てた」「国際行事」であると述べた。ロウが記したところでは、「世界は」合衆国と日本が最終的に太平洋の覇権をめぐって戦争に突入すると考えている。「もしサクソンが大勝利し、合衆国が太平洋をアメリカの複数の政治家の夢であるアメリカの湖とすれば、オーストラリアには何も恐れるものはない。しかしもし日本が勝利して、日の出の太陽がさらに高く昇れば、オーストラリアは日本のなすがままとなり白人の豪州は記憶にしかなくなるのだ[87]」。艦隊は横浜に十月十八日に到着して熱烈な歓迎を受けた。何千人もの日本人児童がアメリカの曲を歌った。『インディペンデント』誌が掲載した記事によれば、アメリカ太平洋岸に住む日本人「給仕と労働者」は一口二五セントから日本での艦隊歓迎行事に支払う基金に拠出していた[88]。

紳士協定

本章冒頭の二人の紳士は架空のものである。後にその名で知られるようになった「紳士協定」は、一九〇七年から一九〇八年の間に両政府の複数の代表が取り交わした手紙と電信であった。正式な条約もなければ、署名者もいなかった。交信の正確な内容は両政府によって秘密にされていた。

高平ルート、あるいはルート高平

一九〇八年十一月三十日、ワシントンDCで合衆国国務長官ルートと日本大使高平が、「太平洋地域」における「現状」に対する互いの満足を言明した同一の文書に自分の名前を署名した[89]。この二名が署名した文書は合衆国ではルート高平合意、日本では高平ルート合意と呼ばれている。桂太郎首相の下で日本政府は「海外移民を朝鮮と満州に集中させる」

政策を採った。[90] 韓国は一九一〇年に併合された。日本の人々は合衆国移民排斥法があらゆるアジア人移民を禁止した一九二四年まで、アメリカ太平洋岸に多数移民し続けた。

第三章注

(1) ロジェ・シャルティエはアーカイヴ独自の声を追求するという文化史の潮流を説明した。「連続性や基準によって構築された規則性の説明ではもはやなく、今後は引用が差異と隔たりの侵入を示す」。Roger Chartier, *On the Edge: History, Language, and Practices*, trans. Lydia G. Cochrane (Baltimore, MD, 1997), p. 4.

(2) 他の学者や作家も歴史表象の方法としてモンタージュを実験している。顕著な例は、Michael Lesy, *Wisconsin Death Trip* (New York, 1973)で、地元新聞からの引用とともに配列された一人の撮影者の写真コレクションにほとんど全体を頼っている。また、Sven Lindqvist, *A History of Bombing* (New York, 2001)という実験的歴史書も一例である。小説家ニコルソン・ベイカーの *Human Smoke: The Beginnings of World War II, the End of Civilization* (New York, 2008)は新聞記事や回想録から引用を取り、本章と似ている手法でまとめているがその意図は状況を描くことにあるのではなくひとつの議論を展開することにあり、結果としてモンタージュ手法の危うさを如実のものとしている。

(3) ヴァルター・ベンヤミン、今村仁司ほか訳『パサージュ論』岩波現代文庫、二〇〇三年、第三巻一八〇〜一八一頁(断片番号N2, 6)。Vanessa R. Schwartz, "Benjamin for Historians." *American Historical Review* 106, no. 5 (December 2001): pp. 1721–1743も見よ。

(4) これらの出来事の詳細な説明は、Thomas A. Bailey, *Theodore Roosevelt and the Japanese-American Crisis* (Stanford, CA, 1934)を見よ。当時の日米外交の文脈に関しては Akira Iriye, *Pacific Estrangement* (Cambridge, MA, 1972)を参照。

(5) Mitziko Sawada, *Tokyo Life, New York Dreams: Urban Japanese Visions of America, 1890–1924* (Berkeley, 1996), p. 53.

(6) Ibid., pp. 44, 53.

(7) 内田青蔵『あめりか屋商品住宅――「洋風住宅」開拓史』住まいの図書館出版局、一九八七年、一四、一九〜二四頁。

(8) H. Addington Bruce, "The Romance of American Expansion, Fifth Paper: Thomas Hart Benton and the Occupation of Oregon." *Outlook* 89, no. 4 (May 23, 1908): p. 197.

(9) Ronald Takaki, *Strangers from a Different Shore: A History of Asian Americans* (Boston, 1989), p. 189; Franklin Ng, ed., *The Asian American Encyclopedia* (New York, 1995), 3: p. 786; Brian Niiya, ed., *Encyclopedia of Japanese American History* (New York, 2001), p. xvii (chart); Roger Daniels, *Asian America: Chinese and Japanese in the United States Since 1850* (Seattle, 1988), p. 69.

(10) Alan Takeo Moriyama, *Imingaisha: Japanese Emigration Companies and Hawaii, 1894–1908* (Honolulu, 1985), p. 97 (chart).

(11) Takaki, *Strangers from a Different Shore*, p. 156.

(12) Ibid., p. 45; Moriyama, *Imingaisha*, p. 170.

(13) 内田、三五頁。

(14) バンガローの世界的広がりについては Anthony King, *The Bungalow: The Production of a Global Culture*, 2nd ed. (New York, 1995)を見よ。

(15) 内田、二四〜二七頁。

(16) 同上、四一頁。

(17) 橋口信助「中流の洋風住宅に要する家具」『婦人之友』一九一二年九月号、内田、五〇、五二頁に引用。
(18) アメリカのリビングルームとパーラーに関しては、Karen Halttunen, "From Parlor to Living Room: Domestic Space, Interior Decoration, and the Culture of Personality," in *Consuming Visions: Accumulation and Display of Goods in America, 1880–1920*, ed. Simon J. Bronner (New York, 1989), pp. 157–189を見よ。
(19) 橋口信助「中等の洋風住宅」『婦人之友』一九一一年九月号、内田、五五〜五六頁に引用。
(20)『成功』一九巻一号、一九一〇年九月、三一〜三四頁。『亜米利加』一二巻六号、一九〇八年六月、三〇〜三一頁。
(21) "Hamilton Holt Says Japan Seeks Peace with the World." *New York Times*, December 31, 1911, p. 11.
(22) Edward S. Bosley, *Greene and Greene* (London, 2000), p. 116; Clay Lancaster, *The American Bungalow, 1880–1930* (Mineola, NY, 1995), pp. 122–131.
(23) ギャンブル・ハウス学芸員アンヌ・マレク氏との私信、二〇〇八年六月十四日。夫妻のアジア旅行についてはXing Wenjun, *Social Gospel, Social Economics, and the YMCA: Sidney D. Gamble and Princeton-in-Peking* (Ph.D. diss., University of Massachusetts, Amherst, 1992), p. 37.
(24) 西村伊作『我に益あり——西村伊作自伝』紀元社、一九六〇年、一八〇〜一九四頁。
(25) 加藤百合『大正の夢の設計家——西村伊作と文化学院』朝日選書、一九九〇年、二四、四三、六七〜七二頁。
(26) 同上、七三頁。
(27) 同上、七五頁。
(28) 西村伊作『楽しき住家』第三版、警醒社書店、一九一九年、三九頁。
(29) 西村伊作「バンガロー」『住宅』一巻四号、一九一六年四月、七頁。
(30) King, *The Bungalow*, pp. 237–239.
(31) C. Hartley Grattan, "The Australian Labor Movement." *The Antioch Review* 4, no. 1 (Spring 1944): p. 63.
(32) A. Maurice Low, "Foreign Affairs." *Forum* 40, no. 4 (October 1908): p. 307.
(33) 田辺淳吉「西濠州の住家」『建築雑誌』二五三号、一九〇八年一月、二三〜三三頁。
(34) King, *The Bungalow*, pp. 231–232.
(35) 安部磯雄「日本人は何故不完全なる娯楽に耽る乎」、『成功』一四巻一号、一九〇八年六月、七〜一〇頁。
(36) Edward D. Beechert, *Working in Hawaii: A Labor History* (Honolulu, 1985), p. 170.
(37) Ibid., pp. 172–174.
(38) Takaki, *Strangers from a Different Shore*, pp. 161–162で引用。
(39) Baseball Almanac. http://www.baseball-almanac.com/poetry/po_stmo.shtml
(40) 加藤、五五頁。
(41) Joseph Cronin, *The Life of Seinosuke: Dr. Oishi and the High Treason Incident* (Kyoto: White Tiger Press, 2007), p. 71.
(42) 塩田庄兵衛編『幸徳秋水の日記と書簡』未来社、一九九〇年、一六四頁。
(43) 岩佐作太郎稿「在米運動史話」『社会文庫叢書』一巻、柏書房、一九六四年、五二八頁。
(44) Roger Daniels, *The Politics of Prejudice: The Anti-Japanese Movement in California and the Struggle for Japanese Exclusion* (Berkeley, 1962), pp. 30,

127 n. 43.

(45) "The Winning War Against Tuberculosis." *Harper's Weekly* (October 10, 1908): p. 7; Alfred Meyer, "Is Science Conquering Tuberculosis?" *Harper's Weekly* (October 17, 1908): p. 7 (quotation).

(46) Jessica Robbins, "Class Struggle in the Tubercular World: Nurses, Patients, and Physicians, 1903–1915." *Bulletin of the History of Medicine* 71, no. 3 (1997): pp. 424–425; Sheila M. Rothman, *Living in the Shadow of Death: Tuberculosis and the Social Experience of Illness in American History* (New York, 1994).

(47) T. Ishigami, "Tuberculo-toxoidin and Immunization Serum." *Philippine Journal of Science* (November 1908): pp. 379–384.

(48) William Inglis, "The Flea, the Rat, and the Plague." *Harper's Weekly* (July 4, 1908): p. 27.

(49) Brian Niiya ed. *Encyclopedia of Japanese American History* (New York, 2001), p. xvii (chart).

(50) Kiyo Sue Inui, "California's Japanese Situation." *Annals of the American Academy of Political and Social Science* 93 (January 1921): p. 99.

(51) Kiyo Sue Inui, "The Gentlemen's Agreement: How It Has Functioned." *Annals of the American Academy of Political and Social Science* 122 (November 1925): p. 194.

(52) 東栄一郎『日系アメリカ移民、二つの帝国のはざまで——忘れられた記憶1868-1945』飯野正子他訳、明石書店、二〇一四年、九九頁。

(53) "The Winning War Against Tuberculosis." *Harper's Weekly* (October 10, 1908): p. 7.

(54) 内田、八九〜九九頁。

(55) この事件は、柄谷行人『日本近代文学の起源』(講談社文芸文庫、一九八八年)に分析されている。息子の記述は、宮内寒弥『七里ガ浜』(新潮社、一九七八年)にある。

(56) Kenjiro Tokutomi, *Nami-ko: A Realistic Novel*, trans. Sakae Shioya and E. F. Edgett (Tokyo, 1905)の奥付裏にある広告。

(57) 槌田満文『東京記録文学事典』柏書房、一九九四年、二〇二頁に引用。

(58) 佐木隆三『伊藤博文と安重根』文芸春秋、一九九二年、二一〜二二頁。

(59) 『東京パック』三巻二一号、一九〇七年八月。

(60) 佐木、二〇〜二二頁。

(61) "Korea." *Independent* 64, no. 3096 (April 2, 1908): p. 716. スティーヴンズの殺害犯は実際には二名で、サンフランシスコに住む韓国人独立運動家の張仁煥と田明雲だった。

(62) Peter Duus, *The Abacus and the Sword: The Japanese Penetration of Korea, 1895–1910* (Berkeley, 1995), pp. 304–307.

(63) Takaki, *Strangers from a Different Shore*, p. 57.

(64) James D. Phelan, "The Japanese Question from a California Standpoint." *Independent* 74, no. 3369 (June 26, 1913): p. 1439.

(65) 幸徳秋水「郊外生活」『経済新聞』一九〇八年十一月三日、『幸徳秋水全集』第六巻、一九六六年、四七〇〜四七二頁。

(66) Carol Ann Christ, "The Sole Guardians of the Art Inheritance of Asia: Japan at the 1904 St. Louis World's Fair." *Positions: East Asia Cultures Critique* 8, no. 3 (Winter 2000): pp. 689–691.

(67) Robert A. C. Linsley, "Why the Tokio Exposition Was Postponed." *Harper's Weekly* (October 24, 1908): p. 28.

(68) Kentaro Kaneko, "The Effect of American Residence on the Japanese." *Annals of the American Academy of Political and Social Science* 34, no. 2 (September 1909): p. 118.

(69) Herbert Spencer, "Three Letters to Kaneko Kentaro (1892)."

In David Duncan, *Life and Letters of Herbert Spencer* (London, 1908), quoted on Molinari Institute. http://praxeology.net/HS-LKK.htm.

(70) 第一章「「洋館」の飾り方・住まい方——明治上流階級の趣味は「オリエンタリズム」だったか」を参照。

(71) "Comment: East Is East, and West Is West." *Harper's Weekly* (September 26, 1908): p. 5.

(72) "The Japanese in Evolution." *Outlook* 88, no. 9 (February 29, 1908): p. 509.

(73) "In the Vaudevilles." *New York Times*, December 8, 1901, p. 14.

(74) Lancaster, *The American Bungalow*, pp. 93-94.

(75) 永井荷風「夜の女」『あめりか物語』岩波文庫、二〇〇二年、一九三頁。

(76) Ken K. Ito, *Visions of Desire: Tanizaki's Fictional Worlds* (Stanford, CA, 1991), pp. 32, 37–38.

(77) Anna H. Dwyer, "Japanese Wallpapers, Cheap and Beautiful." *Craftsman* II, no. 3 (December 1906): p. 398.

(78) Clarence Chatham Cook, *The House Beautiful: Essays on Beds and Tables, Stools and Candlesticks* (New York, 1881), pp. 154–155.

(79) Michael MacDonald Mooney, *Evelyn Nesbit and Stanford White: Love and Death in the Gilded Age* (New York, 1976), pp. 30, 46, 50, 53.

(80) 一九〇九年十一月二十四日第六回訊問調書、金正明『伊藤博文暗殺記録——その思想と行動』原書房、一九七二年、一七四〜一七五頁。

(81) 「女ずき者の最期」『大阪滑稽新聞』一九〇九年十一月、芳賀徹・清水勲編『近代漫画IV　日露戦争期の漫画』筑摩書房、一九八五年、八八頁。

(82) F.G. Notehelfer, *Kotoku Shusui: Portrait of a Japanese Radical* (Cambridge, 1971), p. 174.

(83) Ibid., pp. 152–157. 神崎清『実録幸徳秋水』読売新聞社、一九七一年、二八七〜二九一頁。

(84) Jack London, "Adventures in Dream Harbor." *Harper's Weekly* (August 8, 1908): p. 22.

(85) Sawada, *Tokyo Life, New York Dreams*, pp. 41–56.

(86) "The Fleet Will Visit Japan." *Independent* 64, no. 3095 (March 26, 1908): p. 659.

(87) A. Maurice Low, "Foreign Affairs." *Forum* 40, no. 4 (October, 1908): p. 307.

(88) "The Fleet Will Visit Japan." p. 659.

(89) Thomas A. Bailey, "The Root-Takahira Agreement of 1908." *Pacific Historical Review* 9, no. 1 (March 1930): pp. 19–35; Raymond A. Esthus, *Theodore Roosevelt and Japan* (Seattle, 1966), chap. 16.

(90) Duus, *The Abacus and the Sword*, p. 303.

第四章

世界文化を夢見た「文化住宅」

急行列車としての「文化生活」(『東京パック』一九二二年五月表紙、下川凹天画)。世界的近代化を表象する列車は容赦なく突進し、日本は取り残されてしまう。キャプションは「日本の悩み!! ドウしてコノ荷(古くからの因襲)を荷なつた儘停つた事のないコノ急行列車へ飛び込み得るであらう」。「日本」と書いてある帽子をかぶった男は「政治」「宗教」「思想」「経済」「家庭」という荷物を背負っている。

一　一つの世界文化という理念

第一次大戦後、日本語に新語が加わった。「文化」である。もちろん熟語としては古来からあったが、ここでまったく新たな意味を獲得したのだ。「大正文化」はよく語られてきたが、現代の意識における「文化」が、「文化主義」、「文化生活」、「文化住宅」と呼ばれたものや、一九二〇年代に「文化」という語を冠した多くの熟語に表れた「文化」と同じ「文化」だとは想像すべきではない。「文化生活」という思想上の理念において、また「文化包丁」「文化おむつ」などの幅広い言葉における修飾語として、「文化」は元々、当時の日本社会がもっていた特徴(「日本文化」)ではなく、世界基準を指していたのである。

「文化生活」という言葉の流行は、経済学者で社会改良主義者の森本厚吉(図I)の記述が始まりで、彼の文化生活研究会は一九二〇年に創立された。この会は高等女学校卒の女性に向けた通信教育のための講座を出版することで始まった。森本は作家の有島武郎、政治思想家の吉野作造といった知識人の支援を得ており、彼らの「生活と文学」や「女性と政治」といった主題に関する講座は、森本自身の消費経済に関する講演、森本の妻静子による家政に関する講演、さまざまな主題に関する高名な男性学者による、ほとんどは「家庭」「家族」といった語が標

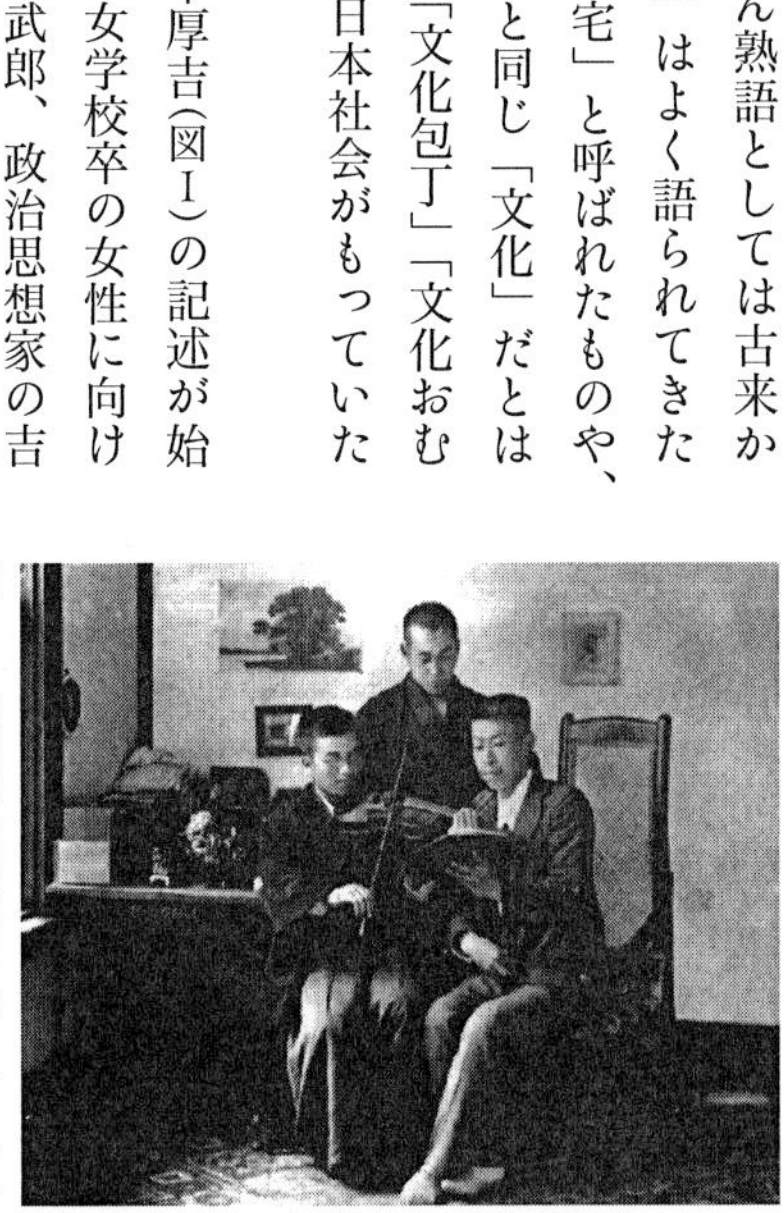

図1　札幌農学校時代に、バイオリンを弾く森本厚吉と友人の有島武郎、森廣。一九〇一年六月撮影(『新潮文学アルバム9　有島武郎』新潮社、一九八四年より)。

題に含まれた講演などと並んで、同誌に掲載された。一九二一年より、森本は通信教育の『文化生活研究』に加えて『文化生活』と題された雑誌も出版した[1]（寺出、九二〜九三頁）（図2）。一九二五年にお茶の水に文化アパートメントを建設し、日本初の設備が整った近代的な集合住宅として宣言し、それが効率的、健康、安全で経済的な将来の生活様式の手本となるよう意図していた。

「文化」と「文化生活」という用語を大正期の文脈から切り離すことは難しい。というのもそれらが喚起する近代性は、出現した時期特有の意味によって満たされているからである。実際のところ、多くの近代的な大衆向け日常品と同様に、用語そのものがはかない彗星のような軌跡を描き、闇へ消えるまで束の間、大衆的な表象空間を彩ったのである。一九二〇年に到来した「文化生活」は、一九二八年には役割をほぼ終えていた。おそらく森本厚吉の概念自体がその終焉に一役買っただろう。なぜなら、彼の概念は消費の実践に関連しており、商業目的への利用と、したがって急速な通俗化とを招いたからである。大衆市場による新たなもののたゆまぬ追求は、「文化」と「文化的」という新たな形容詞を確実に退化させ、結果それらは単に粗悪で新奇なものに対する通俗的なラベルとなった。言葉の流通サイクルの中でこの時点に達したとき、市場は別の言葉を求め、「モダン」が浮上したのである（北小路、六六〜八一頁）。

以上の経過はすでに一九三〇年、この語の簡潔な歴史を要約していた大宅壮一にとって明白だった。

［「文化」という言葉は］われわれの消費的理想を代表した合い言葉である。欧州大戦時代の好景気によって流れ込んだ金が、わが国の中流以上の家庭の消費生活をいちじるしく向上せしめたことが、たまたま当時ドイツに起こった形式主義的有閑哲学たる「文化哲

（1）どちらの刊行物も月刊だった。『文化生活研究』にはエスペラント語で“La Studado pri la Kultura Vivo”という題も付された。

図2　雑誌『文化生活』表紙（文化生活研究会、一九二二年十月号）。

学」を受け入れるための素地をつくり、それがやがて「文化住宅」となり、家庭の日常品から、夜店で香具師《やし》が売る品物にまで「文化」という言葉をかぶせないと売れないというすさまじい流行を生んだのである。だが、それも束の間で、近ごろの深刻な不景気は、いつのまにかこの合い言葉もどこかへ吹き飛ばしてしまった(『大宅壮一全集』第二巻、蒼洋社、一九八一年、一一〇頁)。

大宅の記述は社会哲学者と美学者が用いた高度な概念と、その後に堕していった陳腐なスローガンという二つの「文化」の間を飛躍している。この中間に森本のような改革者の文化運動がある。森本の「文化生活」とは、知識人にとってエスペラントが果たしたのと同じような役割を、中間大衆むけに担ったものだった。どちらの運動も、全人類が兄弟たりうる共通基盤が理性によってさし示されるような、合理化された普遍的な近代性を熱望していたのである。

森本が住宅と家庭生活の改革のため行った具体的な提言は、一九一九年末に文部省の主導で設立された生活改善同盟会の提言と似ている。両方とも「生活能率」を高める手段として西洋の模範に基づいて住まいと日常行動を変える事を進めた。しかし「文化生活」という用語は政府が提唱した「生活改善」というスローガンよりも広範に通用し、教育者の文章のみならず家庭用品の売り文句にも現れた。スローガンとして「生活改善」と「文化生活」はほぼ交換可能であり、実際に時代の流行にしたがって入れ替わった。

一九二〇年、建築学会は翌年の大会の主題を「建築と生活改善」と予告していたが、一九二一年四月の大会時点で主催者は主題を「建築と文化生活」に替えていた。「開会之辞」において学会長中村達太郎は「実質は殆ど同じやうなものでありまして、詰り題を変へましたのも文化主義に依りまして変へましたのであります」と述べた(中村、七頁)。このような曖昧な設定では、何が「文化主義」なのかについて各々の講演者にそれぞれ独自の見解があったことは驚くに当たらない。(2)

(2) 当時のキーワード「文化」は、森本が文化生活の議論を始めたときにはすでに、哲学的言説において冗長かつ過剰に規定されていた。たとえば「文化主義」の初期の表現はこのようになる。「吾等が有する人文市場の諸価値を純化し一方的高昇の過程を極致に導きたる時、其の極限に立つて吾等が人文史上の凡ゆる努力に対して其の目標となり得るものは所謂文化価値即是である。余は今此の如き論理上の普遍妥当性を具有する文化価値の内容的実現を希図する謂はば形而上学的努力を呼んで玆に『文化主義』と言はふと思ふ」(左右田喜一郎、五八頁)。この論文は「文化生活」をも語っており、森本厚吉が造語したわけではないことが判る。しかし森本の文化生活研究会は、この語を物質的な生活という平凡な水準にまで下げる役割も果たした。「文化」はこの後初めて、触知可能な欲望の対象として一般的な用語に仲間入りを果たし、「文化おむつ」「文化包丁」そして「文化住宅」といった形で行き渡ることになったのである。ハリー・ハルトゥーニアンは当時の日本の文化という語を、同時代ドイツの Kultur という語と比較している(Harootunian, 1974)。

『婦人之友』が「文化生活号」を一九二一年一月に発行したが、これは同誌の「生活改造号」の二年三カ月後のことであった。ジャーナリストの三宅雪嶺はその双方に巻頭記事を寄せた。一九一九年、三宅は衣食住においてどんな改善がもっとも必要なのかを論じ、生活改善の本質は生活を単純化して階級の格差を縮減することにあると結論した。一九二一年の三宅の巻頭記事は同じ主題を扱っており、大戦後欧州の服装の習慣がより民主的になり、「ゼントルマン」たる資格もいまや大幅に拡がったと記している。記事の冒頭では「文化生活は解釈に依つて色々になるが、平たく言へば紳士淑女の風から富貴の聯想を除いたものとして宜い」という(三宅、一九一九年、一一～一五頁。同、一九二一年一、一四～一七頁)。三宅のシルクハットなき民主的な紳士というイメージは、当時のリベラルでコスモポリタンな雰囲気に相応しかった。しばしば同じ計画に結び付けられたとはいえ、「文化」は、生活改善へ向けた政府の教化レトリックに欠けていた積極的な魅力を備えていた。

文化生活の達成に向けて実証的に基準を定める努力が、森本厚吉の経済学研究の中核にあった。ジョンズ・ホプキンス大学で経済学博士号を取得した森本は、同時代英米圏の経済学者の業績と、合衆国での生活体験の双方に影響を受けていた。『生活問題――生活の経済的研究』(一九二〇年)や『生存から生活へ』(一九二一年)などの著書と、文化生活研究会の二つの雑誌において、森本は欧米の都市における収入と生活費のデータを、日本政府の統計や自身の調査結果と比較し、支配的な西洋諸国の住民にくらべ日本人は平均的にかなり貧しいという憂うべき結果を提示した。『文化生活研究』における冒頭の講義で、彼は大戦時の数カ国における一個人の金銭的価値に関するフランス保険技師バリオーの統計を紹介した。リストの一番下にはロシア人一人の価値が記され、森本は四〇四〇円と記録している。根拠は明らかではないが彼は自らの何らかの計算から、一ロシア人の価値は一日本人の価値と同等だと主張した。この価値は英米国民の価値の半分を切っていた。統計上の不均衡は「第一に社会に於ける生産能力の規模」を示しており、日本が非生産的である根本的な原因は「人々自身の生活問題」に見出されるべきだった。日本人は、森本が「能率的生活標準」と呼ぶものをいまだ達成していなかった（森本、一九二〇年五月、三〜四頁）。

森本の研究においては、改良という目的が経済状況の学術的分析よりも優先していた。中流階級に相当する基準だと判断した人々の人口データから出発し、その階級の性質を決める生活水準を導き出すという彼の計算は、森本自身が眼に浮かべるあり得べき中流階級について、具体的な規範をうち立てようとするものだった。階級に関する先入観に基づいて選定された統計サンプルの問題に加えて、彼が「中流」と呼んだ既存の経済階層と理念上の中流階級――「能率的」あるいは「文化的」生活水準とされたものに見合う水準を達成していると特徴付けられた人々――との間には用語の混同もみられる。結局のところ、森本の経済論は想像された中流階級のためのマニフェストであった。西洋諸国、とくに森本自身が眼にした合衆国における物質的な事例が、経済原理以上に立ちはだかっていた。たとえば日本の人口サンプルにおける平均的な住居費比率が、アメリカの調査に現れるそれと同等だとなると、「我が家屋は彼に比して頗る粗末なのであるから」消費が対等ということではなく、日本の中流階級がより多額を住宅に費していることの証拠だと解釈した（森本、一九二四年、一二二八頁）。

知識階級を先頭に中流階級は、その他の階級が従うべき模範を提示する義務をもつと森本は主張した（森本、一九二四年、二〇九〜二一〇頁）。将来的には国全体が同じ文化生活を享受すべきであった。しかし当面の危機は、先端であるべき中流がいまだ旧弊に阻まれることであった。「幼稚」な日本の家庭生活に「生活問題」の根本を見出した森本は、第一に家庭経営者としての女性の教育を通じて追求することで、生活改善同盟会が主張したものと同じ住居、衣服、日常作法の改良に解決を求めたのである(森本、一九二〇年五月、一一〜一二頁、一五頁)。

二　文化生活と帝国秩序

戦間期文化史の研究者は、近代性の重要な場として商業都市の公共空間に焦点を当ててきた。近代は銀座のような商業地区の街路においてもっとも華やかな顔を見せたが、住まいの私的空間においても期待をもたらしていた。当時の言葉では近代性のそれぞれの場がある程度区別されていた。「モダニズム」や「モダン」といわれたさまざまな事柄と異なり、「文化生活」は家庭を中心の場とした。それでもこの語は間違いなく近代性を意味していた。たとえば森本は『文化生活』の英訳を"Modern Life"とした。物質的な意味合いでも、近代のメディア革命は街頭にとどまらず私的空間にも侵入していた。一九二〇年代にもっとも影響力をもった四つの新しいマスメディア、すなわち映画、全国紙、ラジオ、蓄音機のうち、後者三つは家庭内で消費されるものだった(3)。

建築家の芹沢英二は「云ふ迄もなく、我が国の文化の程度が次第に世界的となるに従つて、我々の生活様式なり建築様式も自然世界的なものに近くなると云ふことは、改めて茲に論ずる迄もない」と『新日本の住家』の序に書いている(芹沢、一頁)(図3)。同書は一九二四年に一般読者向けに刊行された、図版満載の住宅設計集であった。第一次大戦後大量に出ていたこの手の出版物は、近代生活の手引を提供していた。「世界的」な文化は多くのことを意味できたので、世界市場が何を提供しているのか読者に示すことが、こうした本の使命の一つだった。エ

(3)　権田保之助は「「モダン生活」は街路の生活である。それは「家」を飾ることのできない生活だった」と述べる(南、一九八七年、六九頁)。しかし「文化」や「文化的」と、「モダン」との間で厳密な用語上の区別は不可能である。

図3　芹沢英二著『新日本の住家』表紙(アルス、一九二四年)。

リートと大衆、西洋と土着の間を橋渡ししていた建築家やその他文化仲介者の役割は、大衆の読者がグローバルな近代の具体的な内容物を選り分けるのを手助けすることで、大幅に拡大した。たとえば通俗的手引書を著していた平野小潜による総ルビの家庭事典『文化生活の知識』を見ると、明治期の立身出世ものに見られる挿話に交えて、文化住宅の設計事例や、家庭向け電化製品に関する百ページを超す情報などが盛り込まれている(平野、一九二五年)。新時代の技術はこのような通俗的な読み物でも大きく取り上げられていた。

日常生活にグローバルなメディアが入り込み、一部の知識人が警戒するほど大衆文化は国境を越えていた。しかし大正時代の都市居住者が持ち始めていた世界文化的な自己意識は、メディア技術にのみ由来していたわけではない。一九二〇年代には東京・大阪の都心にいるというだけで、日本国内よりも他の世界都市と共有する要素が多い環境に、身体ごと参入していることになった。とくに海外旅行をしたことのない人にとって、東京中心部の折衷的な都市景観は西洋都市の代用物に映り、その多様性は日本の世界的地位を証明していた。海外からの商品や流行が帝都に流入することで、日本の近代性が確立されたのと同様に、海外や植民地からきた人々によって帝都の世界文化性が再確認され、東京の住民はアジア帝国の中心に住んでいることを改めて意識したのである。

植民地帝国という日本の新たな地位は一九二〇年代の世界文化主義を間接的に保証した。二十世紀に入ってから生まれた日本人にとって、日本は半植民地化された国というよりも植民地宗主国だったため、帝国主義列強としての地位は生まれながらのものだった。推進者は文化の普遍性を主張してはいたものの、「文化」とは内地の人々が享受し植民地支配下の人々——特に民族的「他者」だった先住民族——がいまだに享受しないものであると定義することもできた(図4)。また内地にいる日本人にとって帝国とは、必ずしも劣等民族の上で支配して威張る

図4　台湾警察展覧会ポスター「文化の黎明へ」(山路、『近代日本の植民地博覧会』より)。原住民を「未開」の山村から整然とした町並みの都会に引っ張る植民地警察を描いたこのポスターの「文化」は明治以来の民族秩序を想定した「文明」の論理に近い。

ものと想像する必然性はなく、むしろ日本もその担い手の一つとなった、世界文明の本性的な拡大の一部と考えることもできたのである。この文脈における「文化」は、ある一定の多元主義を認めつつヘゲモニーの普遍的な正当化をもたらした。一九一九年三月一日からの朝鮮独立運動後、武断政治に代わって登場した、ハングル・メディアに限定的な自由を与えるなどの朝鮮総督府の新政策が「文化政治」と呼ばれたのは、この文脈においてである。(4)

一九二〇年代中頃に現れて日本内地を特徴付けた、世界文化的なロマンスやアイデンティティの戯れが、植民地領土の獲得によって可能になったという事実は、多数の大衆メディアが示唆している。川村湊が指摘しているように、漫画、少年雑誌、学校教科書における南洋や台湾の「土人」や「蛮人」、大陸の「苦力」の表象により、逆に日本の「文明化」を確認する手段がもたらされた。内地の大衆はドキュメント映画や旅行記を通じて、遠距離から帝国を学ぶ機会を得たし、また流行歌のなかには植民地支配下の女性をエキゾチックでロマンチックに描いたヒットもあった(Baskett, 2008を参照)。一九三〇年代、銀座のカフェは大陸風の装飾と旗袍《チーパオ》(チャイナドレス)の女給を用いた「サロン満州」を作った。このカフェの裕福な男性客は、帝都の中心で豪勢な帝国ファンタジーを演じることができた(図5)。

しかし、だからといって、植民地帝国の表象がすべての大衆メディアに一貫して表れたわけではない。戦間期の劇映画を研究した宜野座菜央見によると、植民地は人気ある主題ではなかった。むしろ、一九三一年の満州事変のころから、贅沢や西洋的価値観を排除するために検閲が厳しくなる一九四〇年まで、日本の映画産業は「モダン・ライフ」の具現化であった新しいさまざまな消費選択を享受する都市生活者の家族ドラマを制作し、繁盛していたと宜野座は主張する。宜野座の研究は、戦間期の消費資本主義が単に帝国主義に仕えるものではなかったと気づかせる、重要な指摘をしている。植民地朝鮮と台湾はそれぞれ自分の映画産業を持ち、そ

(4) 文化という語を構成する漢字は古いため、植民地政策のこの側面がドイツ語の「文化Kultur」やそれに続く言葉の流行の導入に依存する必要は確かになかったであろうが、流行のただ中に生まれた政策なのでその命名は無視できない。

図5 カフェー「銀座パレス」の「サロン満州」(藤森照信、初田亨、藤岡洋保編『失われた帝都東京』柏書房、一九九一年より)。

の産物が日本本土で観客を獲得することは滅多になかった。一方、日本の映画産業は西洋を強く指向し、ハリウッドの傾向を逐一追随した。宜野座は「知識階級の観念的コスモポリタニズムと平行して、スクリーンの欧米社会に顔を向ける大衆観客にも素朴なコスモポリタン・モードが共有されていた」と指摘している(宜野座、二六頁)。このハリウッドゆかりのコスモポリタニズムは、一九三〇年代の劇映画に広く浸透していた。この時代の家族ドラマにはモガ、カフェ、ジャズ、外来の流行語、そして日本の家父長的家族に堂々と反対する恋愛関係が頻繁に現れる。また舞台になる洋風の室内には中国の大きな花瓶、エジプト模様のカーテン、原始美術など、西洋から借用した世界文化のエキゾチックな物品展示の美学が覗いている。つまり「モダン・ライフ」を描いた人気の劇映画には、日本のアジア支配を直接表現するというよりは、西洋のものと表象を媒介として世界文化の秩序が表出されていた。

日本帝国が成熟するとともに戦間期に台頭した世界文化の新しい理想は「日本」という地理的観念も大きく拡大させた。一九二九年から一九三一年にかけて改造社より出版された『日本地理大系』は、朝鮮、台湾、南洋、満州それぞれの巻に加えて、「海外発展地」と題した別巻を二冊加えている。結果として、この日本地理学事典の四分の一以上は日本本土以外の地理が占めていた。「海外」の二冊にはアメリカ大陸、太平洋の島嶼、東南アジア、中国大陸に移民した日本人が、あたかも彼らの労働によりこれらの土地が日本の延長になったかのように、地元の産業や農業を拓く開拓者として描かれている(『日本地理大系』一九二九〜一九三一年、『日本地理大系別巻』一九三〇〜一九三一年)。同じ頃に出版された新光社の『日本地理風俗大系』(一九三〇〜一九三二年)は、エキゾチックな住民のいる遠い島の植民地が帝都東京のなかにさえあることを読者に紹介した。一八八〇年に東京府に編入された小笠原諸島に関する章はその大東京篇に入っている。そこで多民族の植民者についての説明があり、幕末から住んでいた「帰化人」とそ

の後に入った日本人の「雑婚」を「生物学的に、人種学的に研究することは頗る興味深い」課題だとされている(『日本地理風俗大系　大東京篇』一九三一年、六六四頁)。島の生活についての記述はその簡素さを強調したが、原始的な砂糖製造法が改良されつつあると、進歩の兆しも記している。図版の写真には浜辺でバナナの房をもったり、カヌーを押したりする裸の少年たちが写っていた(図6)。同じ大東京篇には、東京近郊の荻窪、大森など元の農村地帯に進出する新興「文化住宅地」がもうひとつの植民地開拓のように紹介されている(図7)。「文化」というものは同じ都市のなかで日本の新中間層も遠い島の「外人」も含み込める連続体であった。明治時代に「文明」のヒエラルキーがあったように、大正時代の「文化」にもヒエラルキーはあったが、人種の不変の法則に支配されてはいなかった。進歩の中核である帝都から、よりよい生活が広がり、諸国の人々がそれに倣えば、いずれは誰もが等しく享受するようになることを、新しい文化概念の推進者は信奉した。

こうした同時代の状況から、第一次大戦後のいわゆる「新中間層」は、それ以前の世代では稀だった感覚をもって、自らの立場を世界文化的な視野で想像することができた。しかし世界文化への参加が以前より容易になったとしても、内地における文化的な支配階級である「中流」への参加は、以前にもまして困難な問題になっていた。森本らが推進した中流生活は、一旦獲得したとしても容易に維持できるわけではなかった。その結果、もとより階級特権として認識されていた真の世界文化的な近代は、いつになってもちょっと先の手が届かないところにあると見なされていた。消費を近代への道として提示したことで、文化生活の言説はこの階級不安を増幅したのである。

図6　『日本地理風俗大系　大東京篇』(一九三一年)に、小笠原諸島の子どもが浜で遊ぶ写真が載った。大東京のなかにも「文化」がいまだ及んでいない「未開地」があった。のどかな島生活の描写に、進歩の先端にある帝都東京はこの島民も抱え込み、徐々に彼らを近代に導く、というメッセージが伝えられている。

図7　『日本地理風俗大系　大東京篇』に、東京の西郊外に「文化」が進行する証として新井宿住宅地開発の写真も載った。

三　イコンとユートピアとしての文化住宅

「文化住宅」という用語は、大戦中の「文化主義」哲学と森本厚吉による「文化生活」に始まる流行に由来し、一九二二年平和記念東京博覧会の一部として上野に建てられた日本初のモデル住宅展示「文化村」の設置で定着したものである。そこには文部省主導の生活改善同盟会を含むさまざまな企業・団体により十四軒の住宅が建設され、中流生活の模範として公に提示された(図8)。売り物になっていた上野文化村の住宅は売れなかったが、博覧会の後から東京その他大都市の郊外に出現しはじめた多様な折衷様式の住宅が「文化住宅」と呼ばれるようになったのである。博覧会展示物としての起源に相応しく、「文化住宅」は特定の平面計画や様式よりむしろ、新住宅の目新しい外観を指した。したがって現代の我々が振り返って、ある様式の住宅を「文化住宅」であり別のものを「文化住宅」ではないと判断するのは無意味である。多様な異なる様式の住宅が到来するという大衆市場の新たな現実を、文化住宅ブームが体現したからだ。

新奇で絵になりやすかった文化住宅は、記号として日常品の広告図版によく使われた。博覧会後、雑誌広告などマスメディア上で、進歩と快適な家庭生活を喚起するため大衆的象徴として使われた。味の素を製造していた鈴木商店は一九二二年初秋、自社製品の新聞広告に「文化の名に相応しき」という言葉と、急勾配の屋根でハーフティンバー様式の住宅の絵柄を添えた(図9)。石鹸会社、醤油製造者、その他家庭用品の製造者は同様の図を利用した。これらの宣伝は日本で初めて、住まいのイメージを消費者の満足を表象する記号として利用したものだっ

図8　「文化住宅」発祥の地、一九二二年平和記念東京博覧会の「文化村」(『婦人画報』臨時増刊「平和記念博覧会画報」一九二二年五月一日より)。

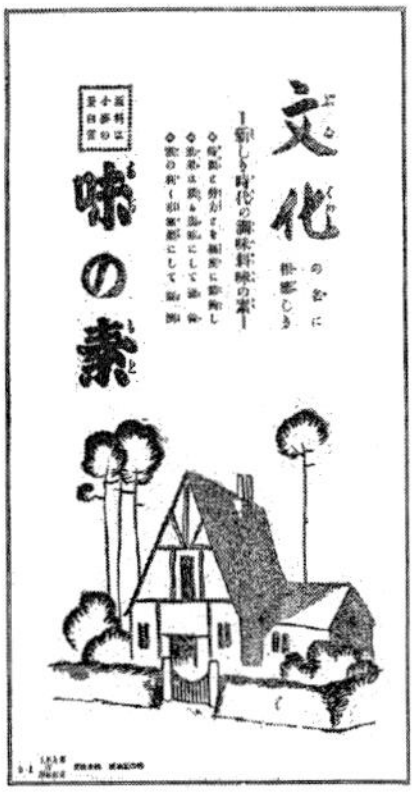

図9　「文化住宅」の絵柄を使う味の素の広告、「文化の名に相応しき——新しき時代の調味料味の素——」(『東京朝日新聞』一九二二年九月十四日より)。

た。それまでの日本家屋には広告に利用できるような表象価値がなかったのである。
当時郊外に実際建てられた新住宅も、従来の住宅より周りから見えやすかったことから、絵になるという印象を強めていた。高い土塀や垣根の代わりに低い柵で囲まれ、周囲がほとんど平屋であるのに対し多くは二階建てで、街路に妻側を向け、重くて開口部のない従来の瓦屋根に対し、周囲を睥睨するように妻側の高い位置に窓を空けた文化住宅は、風景の中で人目をひいたのである（図10）。

第一次大戦まで和洋折衷住宅は、一枚岩的な西洋対日本という構図を前提にしており、各々異なる材料や建築工法のみならず、異なる設計手法や図面表記法をも要求した。和洋折衷における日本と西洋という対立は、様式上そうであるばかりか機能上もそうであった。着物対洋服、床座対椅子座、障子対ガラス窓という対比に、二つの完結した物質的文化的体系が体現されていた。これに対し、新しい住宅手引書や第一次大戦中から始まった郊外ブームの住宅において、洋館の一般的な「西洋らしさ」が借用可能な諸外国様式のカタログに取って替わられることで、東西の二分法はより複雑化した。建築家保岡勝也による『日本化したる洋風小住宅』（初版一九二四年）には、著者の設計により最近建てられた住宅の設計が掲載され、「七割洋風三割和風」と記された。著者の分類においてこの「洋風」には「英吉利風」「米国の田舎家」「純英国風」「純米国風」「瑞西山岳型」「近世独逸式」「純独逸風」「英吉利近世式」「純仏蘭西風」などが含まれていた（保岡、一九二五年）（次頁、図11）。日本人建築家は歴史様式の具体的特徴に加え、海外同時代の潮流にも馴染むようになりつつあったため、手持ちのコマを増やしていた。イギリスの折衷的な復興《リヴァイヴァル》運動によってさまざまな様式を掌中にするよう建築家は促されたが、日本の文脈においてそれら様式は、すべて新しい輸入品だったので、決して復興《リヴァイヴァル》ではなかったのである。

図10　絵になる文化住宅。映画「マダムと女房」（五所平之助監督、一九三一年）冒頭のシーンで、郊外の原っぱでイーゼルをたてた画家（横尾泥海男）は白い壁の住宅を描く。隣にある普通の貸家には関心がない。このあと映画の主人公は貸家のほうに入り、白い壁の家に住む女性ジャズ歌手の放埓な生活に誘惑されそうになる。

一九〇〇年に東京帝国大学を卒業した保岡自身は、「洋」と「和」の不均衡な組み合わせを正式に体系化した明治国家の建築体制が生み出した建築家だった。しかし、彼より若い大正時代の建築家たちは、より完全な融合、またはより自由な折衷を目指した。装飾様式のメニューを組み合わせて設計するだけでは彼らは満足しなかった。同時代ヨーロッパの知識人と同様、第一次大戦によって旧社会秩序が葬られたと感じ、新時代によって住まいと家庭生活の慣習に根本的な変革が求められていると彼らの多くは信じていた。そのため日常生活の理想化が、当時の建築に関する新刊本の議論や図版を埋めつくした。文化住宅設計者の文章は、シンプルな口語体を用いて、彼らが建築において提唱した簡易な様式を言語に反映した。たとえば『文化的住宅の研究』を著した森口多里と林糸子は、流し台の高さや収納スペースの作り方などに関する具体的な指示書きと合わせて、生活改善に関する助言も挟み込んでいた。「愛妹通信」と題した手紙形式の文章が読者に語りかけた。

あなたは未来の生活を考へたことがありますか。[……]お座敷を奇麗にして、静かにお琴を弾いてゐるのばかりが未来の生活では有りません。[……]あなたも自分の未来の生活を愛するならば、その未来の生活といふものを五色の夢のやうなものに想像しないで、もつと実質的なものに考へなさい。さうすればあなたの空想の中には衣食住の理想的な形式が目に見えない芽を吹くのです。[……]私の愛する妹よ、[……]誰れでもほんとうに自分の生活を愛するようになればお台所のお話は勿論のこと厠のお話でも身を入れて聞くようになるでせうよ。何ごとでもさうです。生活に対する愛から発したものでなければ真実の改善ではなく真実の趣味でもないのです(5)(森口、林、二〇、一二三頁)。

『文化的住宅の研究』は、豪華な邸宅から改築された厩まで、日本と欧州の建築群の写真と図版を利用しており、ほとんどは具体的な場所を特定できず、しかも互いに無関係で、いずれ

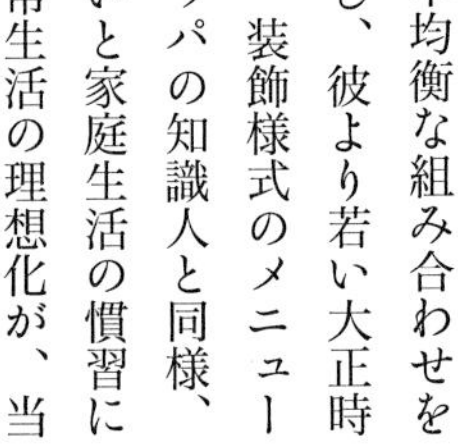

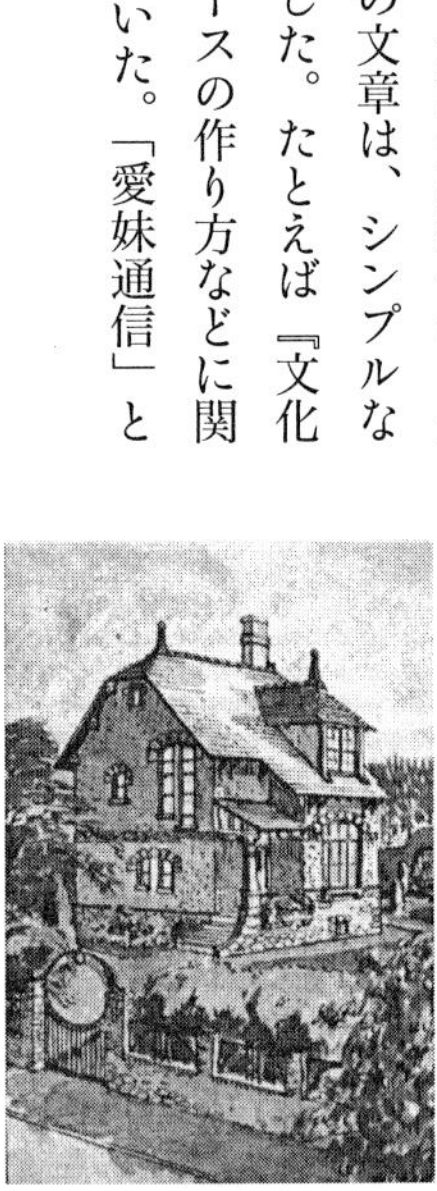

図11　保岡勝也著『日本化したる洋風小住宅』(一九二四年)より。右は「近世独逸風」、左は「純仏蘭西風」。

(5)　上野の平和博覧会が開幕した月に刊行されたこの本では、その後になって普及した「文化住宅」という言葉は使われていない。

にせよ読者自身の経験から遠くかけ離れたものだったろう。著者の森口と林は夢ばかり追わないよう女性読者に警告するが、この著書自体、実際には社会的・物質的な限界なしに日常生活を再構築するという夢への招待だったのである。

より実現可能な設計を発表した他の建築家も、同じように差し迫った、意識的に簡易な話法を用いて読者に訴えた。建築家能瀬久一郎が自身の設計をまとめた『三十坪で出来る改良住宅』での住宅間取図には、口語体による直接的な表現で、気取りへの戒めが付されている(図12)。

> われ〳〵の生活には広い居間があれば沢山です。
> 客間や、食堂がなければならないと云ふ人は、文化生活もなにも理解のない人です。
> 大きな家に住むばかしが文化生活ではありません。
> 西洋館に住んでさへ居れば、文化生活をしてゐるとも云へません。
> そんなことを思つてゐる人は、文化生活とは、ダンスをしたりピアノを弾いたりしてゐることが文化生活だと云ふ人と同じです(能瀬、五〇頁)。

森口、林、能瀬と同時代の人々が選んだ平易な言葉には、近代生活の快楽が単純な快楽であり、自らの日常的な生活環境に具体的な変革を加えようという覚悟をもったすべての人にそれが可能だと示すという、共通の使命感を読み取れる。

建築の新たなデザイン言語もまた、堅苦しくない自由なものになることで、同じメッセージを伝えていた。一九二〇年代に自らの設計を公表し始めた世代の建築家において、洋風和風各々の表記法と設計方法が、より混淆したものに取って替わった。洋風和風双方の平面要素が同じようにルーズな描法で画かれるようになった。関西の雑誌『建築と社会』で建築家渡辺節は専門学校教育の状況を憂えて、この自在画法の淵源をヨーロッパ前衛の影響に求めた。

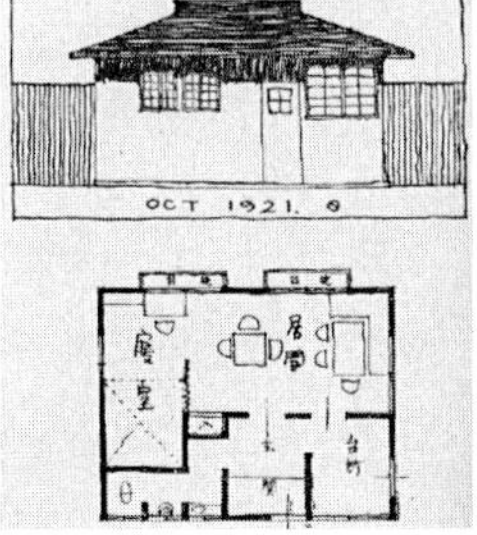

図12　一部屋の一戸建て住宅。能瀬久一郎著『三十坪で出来る改良住宅』(一九二三年)。建築家能瀬久一郎は兵庫県立工業専門学校を卒業し、大蔵省営繕課に務めた。自分で作ったらしい「文化住宅研究会」で複数の住宅図案集を出版する傍ら、東京西郊外の沼袋、野方あたりで住宅設計をしていた。「文化住宅」ブームと大正時代以降の新生活様式における能瀬のような非エリート建築家の役割は、ほとんど忘れられている。

> 昔建築のエレヴエーシヨンを画くのには、丁定規、三角定規、コンパス、スプリング、およびフリー・ハンドの五種を使つたものであるが、所謂セセツシヨン・スタイルのものが現はれて、以来、コンパス、スプリングは影を隠し、定規とフリー・ハンドの二種となり、それがメンデルゾーン作のアインスタイン・ラボラトリーの出現後、定規も何時の間にやら影を隠して、フリー・ハンドだけで全部を片付けやうとする頗る大胆なる手法が学生の仲間に流行するやうになつた[……](渡辺、一七頁)。

土着の和風ときちんと区別して習得すべき一つの欧州様式として「セセッション」を認識した、保岡勝也のようなエリート建築家にとって、「セセッション」や以降ヨーロッパ同時代における異端の描法に汚染されながら様式的な定義に当てはまらない新たなデザインは、腑に落ちなかったに違いない。日本の若手建築家はヴィーンの建築家を模倣したというよりも、ヴィーン・ゼツェシオンの過激なメッセージや設計を、そう過激ではないものも含めて日本に伝えた雑誌などのメディアから手法とイメージを借用することで、国内の学問的正統派に対して挑発しようとした(6)。

より親密で寛いだ新しい家庭生活を取りかこむ住居の合理化のためにも、視覚的アピールの創出のためにも、西洋的な形態から材料が採られた。しかしこの二つの動機はかならず符合したわけではない。実践的な見地から近代的であっても、外見において近代性を十分に伝えるのに失敗する場合もあった。たとえば一九二〇年代の多くの住宅改良家の見方では、アメリカのバンガローはもっとも手頃な近代への乗り物であった。橋口信助の住宅会社「あめりか屋」が初めてそれを輸入しようとした一九〇八年には、日本市場に受け入れられなかったとはいえ、合衆国の建売住宅産業による小さく四角い平面と簡単な配置をもったバンガローは、いまや中流郊外住宅の手頃な模範を提供していた。バンガローが廉価に建てられることに疑いはなく、

(6) ゼツェシオン様式は先立つ十年間に家具、内装、グラフィックデザインに影響した。元々の運動は終わったものの、その後日本で「セセッション式」(あるいは「セ式」)という言葉は、ドイツやオーストリアに由来する新たな様式群を指すものとして広く使われるようになっていた。

他の輸入業者も「あめりか屋」に追随して合衆国から直接製品を輸入した例もあるという（内田、一九九二年、一六八頁）。しかし見た目としては、軒の深い平屋建てのバンガローは在来の日本住宅に類似しているため、ずんぐりとして控えめなその外観では、ドイツやゼツェシオンに影響された異国風を彷彿とさせる住宅に比べ、近代性の視覚記号としては効果が一段低かった。

一九二一年の住宅図案集『各種貸家建築図案及利廻の計算』の著者近間佐吉は、生活改善の理想的手段としても投機家の有望な投資としてもバンガローを推奨した。「既に東京はじめ、横浜、大阪、神戸等の都市近郊にはこのバンガロー式住宅が至る処に設けられ、東京の目黒、渋谷辺には其の貸家さへ建つて、大にその価値を認められてゐるのである」と述べた（近間、四〇頁）。しかしこの本に収められた二十八の住宅に、バンガローは一切ない。三軒しかなかった洋風住宅の事例も、急勾配の屋根と狭く縦長の窓から、日本で「セセッション式」と呼ばれるものであった。新たな住宅の視覚レトリックが住宅手引書の市場において、生活改善という展望と同等以上に重要だった。一九二一年の時点で、急勾配の屋根の「セセッション」が読者の目をもっとも引きやすい洋風の模範だと近間は判断したのだろう。

しかし好まれる模範はその後矢継早に替わった。東京朝日新聞社が主催した一九二九年の住宅建築設計競技に提出された住宅設計から判断すると、急勾配屋根も短命だった。一九二〇年代初頭の刊行物によくみられるのと同じくらい急な勾配屋根は、発表された八十五作のうち二、三作にしか見られず、別の新しい特徴の方が目立っていた。アール・デコ様式の要素が数寄屋造りの特徴と同居しており、建築家と大工はこれらを採り入れていた（図13）。三十九の発表作品にはこの組み合わせを思わせる丸窓があり、ほぼ同数の作品に水平の窓格子やタイルなどによる横線模様を特徴にしたり、[7]流線型アール・デコの外見を想起させる手法で細い水平板を引き立てるよう画かれたりしている（朝日新聞社編『朝日住宅図案集』一九二九年。丸窓の優勢について

図13　朝日住宅設計競技案第三号、大島一雄設計（『朝日住宅図案集』一九二九年）。この時期は丸窓、長い横線と切妻屋根は人気であった。

（7）アール・デコに加え、ル・コルビュジエの影響もあった。日本国内の有名な先例としては、堀口捨己の紫烟荘（一九二六年）も大きな丸窓をもっていた。

は榧野、四四〇頁を参照)。カリフォルニアのアーツ・アンド・クラフツにおけるバンガローを思わせる、軒が出た切妻屋根も、この一九二九年のコンペ案では広く使われており、(8) 十九作品にこれがみられる。この設計手法による軽量の平らな屋根の下では、明るい室内が可能となる一方、台風などの時に雨漏りや壁の損傷が起こりやすくなったはずだ。それまで都市の独立住宅はほぼすべて寄棟か入母屋造りだったにもかかわらず、こうした新形式の屋根も、張り出した軒のため土着の伝統と調和する「和風」であると漠然と考えられた。

一九二〇年代末からとくに西日本で、白い漆喰、赤い半円筒形の地中海風の瓦、半円アーチの窓と入口のついた「スパニッシュスタイル」が新たな流行になっていた(図14)。これは一九三〇年代を通じて続いた。一九四〇年に雑誌『キング』の時事用語集は「スパニッシュ」の背景をこう説明している。

スペイン人の海外発展が、アメリカ大陸に、異国情緒の建築としてこの様式を流布せしめ、その東洋的の風趣は、我が国人の好むところとなり、住宅等に多く用ひられてゐます(「新語新問題早わかり」、一九四〇年一月、一九六頁)。

この場当たり的な定義は、「情緒」という語を用いることで、「スペイン風《スパニッシュ》」が「異国的」ではなかったはずのスペイン人による十七世紀の北米植民地と、「スパニッシュ・(ミッション・)スタイル」と呼ばれた二十世紀アメリカ大衆市場における復興《リヴァイヴァル》の流行とを混同している。『キング』の編集者はこうして「スパニッシュ」を一方では、ある趣味流行として、他方では民族建築として同時に扱い、またこの「東洋的」という言葉に複雑な文化地理をかいま見せている。この記述によれば、日本人にとって「スパニッシュ」という様式は異国風のエキゾチシズムと親近感の双方の魅力をもったことになる。このように建築様式は、帝国主義と資本主義という二つの動機によって地球を周り、日本に到来する段階ではそのたどってきた道のかすかな

(8) その一方、アーツ・アンド・クラフツのバンガローは、木材の利用と構造材の露出という点で、特に日本の民家に強く影響を受けたものとされている。

図14 「スパニッシュスタイル」の日本住宅。小倉捨次郎邸、神戸市東灘区御影、一九二五年。笹川慎一設計(山形正昭「美術工芸的住宅の開花」『阪神間モダニズム』淡交社、一九九七年より)。

薫りを残しながらも、歴史から遊離したファッションになったのである(図15)。

当初の淵源はしばしば西洋であっても、一度日本のデザイン言語に含められると、さまざまな様式の形態と材質が、日本独自の視覚的・文化的文脈のなかで互いに訴え始める。クッションで覆われ金襴を付された明治期の洋館の内装の重苦しさに、一九一〇年代と二〇年代の軽量の籐製家具が表現として対抗したのと同様に、一九二〇年代初頭に建てられた文化住宅の、取り急ぎ塗られていまや急速に色あせてきた下見板の粗悪な薄っぺらさに対して、一九二〇年代末と三〇年代に漆喰が塗られた「スパニッシュ」の堅固さと粗い触感は対照をなした。

同時に物としての住宅の外見を造り変えようという動きはしばしば、日常生活の根本的な再考にも根ざしていた。一九二〇年代初頭に一般的だった急勾配の屋根は、これを示す一例だった。急勾配屋根は、この時期の大衆的イメージにおける一般的文化住宅の、ある種の手っ取り早い印となった。これは縦に細長い窓とともに、当時影響力のあったドイツ・オーストリアの建築に共通する特徴でもあった。建築家で文化村審査員の大熊喜邦にとって、鉛直方向の線を強調した近年の設計は時代のメタファーで、近代性そのものが垂直に方向付けられているという感覚を確証していた。

いま迄の住宅が横に広く、そして平面的に延びて来たのに対して、今後の、所謂文化的住宅が、縦に延びるのだと思ひます、と云つて、高く上に延びるのではないのです。つまり立体的に延びることです。現代の婦人が、立体的に延びることです。現代の婦人が立体的に目醒めて来たことは、軈《や》てこの住宅の立体的発達でもあります。現代の趣味はすべてこの立体的になつたところに、本当に、基礎附けられるのだと思ひます(大熊、一九二三年、六一頁)。

大熊が住宅の垂直性を「立体的な」現代の婦人と関連づけた理由を理解するには、これに先

図15　一九三〇年代メキシコシティの新興住宅地に建てられた「コロニアル・カリフォルニア」様式の住宅。一九二〇年代のカリフォルニアで発明された伝統であった「スパニッシュ」は日本に移入されたのみならず、旧スペイン植民地の中心だったメキシコにいわば「逆輸入」もされた(ウィキペディアより)。

行した建築と日常行動における変化に立ち戻らねばならない。最初は公共の場に、次いで上流階級住宅の洋風応接間と紳士の書斎に、その後次第にほかの都市住宅の私的空間に椅子が導入されたことで、床座という土着の伝統（あるいは「未開」）と女性性を結び付ける連想の網が形成された。大熊の眼にとって、新しい女性は「立体的な」住宅で立つこと、また椅子に座ることによる自分たちの近代化を示した。同時に高い屋根の流行が革新的だった理由は、それまで独立住宅において二階が例外的だったという事実に由来している。江戸時代、総二階の家屋は遊廓以外にはほとんど存在しなかった。町屋のように二階があるところでも、梯子を這い登らねばならない隠れた空間であることが多かった（前田、二五〇〜二七七頁）。理想的な計画に基づいた郊外住宅地のように、総二階建ての住宅は空間の解放を意味し、明るさと開放性を約束したのである。

通俗書において、様式に関するただ一つの正統的なものが示されることは稀だった。とくに一九二〇年代前半において表象の種類と流儀は驚くほど混在していた。たとえば、ヨーロッパ・モダニズムのスケッチを含んでいた本が、アメリカのコロニアル様式の内装の写真、数寄屋や、同時代日本人建築家の設計も一緒に掲載していたのである。「文化」の普遍性の精神は、建築様式と使用される状況について、土着／西洋という一枚岩的で古い分類に幕を下ろした。これに加え、イメージの寄せ集めは、何であれ商品に結び付けられたときに「しばし商品でないかのように」見せる力を持った、H・D・ハルトゥーニアンが「過剰の徴」と呼ぶ「文化」の機能をも示している（ハルトゥーニアン、二〇〇七年、第一章も参照）。ドローイングと写真によって住宅や他の商品は、文字通りに模倣すべき手本としてよりも近代的「世界文化」の徴として読者の前に現れたのである。

出版物における寄せ集め《パスティーシュ》は地上における混淆に繋がった。一九二四年『婦人之友』の記者は、鉄道王・堤康次郎の開発による東京の新興住宅地目白文化村を訪れて次のように記した。「文化村に出来上がった住宅、または今現に建築中の住宅は、とりどりに種々の面白い様式を競うてゐるやうに見えます。急勾配の高く尖った屋根があるかと思へば極く緩かな低いのがあり、すらりと高い軽い気持ちの二階屋があると思へば、帝国ホテルを思はせる低い重くるしい感じのする二階建があります」(野田・中島、一〇六〜一〇七頁に引用)。堤は当初土地のみを売り出しており、買い主は各自で設計者と大工を雇っていたので、彼らは「文化」をめいめいに解釈し始めた。結果的に、それまで日本の都市に見られたことのない混淆の都市風景が生まれた。しかしおそらくこの東京の新しい郊外住宅地は、カリフォルニアの郊外住宅地以上に奇妙に見えたわけではない。この事実に堤は気付き、好意的に捉えた。分譲広告でもアメリカからの訪問者が「お丶ロスアンゼルスの縮図よ！」と叫んだことをあえて紹介している(野田・中島、八六頁)(図16)。住宅様式における土着と外来の寄せ集め《パスティーシュ》は、植民地においてと同様にカリフォルニアのような太平洋岸開拓地の現象でもあったのだ。近代性が新たな地理的範囲に拡がるとどこでも、地元の大工や設計者は混淆された建築形態を試した。新たな郊外、とくに環太平洋の新たな開発地は、新文化の発明の場となり、移入されたグローバルな近代性のイメージを売り込む場となったのだ。

四　現地の反動と民族的なヒエラルキー

文化生活を単なる西洋かぶれと批判した者もいた。文化ナショナリズムの砦において事実上

図16　目白文化村(絵葉書、一九二〇年代。新宿歴史博物館蔵)。建築書の寄せ集め方式は新興住宅地の景色に反映された。

つねにそうであるように、究極的な脅威は「民族純血」に対する脅威であった。衣服と化粧によって、日本人は自らが西洋人に見えるようにし、もっとも流行に敏感な層は西洋の舞踏を習い公の場で西洋人と踊った。彼らは最終的に、民族を向上させる目的で混血するというディストピア的夢想に身を委ねるだろうと推論することも難しくなかった。(9) たとえば谷崎潤一郎の小説などは、この民族的劣等感という暗い領域を探究して、多くの読者を獲得した。

しかし森本厚吉や生活改善同盟会のメンバーは、自分たちが単なる欧米模倣の唱道者ではないと入念に強調していた。西洋の事物への無分別な賞賛はあらゆる立場の知識人にとって不快であったが、それは単に国民の誇りの喪失を示唆したからではなく、西洋の物質的文化的産物を正しく識別し、土着の事物と並べて値踏みする能力こそが、彼らの社会的地位の重要な徴となったからでもあった。住宅に関していえば、森本は問題が美的なものではなく経済的なものだという立場を採り、(特徴を特定することはなかったものの)日本住宅の美点は保たれるべきだと認めていた。

一九二四年、世界秩序における日本の位置を脅かす国際問題によって、文化生活の唱道者の楽観主義は転覆された。同年五月、合衆国議会は移民法を通過させた。これは実際には他にも多くの民族の人々を排除したが、日本では一般に「排日移民法」として知られている。この法律は日本において、とくに森本のような親米リベラルには衝撃をもって受け止められた。『文化生活』誌はこの法律に反応した特集号を二回発行し、当時日本の他の報道と同様、同誌の編集者もこの法律を「国辱」と呼んだ。しかし森本自身は、侮辱から積極的な教訓を引き出そうと努力した。日本人の習慣に問題を見出して、彼は再び、日本人一人の経済価値がアメリカ人一人の約半分だとするフランスの研究を引用して、排日移民法が不可避の結果であると示唆した(森本、一九二四年九月、三頁)。彼の提案によれば日本人はこれを、生活をより経済的に効率

(9) 南博は『東京朝日新聞』の記事を引用して、一九二四年に帝国ホテルでの舞踏会に押し入った六十人の若者壮士の一団による反動的な作戦を記している。彼らは詩吟を歌い、剣舞を演じた。その後英語で、日本人の脅かされた地位を考慮するよう日本人同胞に向けて戒めを書かれた旗を拡げた(南、一九六五年、三六九頁)。

的にする機会とみなすべきであった。同じ号では安部磯雄が、移民――とくに教育を受けていない層の移民――それ自体が国家にとって悪であり、防止すべきだと議論することで、排日移民法に反応した。安部によると「四海同胞主義」こそが理想だが、人々はこれに準備できていないという。彼は個人的には「支那人や朝鮮人に対して親しみを感じて」いるが、日本国民を代弁して、彼らの日本定住への許可に反対した。日本人が合衆国に認められるよう自分自身で価値を上げねばならないという森本の反応、また問題は偏見よりも移民そのものにあるという安部の反応の双方が、帝国主義世界における文化の論理をあらわにしている。すなわち支配国が一方では被支配国の国民に対して支配国の規範に沿って〈個人〉として自らを変えるように要求しながら、他方では移民を人種あるいは民族〈カテゴリー〉によって排除する。こうした帝国の近代性の一側面は現在も続いている。

森本は普遍主義を信奉していながら、「排日法」がこの普遍主義の偽りを示したとき、アメリカの支配に屈する目的へと自身の論理を当てはめた。とりわけ文化生活という彼の観念が、白人中産階級アメリカ人の裕福さを直接目撃した体験に根ざしているために、彼の奇妙な経済理論が生まれたのだった。それは経済的相違は文化的な選択によって説明できるという信念、また合衆国は日本より優れているが、本質的にそうではなく、たまたま日本のような「非効率的」な文化に悩まされないためであるという信念に基づいていた。

さらに二カ月後の『文化生活』誌上で、森本は消費者の欲望段階に関する自身の理論を提示した。彼の説明によると、人間の知識の成長によって欲望は質と量において無限に増大する。「必然的欲望」から「身分的欲望」へ、最終的には「快楽的欲望」と「奢侈的欲望」のどちらかに人々は進歩する。この図式における第三段階のうち「快楽的欲望」を森本は「文化」と同一視し、「能率生活」に必要なものへの欲望であると説明した。「快楽的欲望」は能率的であるため「奢侈的欲望」と区別した。この「快楽」と「能率」の奇妙な融合には、同時代の社会状況に対する森本独特の鈍感さが窺える。実際に到来しつつある世界文化が、消費資本主義によって生み出され、そこでは文化の偽りの民主化が、大量生産された欲望とますます強く感じとられる不公正とを含んでいるという現実を森本は把握できなかった。「文化生活」という言葉の経済哲学における生命が、一九二〇年代の短期間に限定されたこと自体も、おそらく森本が消費文化の矛盾と折り合いをつけられなかったためだろう。アメリカの排日移民法の衝撃も、森本の西洋かぶれに対する日本の国粋主義者の批判も、標語あるいは理念としての「文化生活」にとって致命的ではなかったことは記憶されるべきである。この言葉は自身をあれほど売り物にした新奇さをただ失っただけなのだ。雑誌はタイトルが一九二八年『経済生活』に替わり、深刻な経済危機のさなか一九三二年に発行中止となる。著者の大望とは裏腹に、消費資本主義は「文化生活」そのものを、過ぎ去っていく流行に仕立てたのである(図17)。

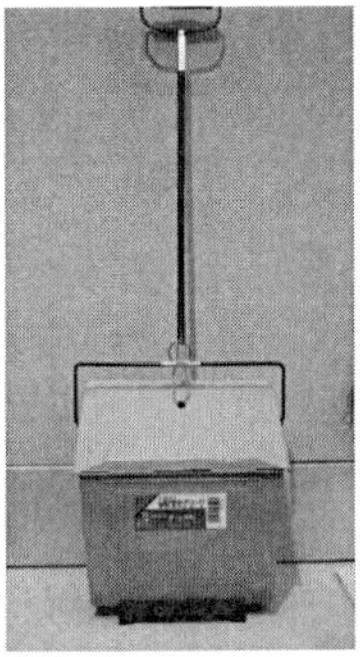

図17　現代に生きる大正「文化」の残余。「文化」を冠した日常品のブランドは今もいろいろある。よく見るといずれもその形態あるいは機能のどこかに「世界的近代」の条件である能率、衛生、利便性などが込められている。この「文化ちりとり」は長い柄が付いているので立って使え、機械仕掛けの蓋が塵をきれいにしまい込むようにできている(二〇一三年著者撮影)。

五　文化の価値低下

住宅における大衆市場の逆説とは、差異の追求から均質性が生み出されることであった。所有者が自身の文化住宅を建てるとき、目白文化村で花開いた類の多様さを生み出したが、建売や貸家といった投資用住宅において何であれ形態に変化を加えようとすると、その住宅は多くの消費者の財力を超えてしまう可能性があった。より安い郊外住宅地で何か新しいものを求める消費者大衆は、手元資金が少ない地元の投機的な建築業者が取り急ぎ建てた、同じ形状で建ち並ぶ文化住宅に直面した。『東京パック』の風刺画はこの皮肉に気付いた中流階級の消費者を示している。夜に酔っ払って帰宅する会社員が、建ち並ぶ家のどれが自分のものなのか分からなくなってしまう（図18）。安価で大量生産された新しい住宅はこの手の冗談の種であった。しかしその背後には、近代都市における身分の流動性によって生じる現実の不安と、新たな住宅や商品によってもたらされた「快楽」の空虚さがあった。「文化」は普遍的な価値基準の幻想と最新のものに対する欲望の双方を意味しており、これによって日常生活は表層の差異をめぐる終わりなき回路の中に投げこまれたようであった。同時代のさまざまな論者たちが、この過程を懐疑と幻滅をもって眺めた。実際、文化住宅と文化生活に関する記述においては、真剣な擁護よりも批判と皮肉の方が容易に見出せる。

柳田国男は「文化」という用語が濫用された十年をその末期に批判的に振り返って、この語は農村の旧習に縛られがちな人々が容易に手を出そうとしないものばかりを、安いものであれ無駄なものであれ指し示すようになったため、都市住民にはこの用語で呼ばれることをむしろ恥じるような面持ちさえあると述べた。大宅壮一と異なり、柳田は生活改善、文化生活、文化村の理想に根本的には好意をもっていたが、特権的な都市住民の「思ひ付」に動かされるにとどまり、究極的には農村を資本の略奪に屈服させているため、それら理想が国全体のために持ち得たはずの可能性は弱められていた、と憂えた（柳田、九二頁）。

大衆的な言説において、「文化」にまつわる問題は単に趣味の流動性として扱われることが多かった。一九三四年には〈真の〉文化住宅という皮肉ぬきの概念はほぼ過去のものに属していた。『キング』誌の付録として発行された現代用語事典では文化住宅を「わが国の過去の住宅に、欧米の様式を適当に加味し、現代生活に適応するやうに作られた住宅」と説明した。この記事は赤や青の屋根の住宅が並んでいることを「一見チヨコレートかなんぞのやう」だと述べ、

図18　酔って帰宅したサラリーマンはどれが自分の家かわからなくて、「同じ様な家ばかり建てやがるから、魔ごついてしまうんだ。チエツ何が文化住宅でエ」と呆れる（宮尾しげを画『東京パック』一九二三年三月）。

日本人の生活を考えない「見栄建築」として批判し、この手の「あさましいと思はれるやうなの」があちこちに建てられるため言葉には元の意味がなく、今となっては「西洋かぶれのインチキ住宅」や「ペンキを塗つてごまかしたバラック住宅」を意味していると結論した（『新語新知識・附常識辞典』大日本雄弁会講談社、二〇五～二〇六頁）。

実際に文化住宅の価値低下は急だった。上野文化村が閉園する以前から、この用語は言説の市場において価値を下げはじめていた。平和博覧会の会期中とその後、建築専門誌や一般誌の記者は文化村のそれぞれの側面、ある者は美的側面、ある者は実用性について批判すべき点を見出していた（藤谷、二三六三～四頁）。しかし批判の幅広さから、大衆はこの新住宅の設計を受け付けなかったと読み取るべきではない。むしろ生じていたことは公共圏や公共言説への参加、公衆の代弁者の多様化であり、激化する趣味の争いであった。十九世紀末から二十世紀初頭にかけての単線的な進歩史観そのものが維持できなくなり崩壊しつつあったことが、中流階級の住宅理念をめぐる争いの背景にあった。多くの新しい参入者によって知識階級は拡大し、エリートの指導に従わなくなったのである。

平和博文化村への批判は続いて、文化住宅一般へ対象を広げた。住宅は様式によって微妙に差異化された商品へと変貌し、そのため最新の文化住宅はつねに、外見的特徴によってステレオタイプ化されやすかった。一九二〇年代初頭、批判の標的は赤い屋根であった。西村伊作は一九二二年に「西洋館といへば必ず赤瓦でなければ新しくないといふ風に考へられて居ます」と書いた。「仏蘭西瓦と称せられる赤瓦はその色も赤過ぎ、形も面白くありません。私が最も気持悪く感じ而も最も多く目に付くのはセメント製の瓦で、瓦の表面には紅がらのやうな顔料で色を付けたものです」、彼はこれに続いて急傾斜の屋根、幅広の切り妻壁、塗装されたハーフティンバーなどを批判した。締め括りに彼は「日本人が新しいと思つてする事はいつも西洋に迫った(西村、六八〜六九、七二頁)(図19)。西村は、ドイツからの建築手引書を投げ捨てるよう読者に迫った(西村、六八〜六九、七二頁)(図19)。

西村による新住宅様式批判は、西洋の知識に関する自らの独占を、同等の文化資本をもたない成り上がり者の浅薄な知識が市場において脅かしていると気付いた先導的知識人の見解として、ブルデュー的に読解できる。手引書や雑誌の書き手達は、支配階級のもつ美学の特徴を採り入れ、消費自由主義の熱狂的な調子で売り込むのに敏だった。趣味ゲームにこうした新たな参入者が介入したことに反応して、より由緒正しい趣味の作り手たち——旧来の指導者層と前衛の双方——はフィールドを変えようと試みた。したがってエリートの建築家は率先して、文化住宅の理念が無学な大工によって「行き過ぎてしまった」り、「へたに実現してしまった」りしたことを批判した。これは一九二二年に本来の「文化村」を主宰した建築家も含め、エリート建築家による著書の序文における常套の言葉遣いとなった(大熊、一九二七年、六頁)。

広く批判されたにもかかわらず、森本の刊行物や、「文化生活」と「文化住宅」という用語、広告や他の大衆的図像における新たな半西洋式住宅のイメージ、新住宅そのものなどのすべてが人気を博したことは確かである。少なくとも数年間は、本物の世界文化主義は商品の選択によって達成可能だという森本の信念を、多くの人々が共有したようだ。しかし普遍的な文化を表現するという試みは、結局のところ国家間、また国内における階層間の相違を浮上させるのみであり、日常の生活習慣のいかなる改革も、個人の水準であれ家庭の水準であれこの非対称の問題を消し去ることはできなかったのである。

図19　各種住宅様式の「良い趣味」を読者に教えようとした西村伊作の立面事例集(『装飾の遠慮』一九二二年)。

六　植民地における「文化」

「文化生活」と「文化住宅」は帝国内部を素早くめぐり回った。植民地でこれらの用語はまず日本語媒体に取りあげられたのは不思議ではない。『台湾日日新報』は森本の雑誌が出るたびに新刊欄で取りあげた。「文化住宅」という用語は、一九二〇年代から三〇年代初期にかけて台湾原住民村落の改革を紹介する記事から、バンコクの新住宅を紹介する記事、台南で泥棒がビール箱で建てた住宅に至るまで、多岐にわたる話題についての『台湾日日新報』記事に現れる。(10) 朝鮮で「文化」という語はさらに広く流通したが、森本厚吉自身は知られていなかったようだ。彼の文章はほとんどハングルに訳されていない。しかし印刷媒体によって、また内地と植民地の人の流動によっても、森本と無関係に用語は広まった。朝鮮人の使節団が一九二二年の上野平和博覧会を訪れたし、その訪問は朝鮮の新聞に大きく取りあげられている。同年京城では文化住宅図案展覧会が開かれた。一九二九年に開催された朝鮮博覧会では、二つの模範的「文化住宅」が出品され、その一方は受賞もしている。この頃までに「文化」の現象は朝鮮半島で独自の盛り上がりを示しており、日本という起源に密接に結び付けられながらも、植民地主義の刻印を帯び、独自な展開を見せた(金・内田、三四〜四二頁)。

建築史家の西澤泰彦が明らかにしているとおり、日本の建築家と建築の知識は、帝国内の異なる地域を互いに結び付ける経路上を動いていた。個別の建築家の経歴という軌跡に加え、建築団体、出版物、展覧会が建築の知識に関する帝国全体のネットワークを生み出していた。このネットワークはすべての影響が東京から発せられるという単純なピラミッド構造ではなかっ

(10)　「大溪街に蓄社出身の未来の棟梁さん　来年は年期明けで山へ帰り蕃屋の改良、文化住宅を建てると凄まじい意気込」(一九二八年十月十四日)、「バンコツクの文化住宅」(一九三一年三月三日)、「ビール箱で文化住宅を建て贓品陳列してをさまる少年空巣狙ひ」(一九二八年十月三十日)。日本から発信されたこの時代の「文化」が帝国固有の回路を通って流布したことは「文化生活」、「文化住宅」という語が中華民国時代の中国のメディアにあまり浮上しなかったということに間接的に見られる。しかし、類似した住宅改良運動はあった。その一環として開発された上海の郊外住宅地について、郑・杨、一三八〜一四八頁を参照。

た。一九二〇年の満州建築協会結成は、その三年前に東京以外で初めて作られた日本人建築家の組織、関西建築協会の創設に刺激されていた。満州建築協会はまた、一九二二年に形成された朝鮮建築会と一九二九年に創設された台湾建築会の手本となった。これらの組織は各々、互いに体裁が類似する会誌を発行した。それぞれが先行する会に基づいて会則を作った。定期的に合同会議と視察旅行を後援し、一つの植民地集団が他の集団を順番に招待した[11](西澤、一六六〜一八四頁)。

平和博覧会が東京で開会して三カ月後、一九二二年六月末に出版された『朝鮮と建築』の創刊号は文化生活と文化住宅の特集を組んだ。編集者の巻頭言では新たな朝鮮建築会の使命を「内鮮の文化的生活改善と共に気候風土に適応せる住宅建築の普及」にあると掲げた(「発刊の辞」『朝鮮と建築』一巻一号、一九二二年六月、一頁)。この巻頭言に続いて、東京帝国大学の歴史学者である黒板勝美が京城公会堂で「文化と建築」と題して講演した、同会結成講演会の記録がある[12](黒板勝美口述「文化と建築」前掲一三頁)。同号は文化生活とバンガローに関する記事も掲載しており、『アメリカン・アーキテクト』誌から引用したバンガロー二棟の設計と建設費用の完全な明細もそのまま転載している(懸南「文化生活とバンガロー」前掲四一〜四六頁)。三年後、朝鮮建築会は文化住宅研究委員会を設け、京城郊外の土地を将来の文化村建設のためにいくつか調査した(「文化住宅敷地調査委員会」『朝鮮と建築』四巻四号、一九二五年四月、二八〜二九頁)。

内地と同様、文化住宅という呼称は、建築家が設計し雑誌に掲載した住宅には限られなかった。大衆の言説では、擁護者によって使われたときは肯定的なものの印として、批判や嘲笑を受けるときには否定的なものの印として、どんな新住宅でも新奇な特徴があれば文化住宅と呼ばれた。植民地朝鮮では、西洋の建築様式の徴に加えて二階があることが文化住宅の基本的な基準だったようである。これは内地でも同様であったが、朝鮮半島ではより強く主張されたよ

(11) これら組織は台湾人、中国人、朝鮮人に開かれていたが、内地人に支配されていた。

(12) 朝鮮建築会の会員は、冗長で曖昧で現代文化にも現代建築にもほとんど言及しなかった黒板教授の講演に、おそらく落胆していただろう。

うだ。それまでの朝鮮の都市では、日本の都市に比べ二階以上の建物が少なかったためだろう。京城の住宅地の多くでは、一九二〇年代になっても藁葺き平屋建ての住宅しかなかった。

文化住宅《ムンファジュテク》の文化的な含意には、内地でも流行していた核家族世帯と夫婦愛という連想を含んでいる。内地でも植民地でも、郊外の小さな専用住宅という理念が、とくに複数世代家族の負担から逃れようとする若い夫婦にとって魅力的だった。日本と朝鮮双方の主唱者が、自国の「家族制度」を改革する必要を語った。建築的に見れば、デザインの語彙とその含意の幅もまた内地と同様だった。つまり朝鮮のムンファジュテクも日常生活上の要求にまつわる空間を合理化することが期待され、単なる流行を理由とせずに西洋の手本を採用したのである。主唱者は世界中から最良の特徴を採り入れれば、世界的なものを効果的に土着化できるものと信じていた。日本の一部の論者と同様、朝鮮の知識人も安価で自国の住居と類似しているとみなしたバンガローを適応させることを提案した。また、朝鮮の気候への合理的な適応でもあり民族的誇りでもあったオンドルの維持を求めた(金・内田、二〇一二年十一月、六六～七五頁を参照)。

しかし、京城郊外の新たな「文化村」計画(図20)は、内地と植民地の経験の間に横たわる深い溝を示している。一九二二年平和博覧会の上野「文化村」建設の後、「文化村」と呼ばれた新たな開発がいくつか東京やその他内地の都市の郊外に出現した。鉄道会社やその他民間開発業者がこうした住宅地を建設した。鉄道資本が農地を取得し、そこにホワイトカラーの通勤者という新たな居住者が住み、長く維持されてきた農村を圧倒するという過程は、一種の植民地化ではあった。一九〇八年、通勤者がまだほとんど住んでいなかった東京の西郊に引越した作家の徳冨蘆花は、自伝的小説『みみずのたはこと』でこの過程を記録した。徳冨自身も裕福な植民者のように、近隣の貧窮した農家から土地を買い取り、自分の畑を耕すために彼らを雇った。[13] しかし内地諸都市の郊外における徳冨やその同輩の郊外「植民者」の状況は、朝鮮におけ

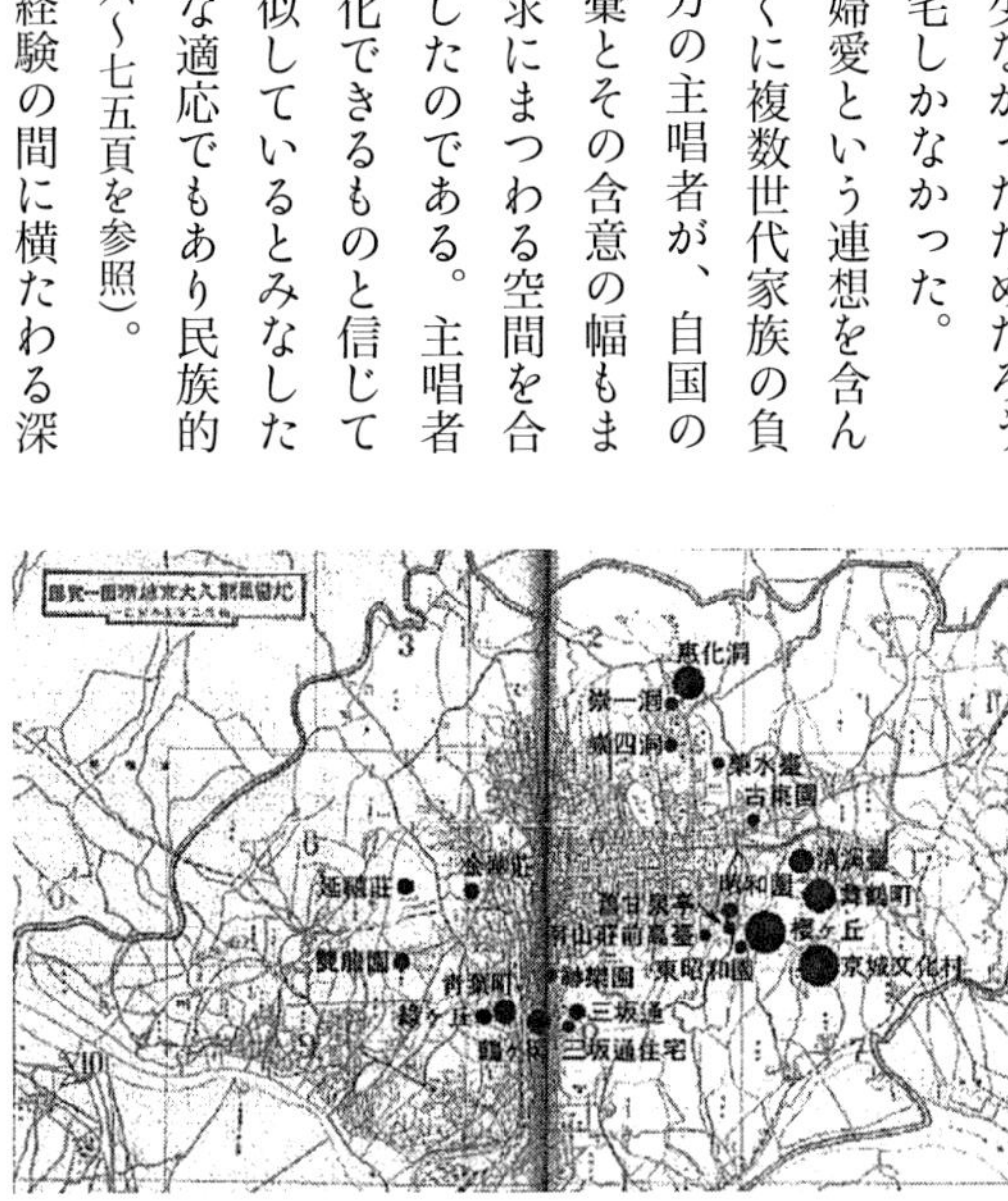

図20 京城(ソウル)の郊外に植民者のために開発された「文化村」の地図(李論文より)。

(13) 徳冨蘆花の『みみずのたはこと』における郊外不動産開発については江波戸、一四五～一七三頁を参照。

る内地人の状況とは根本的に異なっていた。朝鮮では総督府が直接、内地人の居住を目的とした原居住者からの土地強制買収に関与していたからである。

国策会社である東洋拓殖会社によって、朝鮮半島全域の農地が日本人の手許に移転されたことの都会版が、京城周辺の新たな「文化村」開発にみてとれる。たとえば旧城壁の西に位置する新堂里《シンドンリ》の桜ヶ丘郊外住宅地は、土幕民《トマクミン》と呼ばれる小屋住まいの都市流入民の大規模な集住地があった場所に建設された(図21)。東洋拓殖会社はこの土地の権利を略取し、一九三一年に現状の住民に対処し土地を管理するため朝鮮都市経営会社という子会社を設立した。京畿道警察部は住民を立ち退かせ、反抗者に対しては武力をもって鎮圧した(李馪娥、二〇〇六年、一五九～一六四頁)。当然のことながら桜ヶ丘のようないわゆる文化村には、内地人の総督府官僚、企業重役、少数の裕福な朝鮮人協力者が移り住んだ。国家の援助下で裕福な植民者のため、建前上普遍的理念とされる「文化」の名の下に、都市周縁にある地区が収用されることに対して、ほとんどの京城の朝鮮人住民は傍観しかできなかった。内地人を非難しようとすれば朝鮮人は検閲の危険に曝された。にもかかわらず、「大京城の特殊村」という題で一九二九年の文学誌『別乾坤《べつけんこん》』に掲載された記事では、匿名の朝鮮人評論家が率直にも、鉄道と市電が郊外に延長するにしたがい、「文化村」建設に望ましい土地を外国人(検閲を避けるために日本人と特定しなかったのだろう)は丸ごと我がものにしていると記した(李、一八九～一九〇頁)。

しかしながら、文化村という言葉に体現された新たな郊外の理想が、朝鮮ではしばしば植民地帝国主義の直接的産物であったという事実は、文化生活《ムンファセンフワル》というものに対する朝鮮人の夢を減じるものではなかった。むしろ目に見える不平等が、その夢をさらに明るく輝かせた。脚本家の金惟邦《キム・ユバン》にとって文化生活とは、生来の「個性」を保ちながら西洋の住宅模範から学ぶことだけではなく、「科学の精神」を生活に適用することと隣人愛をもつことも意味していた。宗主

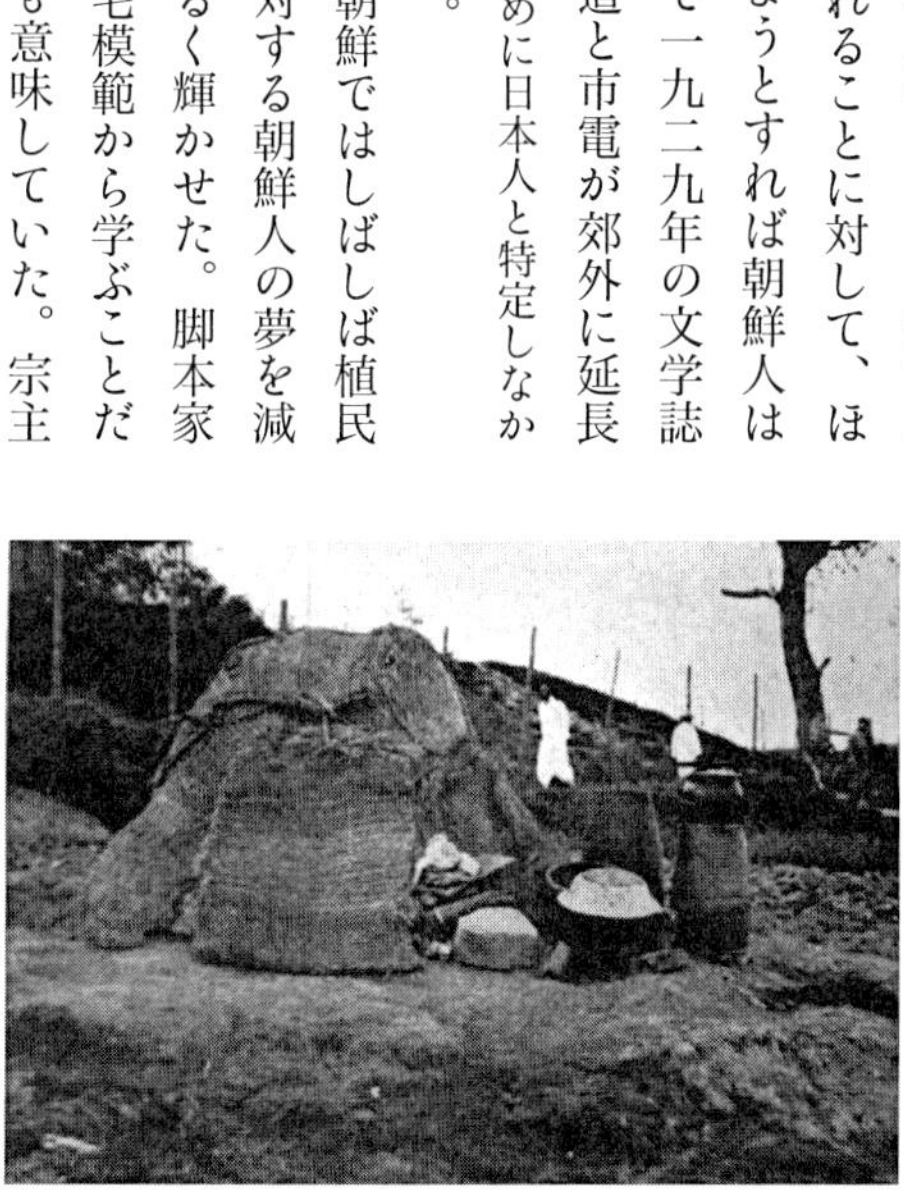

図21　朝鮮「土幕民住居」。京城帝国大学衛生調査部編『土幕民の生活・衛生』岩波書店、一九四二年(橋谷『帝国日本と植民地都市』に引用)。内地の進歩的建築家は「簡易生活」を理想としたが、植民地都市京城の場末に「不法占拠」の形で住み着いた朝鮮の農村移民にとって、それは強いられた生活でしかなかった。

国日本には明示的に言及しなかったが、金は他国の侵略が近代の「科学の精神」と矛盾すると主張した。金はこうした理想を自らの住宅改良論の冒頭に置き、英国の「コテージ」、米国の「コロニアル様式」の住宅（ここでの「コロニアル」とは、スペイン領カリフォルニアのスパニッシュ・コロニアルではなく、遠く北米東海岸の英国人植民者の住宅にたどれる様式を指している）とバンガローを考察し、手頃なバンガローこそ朝鮮に最善だとした。金は西洋に行ったことがないと認め、自分の評価が「東西住宅の研究者」の見解に依拠していると記したが、おそらく日本やアメリカの雑誌から情報を採り入れたのだろう。彼の最初の問いかけは「どのような生活様式を求めるべきか」であった。様式は日本経由で導入されたとはいえ、欧米から輸入された住宅の特徴を俯瞰することで、金と朝鮮の読者達は、植民地支配下の生活における身近な政治的・社会的現実から飛び出し、新たな生活様式の自由な選択による開けた風景を想像できたのである（金、一九二三年）。

一九三〇年代にもっとも成功した朝鮮人建築家である朴吉龍《パク・キリョン》は、真の文化住宅は西洋の無分別な模倣を免れ、日本からのお下がりの様式を拒むが、異国と土着の様式を粗雑に混淆しようという傾向をも超克するべきであると主張した[14]（李、八五〜八八頁）。朴はハングルの新聞や雑誌に住宅改善について頻繁に書いていた。朝鮮の生活様式を改善しようという彼の努力には、同じ役割を果たした多くの日本人と同一の世界文化的理念と、世界的なものが土着の文脈に効果的に適用されねばならないという信念が表れていた。西村伊作や大熊喜邦のように、朴もまた、他の論者が文化住宅の真の精神を誤解しているという立場をとったのである。

朝鮮における「文化住宅」および「文化生活」論には、内地に優るとも劣らない辛辣な批判や冷笑的表象が多かった。その批判には内地と同様、多様な立場が現れているが、一部には植民地という文脈固有の問題に対する、政治的な様相を帯びた核心を抉るものもあった。朝鮮プ

（14）朴は京城工業大学を卒業後数年間総督府で働き、一九三二年に独立して事務所を構えた。一九三八年には朝鮮建築会の常任委員となった。

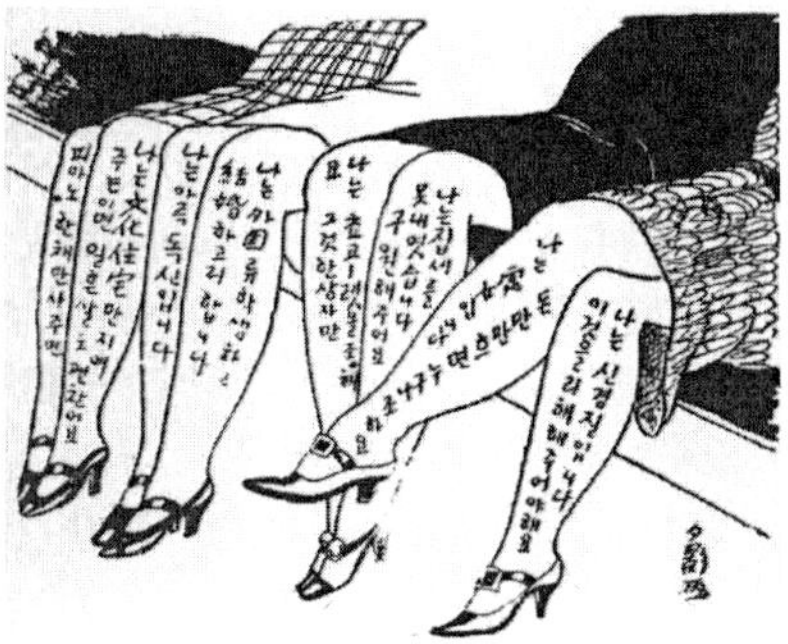

ロレタリア芸術家同盟の一員だった風刺漫画家の安夕影《アン・スクヨン》は、文化住宅と異国の生活習慣の導入を、数枚の新聞風刺画で嘲笑した。彼の標的には、貧富の不平等(たとえば京城の山麓の丘上にある文化住宅が、建て込んだ都市の草葺きの掘っ立て小屋を見下ろしている漫画)、渡航経験者の虚飾(洋服を着て洋食を野暮なマナーで食べて、互いにいい加減な英語で自慢しあう男たち)、また頻繁に嘲笑された新女性(モダンガール)などが含まれた(図22)。安はまた文化住宅の理念を、当時のほとんどの住宅の原始的な実情と対比し、文化住宅を樹上住居として描き、キャプションに「高い家を文化住宅だというのなら、高い木の上に原始住宅を建ててスイートホームをお作りなさい」と述べて、二階建てである限りは「西洋家畜小屋」も文化住宅として通用すると書いた。

安の風刺画の一枚は、文化住宅をめぐる内地の議論では滅多に扱われない問題に触れている。つまり抵当の負担である。日本支配下での朝鮮人の困難な現実が、再びここでも「文化」の議論の表面に出現した。夫婦が文化住宅にいる二羽のおしどりのように描かれる。ファンタジーに満ちた他の住宅も遠くに見えている。しかし前景には、この幸せな家族たちが夢を建設するための金を貸しており、いまやかれらの住宅に付けられた紐を握る「○○銀行」の行員の姿が見える。キャプションには、文化住宅を建てるため抵当を入れた朝鮮人は、しばしば数カ月で借金にまみれて出て行かざるを得ないと書いてある。「最終的に外国人が住宅の所有権を引き継ぐ例もある。このようにして文化住宅に暮らす朝鮮人は次第に蜻蛉のように消えていくのだ」(図23)。文化生活の浅はかな世界文化主義に対する他の風刺と対照的に、この場合は文化生活を夢見るプチブル(小市民)は揶揄の対象ではなく、被害者として描かれている。彼らの文化生活は脆く、日本の銀行や裕福な植民者によってかすめ取られがちなのである(申、一五九～一六二、二〇八頁)。

本節は朝鮮の文化住宅に関する李馩娥《リ・キュンア》氏の学位論文に依拠しているところが多いが、そこで

図22 「女性宣伝時代到来」。朝鮮のモガたちの脚にそれぞれの希望が書かれている。左端のほうには「文化住宅を作ってピアノを買ってくれれば、七十歳の男でもいいわ」と書いてある。安夕影画。『朝鮮日報』一九三〇年一月十二日(申明直『幻想と絶望』より)。

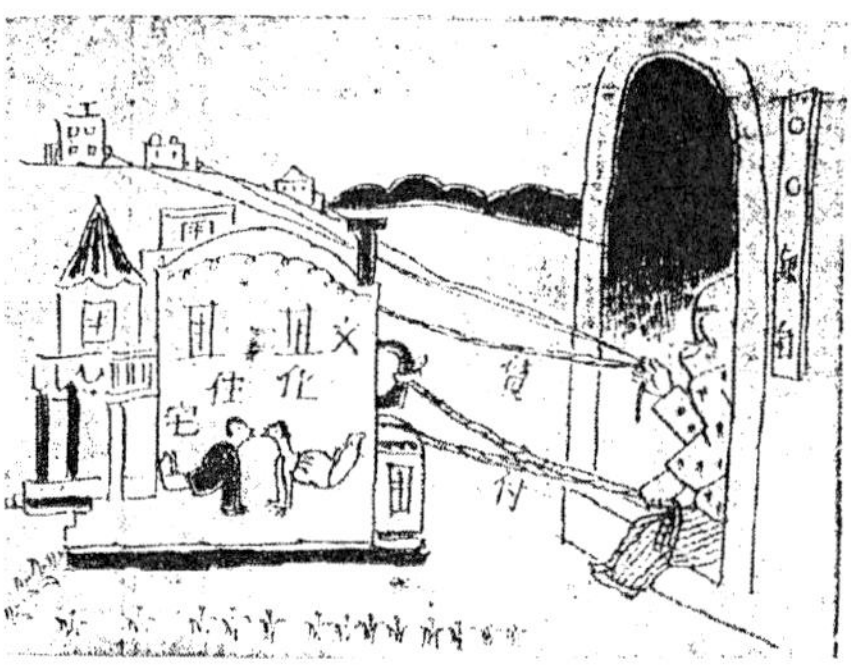

図23 「文化住宅？ 蚊蝸住宅？」。ローンに溺れて、日本の銀行に新しい住まいを没収されてしまい、朝鮮人の文化生活の夢は蜻蛉の命のように短い。安夕影画。『朝鮮日報』一九三〇年四月十四日(申明直『幻想と絶望』より)。

李は植民地朝鮮での文化住宅現象の決定的な特徴は、それが「飽くなき欲望」と頽廃を示していたことだったと結論している。どこであれ資本主義は飽くなき欲望を生み出そうとするし、先述のとおり宗主国日本の文化生活批判にも、この欲望の浅薄さを批判する傾向があった。また日本にも文化生活を頽廃であると見なす批評家はいた。したがって内地と植民地の相違を白と黒に分けることはできないだろう。しかし大枠の見解で李は正しいに違いない。朝鮮の場合、欲望の対象は本土よりさらに到達困難だった。これは単純な意味では植民地経済の状況のためだったが、より深い意味では世界文化的な生活を熱望する朝鮮人知識人が置かれていた社会・文化的状況のためでもあった。朝鮮の場合、世界文化的な近代性を指し示す日常品や流行だけでなく、グローバルな近代性という理念自体が舶来品であった。衛生運動、また伝統的な髪型や服装への規制のように帝国の警察権力が「近代」を押し付けた場合もあった。そうでない場合も近代性は、すでに日本のメディアを通じて日本人によって仕立てられて到来したのである。グローバリズムさえもがまずもって帝国による輸入品であるという認識は、「世界文化」こそ決して飽くことのない欲望の担い手であったという感覚を強め、知識人の間で無力感を助長した。李は一九二六年に『別乾坤』に「八峰」のペンネームで掲載された「新秋雑筆」という題の随筆を引用している。その筆者は「我らは何をすればいいのか。何をしなければならないのか」と問い、いまや懐かしい記憶となってしまった組織的な政治運動——おそらく三・一独立運動か共産主義運動——に遠回しに言及している。政治的可能性が閉ざされたため、この著者にとって文化生活は、現実から逃避するための無意味な試みと映る。「あれもこれも何も出来なくなった！　われわれには三つの道しかない」と書き進める。一つめは「放浪の旅」で海外に逃れること、二つめは山にこもって「世を捨てる」こと、最後に「お金があれば、郊外に立派な家——いわゆる文化住宅というもの——を建てて、きれいな女と暮らしながら、ピアノでも弾くか、レコードでも聞くか、紅茶でも飲みながら遊蕩三昧に尽くす」ことであった(李、四七頁に引用)。民族意識をもった一九二〇年代の朝鮮知識人は、日本の反動ナショナリストとは異なる意味で文化住宅に憤慨した。朝鮮の論者にとって文化住宅は、単に土着の伝統を脅かすからだけではなく、それを受容することが抑圧者の誘惑に屈することを意味したから問題だったのである。植民地朝鮮における文化生活の板挟みは、批判の中で取りあげられた人間のステレオタイプにも現れており、たとえば新女性と留学生という二つのステレオタイプがその典型となった。前者は消費資本主義によって生み出された頽廃のグローバルな近代の徴であり、後者は帝国の文化回路の産物であった。

しかし夢想は生き残った。文化住宅や他の「文化」を冠した日常品に体現された世界文化的な理想が植民地朝鮮に深く浸透したことを示すもっとも有力な証拠は、新様式への到達不能とその唱道者に対する辛辣な風刺にもかかわらず「文化生活」と「文化住宅」という用語そのものは長く命脈を保ったことにあるかもしれない。この用語は、宗主国日本では過ぎ去った流行として過去の烙印を捺された後の一九三〇年代と四〇年代を通じて、朝鮮で人口に膾炙し続けた。植民地解放後の南北朝鮮の両政府が推進した公営住宅計画も「文化住宅」と呼ばれた[15](李、五三頁)(図24)。北朝鮮の憲法は「文化的生活」という語を数度使っており、一九六二年に金日成は党大会で、都市と農村双方に各々六〇万戸の「文化住宅《ムンファジュテク》」を建設する計画を発表した(金日成、一九六二年)。

日本では「文化」が第二次大戦直後に新たな文脈で再登場した。政治思想家は新生国家の新たな理念を求め、第一次大戦後の普遍的な文化理念に立ち返ったが、今回は世界への参加よりも国家建設という目標に焦点を絞り直していた。「文化国家建設」は一九四七年五月に成立した片山哲内閣のうたい文句であった。その意味合いは一国文化と普遍的世界文化との間を揺れ

(15) 北朝鮮における住宅と近代家族イデオロギーについて、Schmid, 2013を参照。

図24　一九五〇年代韓国の公営住宅の宣伝、「集合住宅で新時代の文化生活を楽しめる」(http://salgustory.tistory.com/entry/01 월호문화용성의-시대에-돌아보는-문화주택)。

動いた。その前年、後の片山内閣で文部大臣に就任することになる社会党の森戸辰男は、生存権を保障する条項を憲法修正案に加えるよう尽力していた。生存権条項は二五条の一部に「すべて国民は、健康で文化的な最低限度の生活を営む権利を有する」として盛り込まれた。この文言はＧＨＱの原案にはなく、森戸自身が加えた言葉であり、一九二〇年代の森本厚吉と同僚たちによるリベラルな理念に直接由来している。森戸は安部磯雄、吉野作造、有島武郎といった雑誌『文化生活』に執筆していた面々と長く関係しており、森戸が一九二〇年にクロポトキンの論文を翻訳・発表したことで朝憲紊乱罪に問われ、有罪判決を受けた際、彼らは全員弁護側から弁論した(16)。戦前期の具体的な日常品に結び付けられたときの「文化生活」というキャッチフレーズがたどった運命を懸念して、一九四〇年代の森戸らの政治家は、「文化」を物質的な詳細から切り離そうとした。憲法制定の審議でも戦間期のリベラル思想家としてもう一人重要だった貴族院議員佐々木惣一が「文化的生活」の明確化を求めた。佐々木は流行語だったことを思い出し、この用語を警戒した。「文化生活と言って、甚だしきに至りましては西洋式の家を建てる文化住宅と云うようなことをやって居りますから、憲法に書き込むことの意図はなにか」と質した。国務大臣金森徳次郎は「文化的」とは「原始的」の反対語と理解していると答弁し、「文化住宅」を意味するのではないと説得した。しかしこれで佐々木は満足しなかったようで、議論が続いて、難解なまでに抽象的になっていった。戦後憲法の施行後に日本国民の権利となった「文化」をどう解釈するかは、結果的にその後の判例によって規定されることになる。確かなことは、それがある特定の種類の住宅に対する権利と解釈してはならないことであった(『逐条日本国憲法審議録』第二巻、五五二〜五五四頁)。ちなみに森本厚吉は雑誌『文化生活』を一九四六年三月に再刊したが、これはおそらく「文化」に関する議論の新たな流行を、再び自分の理念を広められる市場が成熟することの徴候と読み取ったからかもしれない。しか

(16) これがいわゆる森戸事件で、政府のリベラル観に決定的な影響を与えた言論封殺事件であった(Hein, pp. 22–23, 30)。

し同誌は今度は一九四八年七月まで存続しながら、四号で終刊することになった(『森本厚吉』一九五六年、七八三頁)。

もし「文化住宅」が戦後日本よりも北朝鮮で活気ある年月を過ごしていたとしたら、北朝鮮が戦後日本よりもコスモポリタンな国だったということはできるだろうか。そうなのかもしれない。少なくとも公式の叙述によれば、民族解放戦争に勝利した闘士たちとして北朝鮮体制は戦争から産まれたし、また国の新たな首領は自信をもって普遍的だと唱えるイデオロギーの担い手であった。戦後日本は傷ついたナショナリズムを負い、内向的になっていた。たとえば静岡県登呂での弥生時代遺跡の発掘調査は、何千年かのあいだ続いた純粋に土着で平和な文化の証拠として、マスメディアと知識人がもてはやし、全国的なブームを起こした(Edwards, pp. 1-23)。天皇制ファシズムに代わる平和な自国文化として誇りを持てるものを、日本国民が渇望していたことが、その背景にある。同時に、戦前は外部のものであった「西洋」は、連合国軍の占領期間に、解放者でも抑圧者でもあった「アメリカ」に置き換えられた。この新しい他者は直接的に、ときには暴力的に、目の前に立ち現れた。アジアは都合よく忘れ去られていた。世界は実験に流用する対象を並べた文化のカタログを、もはや提供しなくなっていた。この文脈で知識人と一般大衆が「文化」について語るときは、森戸らの希望にもかかわらず多くの場合、超越的な世界文化の要素としてよりも、国民文化の新たな基礎を建設することを意味していた。

森本厚吉は一九五〇年に没した。広く旅行し読書した優れた教育者であったため、森本を被支配《サバルタン》の知識人とは通常考えにくいが、しかし彼の経歴はアメリカの威力が東アジアにうち立てた非公式の帝国に張り巡らされた回路をたどっているため、帝国の刻印を帯びている。一八九一年に横浜で英語を学ぶところから彼は学業を始めた。日本による北海道の植民地化においてアメリカに影響された先端的な機関であり、マサチューセッツ農科大学長のウィリアム・スミス・クラークとの関係が有名な札幌農学校で、一八九七年から学んだ。一九〇三年には、札幌農学校の校長佐藤昌介も以前入学していたボルティモアのジョンズ・ホプキンス大学に入り、一九〇六年に帰国した。一九三〇年代初頭まで、彼は北海道、東北、東京と（姉のいたハワイ経由で）合衆国東海岸を移動しつづけていた。森本の生活は自由な地球巡遊であるというよりも、帝国の回路の内部で文化的また政治的に規定されていた。もし仮に、森本が一九一六年に博士号を取得した後も合衆国に居住しつづけたいと思ったら何を体験しただろうかと考えると、この事実が確かめられるだろう。彼は白人ではなかったので、国籍を取得できなかった。もし滞在が認められていたとしたら、一九二四年移民法の後、家族を呼び寄せることはできなかったし、出国して再び入国しようとするとまた困難が生じただろう。彼の教育水準とつり合った働き口を捜すことも、高まる民族差別のため困難になったに違いない。多くの西部・中西部の州では、日系人の所有を防ぐ外国人土地法のため土地を購入できなかったので、文化アパートメントを建設することも困難だっただろう。もし森本が一九四二年にまだ合衆国にいたならば、西部の全州において、また南部と中西部の多くの州で、彼はその出自のせいで強制収容所に移送されていただろう。英語に堪能で財産もあり、合衆国東部の日本人に同情的なエリートの間で行動していた森本自身は、もしかしたら民族差別で経歴が直接影響されることはなかったかも知れない。おそらく彼は植民地支配下でさまざまに束縛された人間の体験を知らなかっただろう。しかし彼の文化理論を、彼の経歴を裏付けている地政学に沿って詳細に位置づけていくと、朝鮮知識人にとっての「文化生活《ムンファセンワル》」が日本の帝国主義の負担と共に到来したのと同じくらい強く、日本での「文化生活」の理念も、アメリカ中心の帝国の近代性によって形成されていたことが判るのである。

第四章参考文献

朝日新聞社編『朝日住宅図案集』一九二九年。

内田青蔵『日本の近代住宅』鹿島出版会、一九九二年。

江波戸昭『東京の地域研究』大明堂、一九八七年。

大熊喜邦『建築二十講』鈴木書店、一九二三年。

大熊喜邦「総説」時事新報家庭部編『家を住みよくする法』文化生活研究会、一九二七年。

大宅壮一「「やじゃありませんか」の時代的考察」（一九三〇年）『大宅壮一全集』第二巻、蒼洋社、一九八一年。

榧野八束『近代日本のデザイン文化史』フィルムアート社、一九九二年。

川村湊『ソウル都市物語——歴史・文学・風景』平凡社新書、二〇〇〇年。

北小路隆志「《文化》のポリティックス（I）——大正の「文化主義」を巡って」『状況』第二期、一九九六年十月号。

宜野座菜央見『モダン・ライフと戦争——スクリーンのなかの女性たち』吉川弘文館、二〇一三年。

金日成「朝鮮民主主義人民共和国政府の当面の課題について」最高人民会議第三期第一回会議一九六二年十月二十三日。日本語訳 http://kcyosaku.web.fc2.com/ki1962102300.html
金容範・内田青蔵「植民地朝鮮における朝鮮建築会の住宅改良に関する活動について——機関誌『朝鮮と建築』の住宅関連記事を中心として」『神奈川大学工学研究所所報』三四号、二〇一一年十二月。

金容範・内田青蔵「近代朝鮮における改良温突（オンドル）の開発と商品化に関する一考察——日本人住宅の防寒問題とその改良のテーマとして」『神奈川大学工学研究所所報』三五号、二〇一二年十一月。

金惟邦「文化生活と住宅」『開闢』三二〜三四巻、一九二三年。

左右田喜一郎「文化主義の論理」『左右田喜一郎論文集』第二巻、岩波書店、一九二二年。

申明直、岸井紀子・古田富建訳『幻想と絶望』東洋経済新報社、二〇〇五年。

『新語新知識・附常識辞典』（『キング』十巻一号付録）大日本雄弁会講談社、一九三四年。

『新聞集録大正史』第十巻、大正出版、一九七八年。

芹沢英二『新日本の住家』アルス、一九二四年。

近間佐吉『各種貸家建築図案及利廻の計算』鈴木書店、一九二一年。

『朝鮮と建築』朝鮮建築会、一巻一号、一九二二年六月／四巻四号、一九二五年四月。

郑红彬・杨宇亮「〝魔都〟的安居之梦——民国上海蔷薇园新村研究」『住区』五六号、二〇一三年四月。

寺出浩司『生活文化論への招待』弘文堂、一九九四年。

中村達太郎「開会之辞」『建築雑誌』三五巻四一六号、一九二一年五月。

西澤泰彦『日本の植民地建築——帝国に築かれたネットワーク』河出ブックス、二〇〇九年。

西村伊作『装飾の遠慮』文化生活研究会、一九二二年。

『日本地理大系別巻』改造社、一九三〇〜三一年。

『日本地理大系』改造社、一九二九〜三一年。

『日本地理風俗大系　大東京篇』新光社、一九三一年。

能瀬久一郎『三十坪で出来る改良住宅』洪洋社、一九二三年。

野田正穂・中島明子編『目白文化村』日本経済評論社、一九九一年。

ハリー・ハルトゥーニアン、梅森直之訳『近代による超克——戦間期日本の歴史・文化・共同体』上下、岩波書店、二〇〇七年。

平野小潜『文化生活の知識』勇栄社出版部、一九二五年。

藤谷陽悦「平和博・文化村出品住宅の世評について」日本建築学会『学術講演梗概集・計画系』五七号、一九八二年十月。

前田愛『都市空間のなかの文学』筑摩書房、一九八二年。

南博『大正文化』勁草書房、一九六五年。

南博『昭和文化』勁草書房、一九八七年。

三宅雄二郎(雪嶺)「改造の程度」『婦人之友』生活改造号、一九一九年十月。

三宅雄二郎(雪嶺)「文化生活」『婦人之友』文化生活号、一九二二年一月。

森口多里・林糸子『文化的住宅の研究』アルス、一九二二年。

森本厚吉「文化生活研究に就いて」『文化生活研究』一巻一号、一九二〇年五月。

森本厚吉「国辱と生活問題」『文化生活』二巻九号、一九二四年九月。

森本厚吉『滅びゆく階級』同文館、一九二四年。

『森本厚吉』河出書房、一九五六年。

保岡勝也『日本化したる洋風小住宅』第三版、鈴木書店、一九二五年。

柳田国男『都市と農村』朝日常識講座第六巻、一九二九年。

李穦娥（이경아）「植民地支配下韓国における「文化住宅」概念の受容と展開」ソウル国立大学博士論文、二〇〇六年。

渡辺節「現在の建築教育方針に就て」『建築と社会』一〇巻七号、一九二七年七月。

Baskett, Michael. *Attractive Empire: Transnational Film Culture in Imperial Japan*. Honolulu: University of Hawai'i Press, 2008.

Edwards, Walter. "Buried Discourse: The Toro Archaeological Site and Japanese National Identity in the Early Postwar Period." *Journal of Japanese Studies* 17, no. 1 (Winter 1991): pp. 1–23.

Harootunian, H. D. "Between Politics and Culture: Authority and the Ambiguities of Intellectual Choice in Imperial Japan." In Bernard Silberman and H. D. Harootunian, eds. *Japan in Crisis: Essays in Taishō Democracy* , pp. 110-155. Princeton University Press, 1974.

Harootunian, H. D. "Overcome by Modernity." Paper presented at Georgetown University, April 3rd, 2000.

Hein, Laura Elizabeth. *Reasonable Men, Powerful Words: Political Culture and Expertise in Twentieth-Century Japan*. University of California Press, 2005.

Schmid, Andre. "Socialist Living and Domestic Anxieties in Postwar North Korea, 1953–65." Workshop Paper for Historical Studies of East Asia, March 28, 2013.

第五章

籐椅子に座る熱帯帝国

台湾総督府を訪れる閑院宮と台湾原住民の代表。一九〇九年、記念絵葉書(ディテール)。この記念写真の舞台を作っている総督府の新古典主義建築は日本の植民地における「文明化使命」を宣言している。閑院宮が座っているような籐椅子は台湾が日本の領土になるころから日本帝国中で使われるようになった熱帯製品であった。

一　姿勢と権力

英語で「チェア」といえば議長や学部長などを指すことから分かるとおり、椅子は権力の象徴である。しかし大英帝国と清朝との外交上初の対面に関する詳細な分析で、ジェイムズ・ヒヴィアが明らかにしているように、姿勢にまつわる政治力学は象徴としてだけではなく、具体的な形をとっている。ヒヴィアは、マカートニー使節団の「身体行為はきわめて重大な関係を作り上げた」と指摘している(Hevia, p. 48)。宮廷や外交といった場の外で、人々がわざわざ姿勢や振る舞いの政治的意味を言葉にして表すほど意識することはめったにないが、実際にはどんな場面であれ、ヒヴィアのこの指摘は当を得ている。二人以上の人々が空間を共有すれば、ただ誰が座り誰が立っているか、また各々どのように座っているのか立っているのかだけで、言葉が発せられる以前から多くのことが表現され、決定さえされているのだ。まして他人の前で無関心に寝そべれば、よりはっきりと語ることになる。

姿勢の政治力学に関する歴史記述は、日常の所作や感性に関する多くの歴史記述と同様に、図像、物品資料、文字資料における間接的な言及といった、断片的な証拠に頼らざるを得ない。とはいえ本稿の背景となる事実は簡単である。周知のとおり日本人は何世紀にもわたって床に

座ってきた。しかし明治維新後、椅子が学校や公共建築をはじめとして、採り入れられた。また国家エリートは自分たちの家の一部(たいていは一部屋のみ)を、椅子とテーブルを備えた「西洋式」に改装した。こうして家庭生活の折衷化が進行していたさなか、清朝が一八九五年に台湾を割譲したことで、日本は植民地帝国となった。台湾で人口の大半を占めた漢民族は椅子座であった。本章の中心的な関心は、これら十九〜二十世紀の植民地という異文化の遭遇において、椅子の使用がどのような意味をもったかである。

まず外交という文脈についていうならば、身体の振る舞いは明示的な問題だった。一八五六年の開国交渉の際、徳川幕府の官吏は椅子座の外交使節たちを自国で接遇せざるをえなくなったが、彼らはどうにかして両国が畳の上に座って会見を行うよう強く交渉した。最終的に、自分たちは床の上では楽に座れないという西洋人の主張により、一方が椅子に座り、他方は同じ高さになるよう重ねられた畳の上に座るという妥協に追い込まれた(小泉、二八〇〜二八五頁)(図1)。わずか二十年後、江華島条約(一八七六年)締結時に明治政府は、西洋列強が日本に押し付けたのと同じ貿易条項を、朝鮮王朝に押し付けた。日本の全権公使黒田清隆が日記に記録したところでは、代表団が堂に案内されると、正面が屏風でさえぎられており、中央の長方形の卓の両側に「虎豹」の皮を敷かれた椅子が置かれていた(黒田、一八七六年二月二十七日)(図2)。椅子を用意することで、朝鮮人は中国式外交儀礼に従っていたのかもしれないし、同時代の西洋式外交の流儀に頼ったのかもしれない。しかし両国の外交使節は、通常の生活では床に座っていたはずだ。それまで朝鮮通信使が江戸を訪れた際には、どちらも椅子を使っていなかった。すくなくとも日本側としては、椅子座は西洋的儀礼規則を意味していた。この規則は、徳川体制における外交・軍事的失敗のあと、明治政府の指導者が選びとったものである。彼らはこれを、朝鮮における自らの権益に逆転させていた。

図1　日米友好通商条約の交渉の光景、一八五六年(『ヒュースケン日本日記』岩波文庫より)。

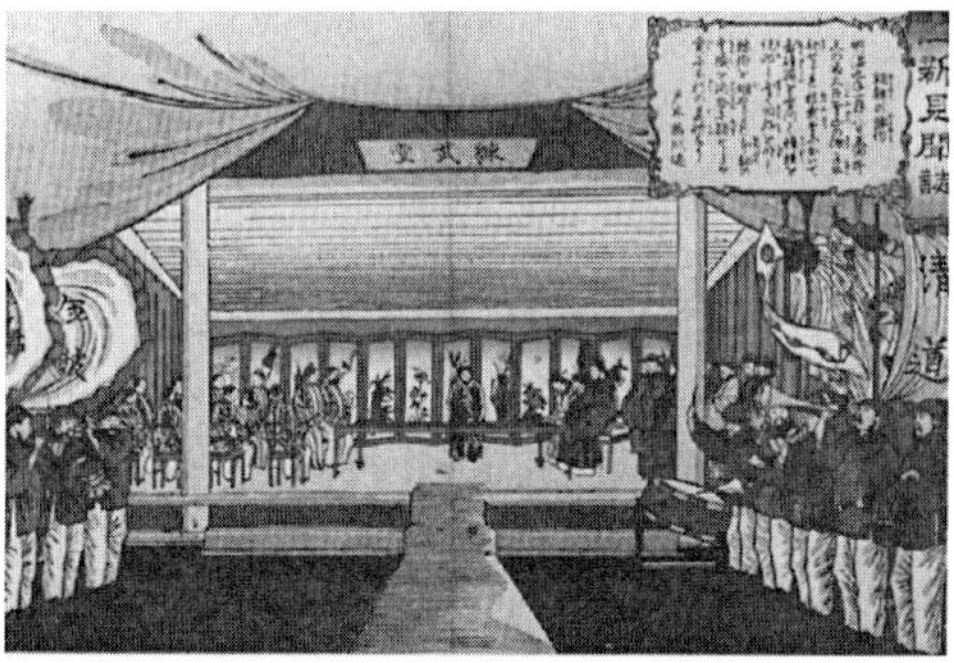

図2　日朝修好条規、江華島、一八七六年(小林清親画、ウィキペディアより)。

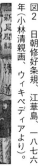

幕府による条約交渉の場合に鑑みれば、椅子の政治的意義は、単に床座の人と比べたときの椅子に座った人の高さにのみあると、一見して言いたくもなるだろう。しかし、椅子に座っている人より物理的に高く立った人物——たとえば給仕人——が、それだけでより大きな権威をもった位にあるとは限らない。この事実からすれば、このような単純な図式化が現にある問題をすくい取れないのは明らかである。象徴体系というよりむしろ、具現化された習慣、態度、イデオロギーなどの感性の観点から椅子と座り方を考えた方が、より多層的な力の場を明らかにできる。

二　熱帯の繊維を家具にする

台湾を領有したとき、日本は熱帯帝国となった。というのも台湾は北端でも北緯25度、北回帰線のわずか北であり、平均温度が高く雨が多いモンスーン地域に一部がかかっているからである。日本人がこの環境で繁栄し繁殖できるのかという問いは当局の危惧するものともなった（一例として、大東亜省編、一九四三年）。後に日本が南洋に植民地を設けたとき、同様の関心はより大きく現れた。日常の水準では、どのような衣服や住居が熱帯での日本人の生活に適しているかという問いがあったし、またより広くみれば、熱帯気候下でいかに健康を保つかという問いがあった。この懸念は植民地生活のあらゆる点に熱帯気候が影響していたアジア植民地におけるヨーロッパ人と同じだった(Collingham, p. 1)。

緯度《ラティトゥード》と無気力《ラシトゥード》の問題は、ここで考察したいもう一つの植民地的感性の側面につながる。

すなわち熱帯植物の繊維を用いた家具の使用である。籐、椰子、竹はアジアで大変広くみられる植物で、細工する上で扱いやすく用途も広い。これらの植物は単子葉であり、木というよりは草に近い。単子葉植物はまっすぐで平行な繊維の束で構成され、一旦成長すればその直径は一定となる。これらの特徴から繊維はしなやかで強く軽いが、仕口や継手には不向きである。有史以前からずっと熱帯・亜熱帯アジアの人々は、結ぶ、編むをはじめとするさまざまな技術により、単子葉植物の繊維を、家庭用品、道具やその他日用品に仕立てていた。籐編みで作られた椅子はとくに近代の西洋人にとって熱帯を想起させるものである。日本や中国の温帯地域でも多くの品種が育つ竹と違って、籐はまさにアジア熱帯林の産物であり、また南・東南アジアの植民地に住んだり旅したりした西洋人の体験を通じて籐椅子が普及したからでもある(図3)。

十六〜十七世紀、割かれた籐はポルトガルやオランダの船でヨーロッパに運ばれた。木枠に籐の紐を編んで作られた椅子は、その後ヨーロッパを通じて人気を博した。家具の流行が十九世紀前半に詰め物の分厚い椅子に一旦回帰した後、十九世紀後半に籐は欧米市場で再登場するが、この時は明らかに東アジアの様式とモティーフを示した、編み細工と曲げ木細工の家具に用いられた(Adamson, 1993: pp. 10–20)。籐家具は植民地から日本人の生活にも流入したが、熱帯産品に対する日本人の態度を身体の振る舞いの問題とともに考えるとき、日本の植民地帝国史における籐家具の役割は、ヨーロッパ諸帝国における役割とははっきり別のものとして現れる。

ツル性で椰子の一種である籐は、成熟した熱帯広葉樹林で育つ。栽培も可能だが、二十世紀末でも世界市場に流通するほぼすべての籐は野生から採取されていた。一九八八年に科学ジャーナリストのジュリアン・カルデコットは、アジアでは籐が材木に次いで重要な熱帯林の

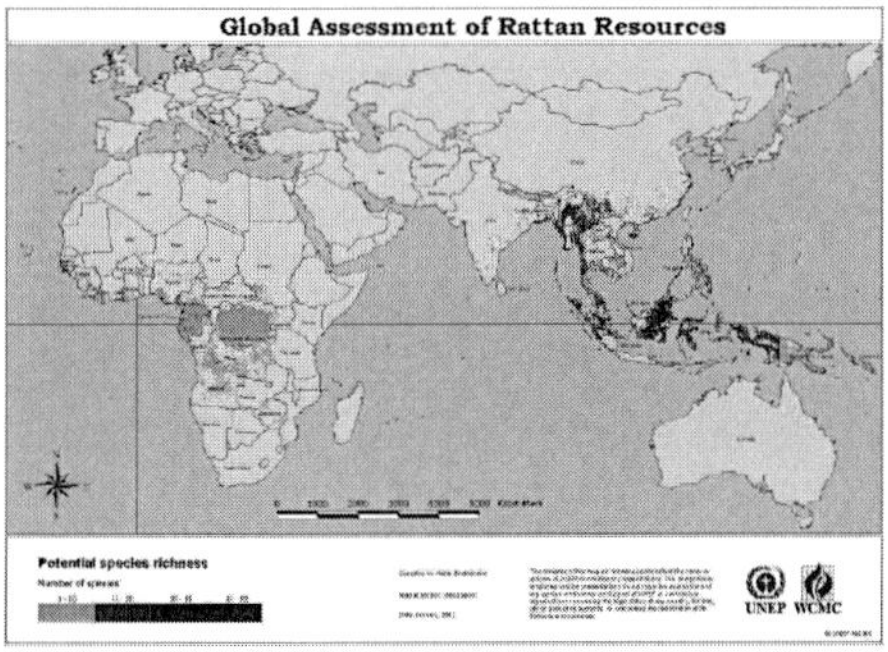

図3　籐(ヤシ科トウ連)各品種の世界的分布。熱帯に広く分布しているが、東南アジアは最も種類が多い。英語名"rattan"はマレー語「ロタン」から来ている(INBAR 国際竹籐組織)。

産物であること、数十万もの東南アジア人がその採取や加工に携わっていることを報告した(Caldecott, 1988)。最も多く産出するのはインドネシアとマレーシアの島部だが、フィリピン、タイ、台湾でも商業的に収穫されている。生育が速いとはいえ、比較的手近な森林では一九二〇年代からすでに、枯渇したという報告があった(Burkill et al., p. 1904)。

籐を産出する地域では、現地住民の建築作業において、籐は中心的な役割を果たしていた。一九三〇年代にマレーシアの森林管理にかかわった専門家J・G・ワトソンは、「籐は原住民があまりに多くの目的で使うので、用途を完全に網羅するようなことは不可能だ」と記した。彼は「家、塀、漁網、小舟まで」を、橋、鳥かご、帽子、日除け、絨毯や「(町においては)籐編みの家具」などを、いくつか例示している(Ibid., p. 1907)。この「町においては」という括弧にとじられた但し書きは重要だ。籐家具の主流である椅子は、東南アジアの伝統的住まいではあまり使用が見られなかったもので、漢民族とヨーロッパ人のみが椅子座だったのである。すなわち、マレーシアのさまざまな工芸の中で、椅子というものはマレーシアの都市にいる非現地人の存在と密接に関連していただろうということである。漁具を作っている台湾の「蕃人」を写した植民地期日本の写真絵葉書(図4)は、籐加工に熟練したこの人たちが、籐や類似の熱帯植物の繊維からいかに完璧に物質生活を築いていたかということ、また彼らが床に座っていたということを示している。

十八〜十九世紀の籐の貿易は、ほとんどがマラッカやシンガポールなどの集散地にいる中国人商人を通して行われた。機械化以前にアジアで籐家具づくりに使われた技術も、おそらくその多くは中国由来である。たとえば日本で籐家具店の先駆けだった田中英八商店が明治後期に椅子を作り始めたとき、経営者は横浜で中国人経営の籐家具工房に勤めていた十人の中国人を雇った(田中、「籐ひとすじ百年の歩み」)。籐加工が機械化され、工程が発達した後も、もっとも

図4 「台湾生蕃アミス族漁具製作」絵はがき、年代不明(松本曉美・謝森展編著『臺灣懷舊:*1895–1945 The Taiwan* 絵はがきが語る50年』台北:創意力文化事業、一九九〇年より)。

標準的な部材はアメリカとヨーロッパに発送され、不揃いの部材は、手工業を支配していた中国人に買い付けられていた(Burkill et al., p. 1906)。

清朝統治下、籐と当時熱帯の産物としてもう一つ重要だった樟脳の産地である台湾の森林は、そこに住む原住民に帰属するとされていた。漢民族の植民者は一八七五年から公式には原住民地域への入境を禁じられたが、にもかかわらず繰り返し侵入していた(Ch'en, p. 693–727)。日本割譲後の一九〇三年に出版されたあるアメリカ人による台湾の記述では、多くの漢民族が作業中槍で背中を突かれる危険を冒しながらも、「蛮人地域」で籐を採取する「よい商売」をしていたという。彼らが集めた籐は香港に送られて家具にされた。同じ著者は、台湾における値段の二倍になるので、日本への輸出が増加するだろうとも記した。日本統治初期におけるこの叙述は、日本での本格的籐家具生産が台湾植民地化の後を追って始められたことを示唆している。これは日本内地の小売商からの情報によってさらに裏付けられる(Davidson, p. 412)。

台湾は中国と日本の市場への籐の重要な供給地だったが、二十世紀の植民地台湾の籐輸出は、もっとも利益率の高い熱帯雨林産品である樟脳や、植民地政府から多大な資本投入を受けていた砂糖に比べて、小規模だった。一八六一年に合衆国で籐の加工が機械化されたのを受けて、アジアで家具に加工されるよりも大量の繊維が蘭領東インドや英領マラヤから西洋の業者に輸出されるようになった。そのため台湾では、籐が産業としてもたらす歳入の重要性よりも、日本帝国内部の需要を満たすための、利用が容易な地域産品としての利便性の方に、意義があった。(1)

籐はどこであれ、東南アジア先住民族や漢民族の労働と植物への知識とを通じて、引き出され加工された熱帯産品である。このため供給が十分である限りは安価であった。小さな工房で男女問わず子供も含め加工できるため、熱帯植民地の都市生活において、社会のあらゆる層に

(1) 台湾総督府税関の記録によると、二十世紀最初の四半世紀に、台湾から帝国外部への籐の輸出は毎年二万五千円から三万円だった。これは台湾の年度輸出総額の大体一〜二パーセントだった(台湾総督府税関編、一九二七年、一五一〜一五二、一六三〜一六四頁)。一九二八年の大日本帝国のガイドブックにおける台湾の産業の記述では、「ほとんどの籐は香港で家具の材料となるため輸出される」と伝えている(*Terry's Guide to the Japanese Empire*, 1928: p. 763)。

籐は浸透した。籐椅子は軽量で風通しがよく涼しい。しかし軽量な材料であるため壊れやすくもある。熱帯の繊維から作られた家具は硬材に比べると、普段遣いで仮のものという性質をもっていた。組まれるというよりも編まれているため、木工というよりも織物に近い構造をもつ。[2] 風通しのよさ、気楽さ、低価格のため、籐椅子は室内と同様、屋外でも役立った。こうした性質によって、さまざまな仕方で籐椅子は植民地の生活に適したのである。

三　「酔翁」——西洋人と熱帯家具

アジアでの英領・蘭領植民地にいたヨーロッパ人口は不均衡なまでに男性主体だった。この男性たちの多くにとって、植民地は一時逗留の場であり、本国社会の規範からの逃げ場であった。そのため彼らは、礼儀作法の基準が緩んだ開放的な私生活が許された。[3] ジョージ・オーウエル『ビルマの日々』などの文学作品に描かれたとおり、男性たちが酒を飲んで日がな一日過ごすのも珍しくはなかった。とりわけアルコールは軍営生活の中心を占め、糧食配給にも強い酒が含まれていた。同時に植民者たちは、自分たちの健康に熱帯気候が与える影響をたえず心配していたことで、酔っていようが素面だろうが総じてけだるい暮らしに身を任せた(Arnold, pp. 80–83)。

インドの植民地住宅であったバンガローでは、英国本国の中流階級の住宅に比べると設計上、男女の主人たちから召使いたちを空間的にあまり隔離できなかった。召使いがつねにそばにいるぎこちなさに、在インド英国人たちはこれを無視することでとにかく対処した。これは、一

(2) 本章の焦点は主に籐に当てられている。竹で作られた椅子や腰掛けもアジア中に普及していた。菊池裕子が示したとおり、日本の植民地における民芸推進者と、帝国日本におけるヨーロッパ人デザイナーが、竹の家具に特別な関心を払っていた。しかし適応性が高い籐は、世界の家具市場において竹を凌駕した(Kikuchi, pp. 218–247)。

(3) 植民地人口における性別不均衡の原因と帰結についてはStoler, pp. 46–55を参照。

九〇四年に［南インド・タミルナドゥ州］アルコナムで召使いたちとともに写った夫婦の肖像写真(図5)が伝えているようだ。男女がヴェランダで二脚の籐椅子に座っており、立ったり床に座ったりしている十人の男性に囲まれている。主人夫婦は横顔を見せ、各々が孤独であるかのようにその視線をカメラからも、召使いからも、お互いからも離して遠くに送っている。写真の持ち主が「召使いを見せるため撮った」と説明を付しているこの肖像写真は、大人数の召使いを維持すること、その召使いから貴族的に超然としていることへの満足をほのめかしている(4)(Collingham, pp. 107–108)。

英領インドの事情をよく物語る図版を、もう一枚見てみよう。図6はインドでの生活を描写した滑稽な詩文の挿絵であるが、バンガローのヴェランダに座り、椅子にもたれて煙草の煙を天井に吹かしている男性が、片足を椅子の肘掛けに載せている(「バンガロー」も「ヴェランダ」もインド英語であることに注意されたい)。下男は飲み物を用意している。身体を半分仰向けにし、脚を床から離して持ち上げることで、男は自らの特権と召使いの存在に対する無関心とを表している。この挿絵は孤独とアルコールとの楽しみについての戯詩に添えられたものである(Atkinson, 1854)。

この挿絵は植民地の倦怠について別のことも示している。つまり、まさに倦怠という目的のための特別な椅子があったことである。挿絵に描かれた椅子の背は四十五度に傾き、肘掛けが前に伸びている。これは、アジアのヨーロッパ植民地の生活を撮影した写真によくみられるタイプの大きな安楽椅子である。熱帯の木材と涼しく軽量な籐で作られ、英国に帰れば応接室にあるような装飾や詰め物がなく、だらりと伸ばした身体を収めるために作られたこれらの椅子は、植民者の生活や規範に応じたものであった。インドや東南アジアでは、日本と同様、西洋人がくるまで住宅に椅子がなかったので、このような椅子は間違いなくヨーロッパ人が導

図5「召使いを見せるために」というキャプションでイギリスの個人アルバムに残ったインド・アルコナムの肖像写真、一九〇四年(Collingham, 2001より)。

(4) 植民地の日常生活においても、この写真で演出されているように階級と民族が徹底的に差別されていたと論じたいわけではない。アン・ローラ・ストーラーによれば、植民地の環境において民族的・社会的アイデンティティがしばしばぼやけてしまうので、さまざまな規範書はヨーロッパ人の特殊性を確立し擁護しようとした。

図6 インド在住のイギリス人とその家僕を描いた滑稽詩文『カレーライス』の一コマ、一八五四年。

入したものである。バンガロー住宅の類型に関するアンソニー・キングの歴史研究が明らかにしているように、植民者が土地と現地人の労働をふんだんに使ったのと同じように、これらの椅子は、バンガローの幅広いヴェランダとならび、植民者の身体のために空間をふんだんに使い、広々とした生活様式を構成していた(King, pp. 14–64)。この椅子は身体を半分寝かせるので、座る人の眼差しは空か天井に向いており、召使いを無視したり自分ひとりだと感じたりしたい者に適した姿勢を作った。

同様の椅子は、蘭領東インドではインドネシア語を用いて「クルシ・ゴバン」という名で呼ばれていた。クルシ・ゴバンは籐編みの入った木枠でできており、座る人の脚を載せるため回転して延長できる肘掛けが両側についていた。この名の由来はgobangと呼ばれる小額の銅貨が肘掛けの延長部を固定するために使われたことによる(Veenendaal, pp. 140–141)(図7)。

軽量の熱帯製安楽椅子の祖型の一つは、同じく熱帯の繊維で作られた中国の椅子の一種に求められるかも知れない。図8は一八一〇年に広東で購入され北米のコレクションに残っている、可動式のフットレストのついた竹の椅子である。これは明・清期の版画や文人画にも見られる椅子の一種であり、中国語で「酔っ払いのあるじの椅子(酔翁椅)」として知られていた(Handler, pp. 33–35)。

十九世紀中盤以降、蒸気船によって、東アジア開港地への訪問が商人や植民者のみならず観光客にも可能になり、このような椅子は欧米で人気の土産品となった(Adamson, 1992: pp. 214–221)。脚を上げて半分仰向けになれる椅子はアングロサクソンにとって新しい経験だった。多くの人はこの経験を、温泉やサナトリウム、もしくは船旅と連想したはずだ。十九世紀末にくだけた「簡易生活」を提唱した人々は、熱帯製の安楽椅子をアメリカ式の住宅改善の一部として推進した。それらが極東からの品だったため、日本・中国の芸術・骨董の流行と自然

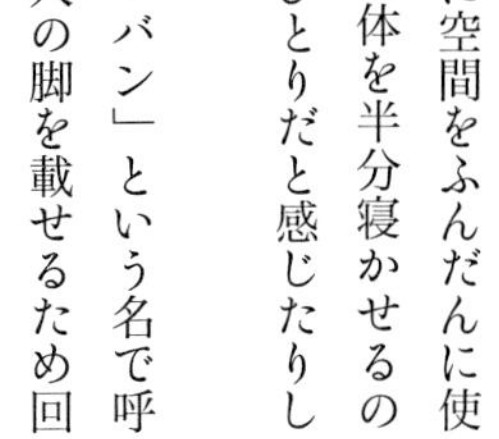

図7 「クルシ・ゴバン」(krossie gobang)と呼ばれていたインドネシアの木製の枠に籐を編んだ椅子、十九世紀(アムステルダム Tropenmuseum 所蔵)。「ゴバン」という語は、十七世紀に蘭領東インドで広く出回っていた、日本の「小判」に由来する可能性もある。

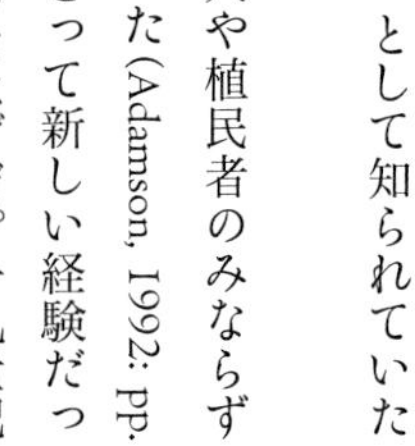

図8 一八一〇年に広東で購入され、現在マサチューセッツにある竹製の椅子(ピーボディ博物館、マサチューセッツ州セイラム)。

に引き立てあうものとみられた。アメリカ版のアーツ・アンド・クラフツ運動の推進者の一人で、『ザ・ハウス・ビューティフル』の著者だったクラレンス・クックは、こうした椅子の一つを表した図版に次のような言葉を添えた。「快適で、低くゆったりとした中国製の竹の椅子が、私たちを抱擁するよう招く……東洋人以外の誰がこの椅子のような贅沢な取り合わせを考案できただろう？」(Cook, pp. 154–155)(図9)。

四　床座の帝国主義者――植民地台湾の日本人

マーク・ピーティは十九世紀後半から二十世紀の諸帝国のなかで日本の植民地帝国がもっていたいくつかの特異な点を説明している。領域的に見て遠方というよりも近傍にあること、台湾と朝鮮に関しては植民者と民族的に近いとみなされた人々が居住していたことなどである[5](Peattie, 1984: p. 7)。もう一つ特異な事柄を指摘できる。それは台湾と満州(関東州)に移った日本人が、椅子座の社会に植民地統治を布いた唯一の床座民族だったということである。これはピーティが指摘した地政学的な重大問題より小さくみえるかもしれない。しかし親密な空間での身体の政治学は、公共の政治と密接にからみあう。しかも日本の床座の習慣という、近代の帝国主義勢力のなかで特異な習慣は、日本の支配を確立した西洋的な流儀に逆行する要素をはらんでいたのである。

この支配は、まず優越した文明の水準を示すことによって確立した。これは西洋向けのみならず、植民地における支配下の人々にも内地の人々にも向けられた演出であった。すでに指摘

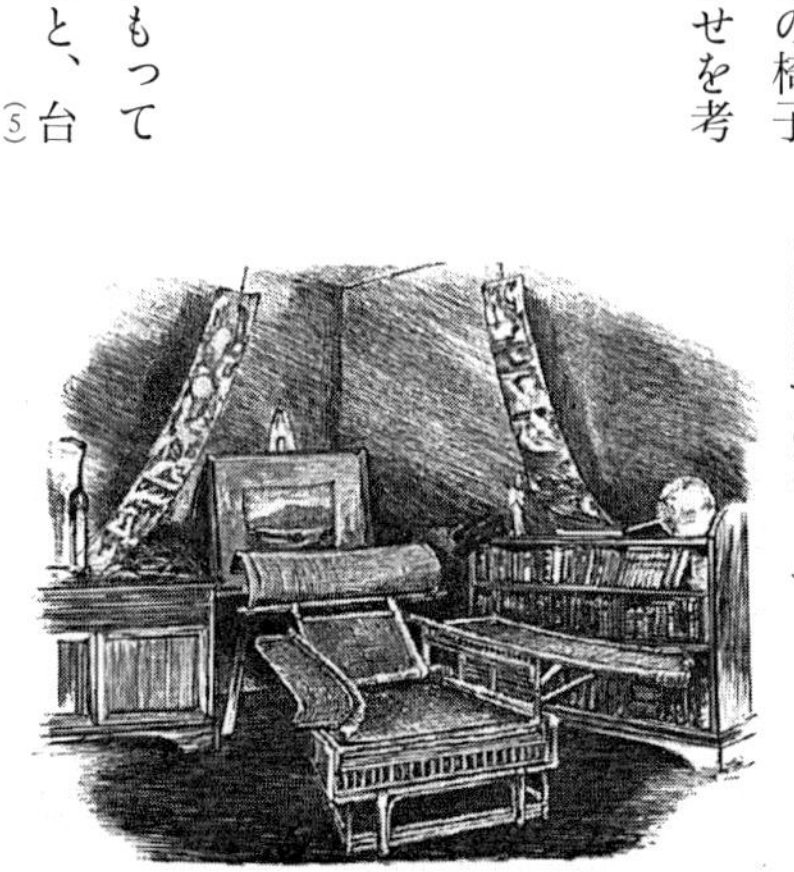

図9　長い肘掛けの籐椅子と日本的置物で飾られた「安らぎの港」と称されている部屋(Clarence Cook, *The House Beautiful*, 1878 より)。

(5)　レオ・チンが指摘したとおり、範疇としての民族が本質的に抱える問題点は、この特異性の主張をかなり弱める。民族上の親近ないし隔絶という概念は、アプリオリな与件というより帝国主義そのものの論理の中で構成されたと見なされねばならない。清朝の版図も、日本の近代帝国とは異なる原理で統治されたとはいえ、やはり近代における親近性の主張に歴史学的基盤を与えるものだった。

されてきたとおり、日本は西洋の制度や植民地統治技術とともに、西洋式の建築、都市計画をも、日本の植民地支配の正当性を主張するために利用した(西澤、二〇〇八年、四〇七～四〇八頁)。建築史家の西澤泰彦は植民地における住宅地開発計画の住宅の質が一般に内地よりも高い水準にあったと指摘しているが、その理由は、一部には日本がいかに文明化されているかをみせる必要を建設者が感じたからであった。西澤によれば「支配地では、被支配者の目に見えるもの全てが支配者の国力に結び付く。そこでは、被支配者を圧倒する建築、都市の出現が求められる」(西澤、二〇〇〇年、五一七頁)。レオ・チンも同様な視点から、日本の立場が「見る主体と見られる客体」の双方に同時に置かれたために「不安に揺れ動いていた」と指摘している。この含蓄深い表現は文化的に植民地化された植民者という、日本の植民地政府と帝国の植民地エリートのジレンマを捉えている。たしかに西洋列強は、日本の朝鮮と台湾に対する領土統治権を認めてはいた。しかしそれは、西洋人や他のアジア人が日本人植民者を文明化の担い手と認めたかどうかは、保証してはいなかったのだ。大日本帝国全域において、西洋の建築と家具は、西洋の制服、官職、制度とともに、ヨーロッパ人と相違ない文明化の担い手として世界に認められようとする日本人の努力を示したのである。

本土から訪れる華族などのエリートが台湾総督府の前で原住民と写っている記念写真などには、このような努力が鮮明に表れている。閑院宮が原住民の代表団と写っている図10は、いかに椅子によって日本人が文明化の担い手であるという主張が強められたかをも示している。この写真は一九〇九年六月に総督府発行の絵葉書になった。軍服を着た親王は総督府の中庭階段の一番上で、小さな卓のそばで肘掛け付きの籐椅子に座っている。日本人官僚が彼を囲んで立っている。五、六組の原住民代表団は、巻きスカートやほかの土着の服装に身を包み、中庭の地面に立ったりしゃがんだりしている。「シャッターチャンス」そのものが、おそらく先住

図10　台湾総督府を訪れる閑院宮と台湾原住民の代表。記念絵葉書、一九〇九年。植民地台湾訪問中の華族にとって、原住民と一緒に写真を撮ることは定番だった。高いヴェランダに置かれた籐椅子に腰掛ける閑院宮とその下で立ったりしゃがんだりしている原住民の姿勢に権力関係

民族と日本の貴賓との会合の存在理由となっていたのだろうという印象を、このような光景から受ける。この写真は、アメリカ、アフリカ、アジア各地で植民地権力を儀式的に示してきた、広く見られる視覚言語の応用であるが、現地と外国人の眼に日本の力だけでなく、「未開」を平定した文明の力をも表象していた。

台湾での文明と未開の演出の背景には、古《いにしえ》からの分類があった。たとえば日本による「生蕃」「熟蕃」という現地民の分類は、清朝の用語に由来した。清朝の台湾統治者にとって、中国の慣習との相違を示すあらゆる兆しは、現地民が獣と同類に位置づけられることの表れとみられていた。したがって彼らは自分たちが接触する人々に、所作の上である程度同化をするように求めた。たとえば璜牙益村の村長に清への忠誠を誓わせた、一八八〇年の協約では、動物と識別するため村人は服を着るよう、長に約束させている。原住民の特に女性は、中国式服装の要素を部分的に採り入れた(Harrison, p. 338)。

台湾原住民の観点からすれば、日本の植民地統治の担い手は、彼ら自身の振る舞いの規範を自分たちに押し付けようとする、さまざまなよそものの一つにすぎなかった。しかし日本人官僚にとって、原住民に対し進んだ文明の模範として立つことに加え、一八九五年まで島の上位層を形成していた漢民族の人々(主に福建人)に対しても、より高い文明性を示さねばならないという二重の課題があった。そのため、台湾に渡った日本人が中国の習慣に同化することを台湾総督府は懸念していた。たとえば、台湾総督府設置よりわずか一週間後、民政局は所属する官吏に対して中国式の服装を纏わないよう警告した(岡本、一〇六頁)。これに加えて、内地で広まっていた同時代の和洋折衷的文化形式の中からどの要素を植民地に移入するかという問題もあった。西洋の建築と服装は日本の帝国的使命の公的な演出にとって欠かせなかったものの、通常の日本人植民者の日常生活にはさほどみられなかった。すくなくとも総力戦によって倹約

が演出されている(夏静凝・謝梅華『見證——台灣總督府1895–1945:*Witness—the colonial Taiwan, 1895–1945*』(撮影彭延平・劉嫻君)台北:立虹出版社、一九九六年より)。

の規範が強制されモンペが奨励されるまで、植民地の至る所で日本人女性は内地と同様に着物を着ていたし、多くの男性も家の外では背広や制服を着ていたにしても、家に帰ったら和服に着替えた。建築についても、日本人の畳への愛着は入手困難な場所においてすら根強かった。たとえば南洋諸島では住宅の床が木板で作られたものの、移り住んだ内地人はその上にござを敷いた(Peattie, 1988: p. 204)。満州で最高クラスの社宅だった南満州鉄道幹部の住宅には、外観が全くの西洋風でありながら、内部の六つの居室の内五つは畳敷きだったものもある(西澤、二〇〇〇年、五五四頁図版)。したがって西洋文明の規範を普遍的に適用したい植民地エリートがいたにせよ、それが帝国の空間全体にわたって画一的に適用されることはなかった(図11、図12)。

植民地台湾の漢民族の中にも、日本式の服装や住宅建築の要素を日本統治初期ころから受け入れはじめた者がいた。アメリカ人宣教師D・ファーガソンは都市の台湾人が「急速に日本化している」と一九〇九年に報告した。その証拠として自転車と下駄を例に挙げている(Ferguson, p. 494)。一九二四年の調査では、台湾人(「本島人」)女子向けのエリート学校に通う娘を持つ二五四世帯のうち、一〇九世帯が自分たちの住宅に一つ以上の「内地風居室」を設けていると報告された(竹中、一七六〜一七七頁)。この学校は寮で日本式の作法を教えることに重点を置くことによって、日本の居住慣習を奨励していた(竹中、四五頁)。これには床座も含まれていたに違いない。

異なる生活習慣の出会いは、実際に日常的な問題を招きうる。これらの相違は、身体やその清潔感覚を必然的に伴っている。そのため文化イデオロギーが無意識に働きかけ、理性以前の心理的なレベルで相違を体験することになる。台湾人作家・周金波による一九四三年の短編「気候と信仰と持病と」では、主人公が皇民化運動の時期に神道に転じる。フェイ・ユエン・

図11　南洋庁パラオ支庁の医師とその家族、一九三五年。南洋の日本人住宅は板張りの高床式で、床にござを敷くのが一般的だったらしい。この型の籐椅子は日本帝国中に使用されていた(小野、リー、安藤、二〇〇二年より)。

図12　籐椅子に座る愛新覚羅溥儀(ウィキペディアより)。

クリーマンがこの短編を分析しているが、主人公が神棚を入れるため自分の家の一室を「日本間らしく」すると、家は「画然と二つの部分に区切られてしまったのである」と指摘している。感覚的にも精神的にも対照的な二つの部分によって、家のもう一方で伝統的な台湾の儀式を行い続ける妻から主人公は遠ざかる(Kleeman, p. 210)。

慣れた床座をあえて離れなかった多くの日本人は、台湾で遭遇した日常的文化の出会いにどう対処しただろうか。一つの解決は接触を避けることであった。企業や大工場は日本人職員用の住宅を、既成市街地から離れた新街区に建てた。たとえば台湾製糖が高雄郊外に建てた工場都市は、日本人向け社宅を供給したものの、ほとんどの台湾人社員は外から通勤するようにした(小野・安藤、一八二頁)。

しかし都市計画のレベルで隔離できたとしても、植民者自身が家事使用人を求めたため、住空間の内部ではまた別の解決法が必要になった。内地では一人以上の住み込みの女中を雇うのが中流家庭の証であった。台湾の日本人世帯で、英領インドの支配階級に見られるような多数のスタッフを雇うのは稀だったとしても、使用人を雇うのは内地以上に一般的だったようだ。一九一〇年代の台湾の新聞に台湾生活の感想を掲載した日本人旅行者は、見栄のために、台湾の日本人は内地で見られないかたちで下女を使うとして、怠惰な植民地の主婦たちを批判した(竹中、七八頁)。また、『生活上より見たる台湾の実際』という、どちらかといえば植民地生活を売り込むといった調子の本においても、著者伊原末吉は台湾の植民者家庭の基本的な特徴の一つに、沢山の台湾人使用人を雇う傾向を特筆している。伊原はこのことが「虚栄、贅沢、身分不相応、労を厭ふといふ悪風」を招きかねないと警告し、植民者が「植民地的気分」を排するよう説いた(伊原、六五頁)。内地と朝鮮から台北市への渡来者の年次統計は、一九三六年と三七年に「家事使用人」として渡来した者として、一年におおよそ千人台を記録している。こ

の統計書によると、この頃毎年約七万人の日本人と朝鮮人が渡来し、その中には官吏と自営業者のみをとっても併せて一万人以上、貿易業者が九千から一万六千人含まれていた。これにより、台湾に多数の使用人が必要だった状況はあきらかである。しかしこれらに対し家事使用人の到着は少なかったため、このような中産階級植民者のほとんどは、もし使用人を雇ったとすれば台湾人を雇わざるをえなかったはずである[6](『台北州統計書』第一七号、一九四一年)。

日本人の床座とかみ合わなかっただけでなく、根本的に対立した地元の習わしの一つが、纏《てん》足《そく》だった。纏足は古く宋朝に端を発しているが、同じ時代か少し早い時期に広まった椅子座の習慣と絡み合っていた。ドロシー・コーの指摘によれば椅子に座ることが「纏足を人間工学的に可能にした」。同時に、床に座っていたら隠されていた女性の足が、椅子に座ることで目に曝されるようになり、性欲をかき立てる対象になるきっかけも作られた[7](Ko, pp. 135–138)。纏足の女性は靴と裹脚布を私室の外では脱がず、一方畳の上で生活していた日本人は畳が敷かれた床に履物は許さなかった。

日本の領有初期には、台湾にいる漢民族の女性の間で纏足が一般的だった。一世代を経ても、多くの老女はいまだに纏足だった。一九三〇年代から四〇年代を台湾で過ごした自分の子供時代をブログで記している「高あきら」というペンネームの日本人ジャーナリストは、先の対立を処理する一策として、家の中に隔絶が設けられていたことを仄めかしている(高あきら、二〇〇六年)。纏足をした台湾人の洗濯婦が毎朝仕事をしに家に通っていたが、彼女は風呂場で洗濯していた。刺繍された中国服を着て、檳榔《びんろう》を嚙みながら彼女が屈んでいるのを見たと、彼は覚えている。当時台湾で建てられた日本式住宅は、内地の住宅と同様に屋外から直接風呂場に入れる造りだった。浴槽はふつう土か三和土の床に据えられ、土足の空間となっていた。高あきらは家で働いていた台湾人使用人(「ねえや」)と遊んだり喧嘩したりしたことも覚えている。

(6) 未成年者をどう数えていたかなど不明な点もある。「官僚と自営業者」の下に分類された女性の数が男性の数の半分に達しているので、妻は夫の職業の分類の下に数え上げられたようである。台湾の使用人には沖縄の八重山からの出稼ぎ移民も多かった。Matsuda, 2008を参照。

(7) 中国の椅子座の起源に関してはKieschnick, pp. 222–248を参照。

これと対照的に洗濯婦とは言葉を交わしたことがなかった。洗濯婦は纏足のため、母屋の住空間には入れなかったから家の子供に親しむことがなかったようだ(8)。

植民地支配を始めて二十年の間、日本の当局は民間改良組織への援助と自らの教化キャンペーンを通じて、纏足の習慣をなくそうと努めた。一九一五年に纏足は完全に禁止された。中国民俗研究家ハワード・レヴィに拠れば「反対者は強制的に処置され」たため、禁令に効力はあった。したがって一九三〇年代までに、多くの若い台湾人女性は日本人世帯で家屋内の世話をする上で、身体的な束縛がなくなった(Tsurumi, pp. 220–221)(9)。しかし台湾人女性が家事を世話できるようにするのが第一の理由だったと主張したいのではない。このキャンペーンは、「三大陋習《ろうしゅう》」として男性の弁髪やアヘンを禁じるキャンペーンと並行して行われた。つまり日本人世帯で働くのに適した身体をもつ使用人が増えたのは、文明化という日本の使命の副産物だったのである(10)。

この点で、台湾の原住民は女性の足を縛らなかったため、当時日本当局が信奉していた文明化の階梯において、漢民族の人々より上の地位を占めていたともいえる。ほとんどは裸足で歩いていたが、裸足は纏足よりも簡単に靴や草履ばきに「矯正」できたため、原住民の身体は文明に一段近いとみることができた。また日本人の持ち込んだ「文明」において、台湾の原住民は高床の住宅で床に座っていた点で、日本人と類似していたのである。実際、日本人警官と有力な原住民家族の娘との間に数例なされた政略結婚は、かなりの注目を浴びた。また映画で有名になった「サヨンの鐘」なども、先住民族の女性と日本人男性の恋愛物語への大衆的な欲望に応えた(Barclay, pp. 323–360; Ching, pp. 161–168)(11)。「未開」のステレオタイプであった原住民は、足に関わる習慣によって、文字通り「伝統に縛られた」漢民族の人々よりも、民族を超えた結婚にまつわるこの手の物語に馴染みやすかったのである。

(8) 言語の壁も会話の妨げになったと思われる。

(9) p. 221でレヴィを引用している。ツルミが指摘するように、幼少期に纏足を行い、後にほどかれたことは、回復に痛みを伴い時間もかかるため二重の苦しみだった。先述の女学校で禁令の前、一九一四年に合格した新入生のうち、二十二人が纏足、三十四人が非纏足、六十四人が「解かれた纏足」だったと伝えられている(竹中、四四頁)。

(10) 悪習の問題を調査するため、植民地政府の人口調査では纏足の女性、弁髪の男性、アヘン中毒者を数え上げていた。

(11) 鄧相揚『植民地台湾の原住民と日本人警察官の家族たち』(日本機関紙出版センター、二〇〇〇年)も参照。

このことは、同化とは何かという複雑な問題に繋がる。その概念的な解明をレオ・チンが追求している。チンは一九二〇年に『台湾青年』誌に掲載された蔡培火の議論を引用しているが、そこで蔡は同化の概念を、世界中で起こっている不可避の文明の過程として再定義していた。蔡はこのユートピア的近代の枠組みを、具体的で物質的な慣習に結び付け、台湾の纏足と日本の床座の双方を同化プロセスにより捨てさられるべきものとして取りあげた(Ching, pp. 110–112)。一九二〇年の内地で欧米へ文化のアンテナを向けていた進歩的な日本人は、総督府が纏足に向けたような強制力はなかったが、畳と床座をなくす運動をしていた。したがって植民地にしろ内地にしろ、世界市民的な近代化論者の観点からすれば、日漢のこの習慣は文明と未開というように対立してはおらず、むしろともに未開に属したのだ。纏足と床座は互いに相矛盾する二つの未開であった。

私の知る限り、植民地当局は在台湾内地人を床から立ち上がらせるキャンペーンを行わなかったが、日本支配下の台湾住民や外国人訪問者が未開と解釈する恐れがあった他の居住習慣に関する懸念の兆しならばあった。たとえば裸体を曝すことには警告が発令され罰金が科された。日本人は台湾にいる漢民族以上に、暑いときに裸になることに慣れていたようである。日本人が人目を気にしてあまりに多くの使用人を抱えていると新聞で報告した、先の同じ日本人旅行者は、台湾の内地人が家にいるとき、下帯や腰巻き程度のものしか身につけていないことがよくあるとも報告していた。女性は裏庭から裸で行水しているのを見られることもしばしばだったそうだ。自身も植民地台湾で育っている竹中信子は、この点において日本人は「生蕃のようだ」と台湾人が考えていたと書いている(竹中、七九頁)。この懸念はE・M・コリンガムが描いた十九世紀中盤のインドの状況とちょうど逆になっている。インドでは現地人がほぼ裸であるのに、植民者は彼らの裸を「無関心」でもって黙殺していたことを、イギリス本国からの訪問

(12) Collingham, pp. 105, 107–108. コリンガムは一八三九年から四二年までコルカタに暮らしたG・W・ジョンソンを引用している。

者が発見した。(12) 一方台湾では、植民者こそ裸であり、内地からの訪問者（と植民地当局やエリート層の一部）は彼らの裸が現地人に非難の眼差しで見られることを恐れていた。

五　熱帯の混淆――内地と植民地における三越型籐椅子

ある熱帯産の家具が、家で床から離れて座るよう転換を目指した内地の啓蒙主義者の要求に応えていた。一九一一年、日本の最高級のデパートであり、ブルジョワ的近代の趣味を広めていた三越は、簡素な籐製肘掛け椅子を紹介した（図13）。籐椅子はそれ以前から日本でも製造されていたが、量は限られていた。三越はこれを大量生産向きのシンプルな形にし、以前の値段の数分の一で提供した。一九二〇年代初期、ますます多くの若い夫婦が内地・外地の都市部で新家庭をつくり、自分たち自身の住宅に家具を買う、という新体験の機会をもった。三越はそこに大きな市場を見出したのである。この成長しつつあった新たな中産階級は、新しい家具や装飾の熱心な消費者となったが、それは明治以来の啓蒙主義者による自己教化運動の影響もさることながら、流行のせいでもあった。戦間期に女性誌や大衆誌に掲載された新しい「文化住宅」の写真に、三越の椅子が頻繁に写っている。(13)

三越型籐椅子は多くのこうした住宅において、初めての椅子であったろう。それには三つの社会的変化が伴っていた。つまり家庭に椅子座を導入すること、核家族世帯の確立、賃金労働と大量生産された商品の購買に基づいた日常生活の確立であった。明治期を通して椅子は、西洋式としてはっきり区別された空間、ほとんどの日本人にとって身体を安楽にするよりも規律

図13　三越籐椅子の広告、雑誌『三越』一九一一年。もっとも一般的だったこの型の籐椅子は実際に三越の発明だったかどうかは不明だが、その普及に三越は大きな役割を果たした。

(13)　ちなみに、籐家具の生産と拘束下の労働には深い関連があるようだ。家具の歴史家小泉和子によると、三越の籐椅子は台湾の囚人によって作られたという。先述の宣教師ファーガソンも台湾の囚人は「籠、家具など」を作っている、と記した（Ferguson, p. 495）。さらに、フランク・ディコターは一九二〇年代中国で籐椅子が「囚人、孤児、無宿者」によって作られたと記している（Dikotter, p. 170）。これは世界的な現象だったかもしれない。ジェレミー・アダムソンも合衆国市場における籐家具の一部はアメリカの刑務所で作られたと記している。

に従わせていた学校や役所、事務所のような空間に属していた。西洋家具は畳表を傷つけ、敷布団や座布団などのしまっておける物品を前提に設計された部屋の中で、場所をとった。三越の刊行物は、西洋的な安楽の形態と振る舞い(たとえば「ベランダ」で「ビール」を飲むなど)を提案することで新しい籐椅子を販促していたが、当初はそれが和室でも使えるという提案をはばかっていた。しかし一九二〇年に「新日本家具」と称した籐椅子のシリーズを紹介し、畳の部屋で使うのに適すると明記した宣伝をだした。とりわけ籐は、色や肌理が畳表の藺草と似ている熱帯植物であった。この感覚上の類似性により、軽量の籐製肘掛け椅子は一九二〇年代に日本の住宅内部に広まった。そしてその普及は西洋家具の微妙な読み替えを伴った。たとえば三越の新シリーズを讃えつつ、ある新聞記者はこの新式の椅子があまりに日本的であるため「もはや椅子という感じがない」と発言した(『三越』一〇巻三号、一九二〇年三月、一四、一八頁)。

　材料が壊れやすい籐家具は木製の家具と比べて仮のものだったとまえに述べたが、三越の籐椅子は別の意味でも仮のものだった。床座と椅子座の妥協だったからである。ヨーロッパが支配する植民地でみられた、寝られるほどの大きな椅子と異なり、三越の籐椅子は小さく、体にぴったりとし、垂直的である。体を包み込み、きちんと固定する。この籐椅子はこの意味で、くだけた「簡易生活」の道具であると同時に、国際的な流儀である椅子座への譲歩でもあった。日本の新中間層にとって、籐は床座する半熱帯的日本の「原始生活」から真正な西洋式家具を用いる文明化した生活へと移行する際の仲介として機能した。

　三越型籐椅子に与えられたこの仲介的な役割は、植民地で撮影された肖像写真にしばしば感じ取ることができる。群像写真はいくつかの関係性を映し出している。座っている人同士の関係、座っている人とカメラやその後ろに立っている撮影者との関係、そして将来これを見る後世の人々との関係である。そこには、肖像をめぐる過去の実践や伝統との関係もあっただろう。

(14) 日本の大衆的肖像写真に関する研究は限られている。肖像写真の複製コレクションは田中雅夫『日本写真全集5 人物と肖像』や Nihon Shashinka Kyōkai. *A Century of Japanese Photography* がある。

それらを支えるものとして、肖像写真中の家具はこうした関係すべてを分節する。十九世紀から二十世紀初期に日本の写真館で撮られた肖像写真の被写体は、通常布張りで房の付いたヴィクトリア風の椅子に座っているか、そのそばに立っている。写真館ではなく住まいで撮影された写真は、被写体を庭やヴェランダに置き、またしばしば背もたれの垂直な籐椅子に座らせて写っている。写真館の布張りの椅子と同じように、こうした椅子は被写体をフレーミングし肖像写真の記念性を高めているのだ。(14)

図14は台湾・橋仔頭の砂糖工場の記念誌に掲載された写真で、住宅でフォーマルに撮影された肖像写真に三越の籐椅子が使われていることがわかる。写真中の男性の軍服と座っている人の厳格な正面性が、写真の記念性を示している。(15) この正面性は、家族写真で座っている人をカメラの眼差しの対象として演出し、後代に向けて群としての家族のこのときの存在を記録することが写される人々の個人的な安楽や自己表現より優先していたことを示している。これは図5の召使いに囲まれ、貴族主義的な無関心でもって遠くを見つめる、アルコナムの夫婦の姿勢と対照的である。(16) 図14の男性はセメント製らしい靴脱ぎ石(あるいは箱)に腰をかけ、そばに控える女性(おそらく妻)と少女(おそらく娘)は三越型籐椅子にまっすぐ座り、手を膝の間に合わせ、肘掛けや背もたれに寄りかかっていない。インドから中国に黙想の道具として椅子を導入したとされている六世紀の仏教僧のように、この肖像写真で座っている人は、リラックスした姿勢をとるために使うよりも、壇として椅子を取り扱っている(Kieschnick, pp. 240, 242)。写真では後方の、縁側の端に座って裸足をぶらぶらとさせている少年を除けば、全員が外履きを履いている。背の高いブーツを履いた男性と一緒にポーズするため、座っている人間は家の外の地面に集められ、靴を履いたことで、公的性質を高めている。ちなみに図14では籐椅子が外に出され、布が脚の先に巻かれている。これもやはり床座の生活に組み込まれた籐椅子の、混合的で

図14　台湾製糖会社の管理職一家、一九二〇年代か(『糖金時代：橋仔頭影像記憶』二〇〇二年より)。

(15)　同じ正面性は先祖の遺影にも軍人の記念写真にも特徴的である。木下直之が指摘するように軍人の肖像を撮影するという記念の役割は、一八九四〜一八九五年の日清戦争以降日本における肖像写真の大衆的な消費に大きく貢献した(Kinoshita, pp. 86–99. また、佐藤、三九〜五九頁)。

(16)　ヨーロッパの肖像写真の正面性に関してはTagg, pp. 35–37を参照。

暫定的な本性を思い起こさせる。[17] 図14に比べ、図15は橋仔頭の別の家族写真だが、見たところ召使いや親戚を含めた世帯の全員が和服を着て、椅子ではなく縁側の床に座っているため、くつろいだ印象を与える。

図16、図17は竹中信子の『植民地台湾の日本女性生活史』に掲載された二葉の写真で、召使いとともに写った日本人女性を示している。どちらも戸外で撮影され、場所を示唆する建物はない。竹中が「日本人警官二組の夫婦と家事手伝いのタイヤル族の娘たち」と注記している写真(図16)では、男性が和装で背後に立ち、それぞれの妻がその前に椅子に座っており、二人の女性が地面にしゃがんでいる。男性、妻、女性の頭部の構成が、垂直方向に三本並んだ列をフレーム中に作っており、巧妙に身分的秩序を伝えている。図5のアルコナムの夫婦が「召使いを見せるため」ポーズをしたように、この男性達は妻を見せ、その妻は召使いを見せているようである。

「日本婦人と使用人の台湾娘たち」と記されたもう一枚の写真(図17)は異なった性質を帯びている。ここに男性はいない。着物を着た女性が、パジャマのズボンとサンダルをはく十代と思われる少女四人と立っている。一人は女性のそばに立ち同じ高さにあり、他の三人が女性の前にいる。前にいる二人は籐椅子に腰掛けており、足を開き手を両膝に乗せている。もし竹中の注記が正しければ、四人はすべて台湾人である。日本人雇用者は立っていて、召使いたちを座らせて、自分が彼女らの守護者であるという役割を示しているのだろうか。この女性と召使い達との関係について、写真での相対的な位置から何らかの確定した結論を引き出すのは深読みしすぎであろうが、図16と並べて考えると一つ気付くことがある。この漢民族の少女は立ったり、椅子に座ったりはするが、原住民の召使いのようにはしゃがまない。漢民族は日本人植民者と同様、日常でしゃがむ機会はあるし、その姿勢をとることも身体的に可能であった。し

(17) 一方、漢民族が女性の足に布を巻いて家の中で靴をはいていたのに対し、日本人は履物を脱いで椅子の足に布を巻いたともいえる。

図15 台湾製糖会社の家族(『糖金時代：橋仔頭影像記憶』二〇〇二年より)。

かし彼らは普段は椅子に座っており、原住民は地面に座ったりしゃがんだりすることが多かった。他の日本人と先住民族の写真、たとえば先に触れた閑院宮の写真(図10)でも、多くの先住民族がしゃがんでいる。何人かが膝のあたりを衣服で包んでいる仕方から分かるとおり、彼らにとってこの姿勢は自然である。しかしそれだけではなく、ともに写真に写った植民地支配者や雇用者の目に、この姿勢は彼らの非文明的な位置を適切に表現していると映ったのではないだろうか。日本人にも漢民族にも日常生活で十分ありふれているとはいえ、体をかがめるのは日本式、中国式、あるいは西洋式の正式な礼儀作法には明らかにそぐわない――したがって「原始的な」――姿勢であったし、またその体は地面に近く低められていた。図17の日本人女性の主人が漢民族の召使いにしゃがんでカメラの前でポーズさせることは考えにくい。椅子座は日本人植民者と植民地支配下の漢民族とを結び付ける「文明」概念の媒体だったからである。

次ページの図18は人間が映っていないので文字通りの「肖像」ではない。むしろ一つの生活様式の「肖像」といえる。この写真は一九二三年の震災後東京に建てられた、日本初の大規模な公的住宅計画、同潤会の青山アパートメントを記録したもので一九二七年に出版された『建築写真類聚』の一枚である。同潤会アパートメントの部屋は床座も可能なように設計された(写真の部屋は床がコルク張りと思われる)ものの、設計者たちは西洋を規範として日本の日常生活を改良する生活改善運動と密接な関係を持っており、これらのアパートメントはより「立体的」で床に縛られない近代的な生活様式を体現するよう意図された。この写真では設計者も建築写真家も、あるいは住人も、そのような生活様式を演出するため協力している。二脚の三越型籐椅子は互いに籐製のテーブルを挟んで向かい合い、テーブルはレースで覆われ、一組のティーカップと一皿の果物が載っている。このように演出された部屋は、両親を住まわせるには小さく、夫婦のみの空間としての新住宅様式を表現したものである。したがって、従来のよう

図16　日本人警官の夫婦とタイヤル族の娘たち(竹中信子『植民地台湾の日本女性生活史』より)。

図17　日本人女性と台湾人の召使い(竹中信子『植民地台湾の日本女性生活史』より)。

な住宅の慣習に囚われずに、快適な生活を送れる期待がこの写真の光景にこめられている。謹厳な記念写真において同じ籐椅子が使われる場合もあったが、この写真では籐椅子は新家庭の幻想の売り込みに一役買っている。気の利いた流行のモダンなテーブルを挟んで日当たりのよい部屋に置かれた籐椅子は、新中間層の目に満ち足りた時間を約束しているようだ。空の椅子は若い都会人に、三越の広告と同様に「このように一組の椅子を置いて、一緒にイギリス風に紅茶を飲みませんか」と訴えかけているようだ。一九二〇年代からの家具販売においてもこの写真と同じように、三越は新たな核家族の家庭生活を推進し、なおかつその利益にあずかったのである。そこで快適でコンパクトな籐椅子は大きな役割を果たしたのだ。

六　補論――アメリカ軍事帝国における「パパサン・チェア」の歴史仮説

籐椅子の帝国史において最後に考えたいエピソードは、現在合衆国で「パパサン・チェア」として知られる独特な椅子についてである（図19）。これまで記述した身体姿勢の歴史には証拠が断片的だったが、この最後のエピソードは最近のものであるにもかかわらず、証拠の点ではさらに薄弱である。しかしこれから書かれるべき重要な歴史もあるので、より正確に跡づけられるのならば明らかになるだろうことを書きとめておきたい。

合衆国の家具チェーン店ピア・ワン・インポーツは、一九六二年にカリフォルニア州マテオで設立されて以来、アジアのエキゾチックな輸入品を扱ってきた。おそらく一九七〇年代前半、ピア・ワンは、籐を束ねて円錐形にした台に全体が籐でできた籠を角度をつけて載せ、その上

図18　籐椅子とテーブルのある同潤会青山アパートメントハウスの一室（『建築写真類聚　新興アパートメント巻一』一九二七年より）。

に大きなクッションを置いた椅子を売り始めた。直径一メートルを超えるものもある。ピア・ワンはこうした椅子を売り出した最初ではなかったし、商標を持っていたわけでもなかったが、この椅子が「パパサン・チェア」という名前で同店の目玉商品となり、おそらく他のどの会社よりも多く売っている。

テキサス州フォートワースにあるピア・ワン・インポーツ本社広報部の元上席部長ミスティ・オット氏によると、パパサン・チェアはヴェトナムに送られたアメリカ軍GIがタイで見つけ、母国に送ってから普及したそうだ。ピア・ワンはもともとタイから椅子を輸入していたが、その後マレーシアとインドネシアの製造業者から買い付けるようになった(Misty Otto, 電話インタビューと電子メールによる書簡、二〇〇七年十一月)。広報部の説明は以上であるが、このデザインの椅子が実際にタイで見つけられたのか、熱帯産繊維で作られた似たものがそこで見つかって、今の形にインスピレーションを与えたり基盤になったりしたのかなどは定かではない。十九世紀・二十世紀初期の欧米の籐椅子に比べ装飾や複雑な編み目がなく、籐を丸ごと束ねて作られているパパサン・チェアは、東南アジア固有の民芸的な性格を感じさせる。しかし現在売られているモデルは非常に大きいため、タイのものというよりアメリカのものに見える。籐椅子や籐製日用品はタイでは他の東南アジア同様にありふれている(図20)が、タイ人は他の東南アジアの人々同様、伝統的には床座であり、おそらくこの椅子はタイ人の住居内部で使われるためにタイで売られていたのではないはずだ。もちろん同じ椅子が、住宅ではないタイのどこかで使われていたかも知れない。ならば、アメリカ軍のGIが訪れるであろう場所から調査を始めるべきだろう。

この関連で名称は示唆的である。「パパサン」という名はほぼ間違いなく和製英語に由来している。ピア・ワンは当初、この商品と並んで二人用の椅子を「ママサン」として売ってもい

図19 「パパサン・チェア」米国PIER 1 IMPORTS 輸入販売(著者撮影、二〇〇九年)。

図20 タイの店先に置かれた籐椅子(ナコン・サワン、佐伯馨撮影、二〇一三年)。

た。これらの和製英語は酒場、売春宿や他の、第二次大戦後の日本占領期から、太平洋地域の米軍基地周辺にある盛り場で発達したピジン(混成語)に属している。「ママサン」はもちろんバーの女主人や売春宿の女将を意味する。「パパサン」はそれほど一般的ではないが、ポン引きを意味して使われることがあったらしい(オックスフォード英語辞典より)。これらを含むたくさんのピジンはアメリカ軍が進出し、定着したアジア太平洋地域中に、米軍兵士とともに広まった。そして兵士が使った単語そのものも、米軍駐屯の長期化にしたがって現地語として定着した。一九五六〜五七年に日本に、一九六九年にヴェトナムに派遣された海兵隊のロバート・ファーマーは、海兵隊の雑誌においてヴェトナム時代を回想している。その中で、日本に駐在しなかった海兵隊員がこれらのピジン単語をヴェトナム語と考え、ヴェトナム人はそれが英語だと考えていたことから、ヴェトナムの人々は日本から輸入されたピジンを永続させていたのだろうと記している(Farmer, pp. 10, 23)。「ママサン」はバンコクや他の都市の歓楽街で今日も広く使われている。「パパサン」と「ママサン」はGIがアジアのこういう場所で実際に使われた椅子につけた名称かも知れない。また単に、米軍兵士が非番時に「休息と慰め」を求めた東南アジアの場所を籐製品で思い出したため、このデザインの椅子に根拠なく選んだ名称かも知れない。いずれにしろ、この椅子の名前は、米軍が日本を皮切りにアジアに進出し、基地周辺を中心に太平洋地域全体に、独特な米軍帝国の感性をもたらしたことを示しているのである。

椅子としてのパパサン・チェア固有の特徴は、大きな寸法、完全に円形であること、また籐製の籠が固定された低い角度にあることである。この角度は背を真っ直ぐにするのには向かない。しかし平均的な身長の成人が完全に体を横たえるにも十分ではない。形状と寸法のためにさらなる両義性をも抱えている。それは一人用なのか、二人が座れるのかという点である。もし二人用だとして、彼らはどう座るべきなのか。アメリカの内装デザインにおける自由な実験

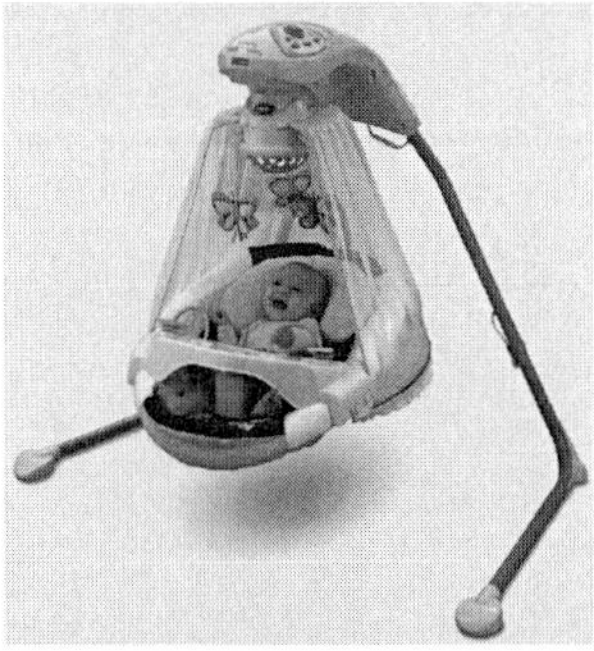

の時代に生まれたもう一つの製品、ビーンバッグ・チェアのように、パパサン・チェアは明らかに遊び心に満ちた家具である(図21)。しかし地政学的な伝播経路からみれば、仮説ながら「遊び心に満ちた」というより「社交的」と――「放蕩的」とすら――言いたくなる。もし英領や蘭領のアジアで普及し、北米に輸出された籐の寝椅子が、孤独で弱った身体の感性を連想させるとしよう。あるいは三越の籐椅子が日本の大都市や植民地の新家庭に普及し、国際市民的な近代の家庭の感性を連想させるとしよう。するとパパサン・チェアは、性的放縦《ライセンス》(あるいは官許《ライセンス》されたセックス)の文化にまつわる感性を連想させるといえるだろう。これはアジアにおけるアメリカ軍事帝国の手先であった米兵の、放埒な出費や交遊などの振る舞いの遺産であろう。

図21 「パパサン式ゆりかご」。近年、アメリカの家具販売では、「パパサン」という語が乳児のゆりかごなど、他のボウル型の椅子にも使われるようになっている。つまり、「パパサン」の形態と呼称は環太平洋の米軍基地周辺という起源から完全に離れている。英語名称からハイフンが除かれたことも確実に一助となっただろう。

七　日本の植民地的感性についての結論

結論として、日本の植民地体験という文脈における身体の振る舞いの問題に立ち返ろう。レオ・チンが「見ること」と「見られること」の間に「不安に揺れ動くこと」と名付けたものは、日本の植民地支配に関して一定の水準で疑えない事実である。しかしこの不安は植民者の日常生活でそれ自体として実際に現れただろうか。もしそうならばどのようにしてか。もし植民地にいた一般の内地人が自分たちの西洋らしさを植民地の被支配民に誇示したがっていたとすれば、畳敷きの部屋や着物などをより少なくし、外見についてもっと自覚的になっただろうと予想してよい。しかし台湾で日本人が裸体を見せることに罰金が科されていたことから判断すると、外見を保つことについては一般植民者より官僚の方が強い関心を抱いていたようだ。もし他方で、日本人植民者が自分たちを植民地支配下の人々の上に君臨する主人であると自覚していれば、もっと植民地の使用人に何から何までさせていた証拠が期待されてよい。それも実際にあったかもしれない。しかしここにみた数枚の写真と歴史記述から判断するかぎり、確かに日本人は台湾人の召使いを雇い、こまごました仕事をさせていたかもしれないが、しかし文字と写真で自分たちを記念するときには、インドや蘭領東インドにおけるヨーロッパ人植民者に見られるような威厳の誇示、あるいは現地使用人に対する貴族的無関心を控えていたようにうつる。

日常の所作とその表象についての以上の観察が、日本の植民地支配への弁護ととられてしまうかもしれないが、それは誤解である。南アジアや東南アジアのイギリス人・オランダ人植民者に比べ、台湾にいた日本人のほとんどの植民地生活は、内地での生活と根本的にあまり変わらなかった。総体的に見れば、もちろん植民地支配の試みは日本が正統的な帝国であると示す国家的な使命を帯びていたし、間違いなく多くの政府高官や知識人はこれを強く感じていた。しかし多くの下級役人、警官、会社員などの家族には、植民地への移住とは、熱帯気候に苦しむ代償として生活水準のいくばくかの向上であり、中流階級に加われる機会であると、感じ取られ理解されていたであろう。

それでも、台湾や他の植民地に行った日本人は単に高い生活水準を求めていただけだとみてしまうのは、植民地支配の力学を捉えそこねている。というのも植民地の移民たちは仕事と厳しい気候を見つけたばかりでなく、先住民族の人々や以前からの植民者とも遭遇したからである。日常生活レベルでは、多くのことがまだ明らかではないので、ここではもうひとつの推測で観察を締めくくりたい。ミリアム・シルヴァーバーグは、著書『エロ・グロ・ナンセンス』

で、川村湊の「外部としての〈野蛮人〉を発見することにより、内部の〈文明〉が見出される」という洞察について言及している。数人の他の研究者も日本の植民地的感性に関する川村の理解を利用したり進展させたりしてきた。しかしシルヴァーバーグの引用で目を惹くのは、この理解に彼女が無頓着に加えた敷衍、論理的な転換である。彼女は川村の理解を彼の「大いに可逆的な主張(傍点筆者)」と呼んでいる(Silverberg, p. 263)。いかなる意味で「可逆的」なのか。この敷衍は議論の全体を掘り崩すおそれはないのか。可逆的ということは、日本の植民地帝国は「外部としての〈文明〉を発見することにより、内部の〈野蛮人〉が見出され」たのだろうか。植民地の日本人家族は、あるいは西洋の制服を着用し、あるいは召使いも見せ、籐椅子に収まってカメラに向かって真面目にポーズを取っていたときに、それは文明化された状態を見せたばかりでなく、演出によって自分たち自身がその状態にあることも認識した。しかし同時に椅子座の漢民族の文明に遭遇したとき、記念するほどではない日常の時間には床座を続けた日本人植民者は、また堂々と自分たち特有の「原始性」を演出し認識したのではないだろうか。

第五章参考文献

伊原末吉『生活上より見たる台湾の実際』台北、新高堂書店、一九二六年。

岡本真希子『植民地官僚の政治史——朝鮮・台湾総督府と帝国日本』三元社、二〇〇八年。

小野啓子・安藤徹哉「南洋群島における日本植民都市の都市構造に関する研究　その3—台湾における日本糖業プランテーションタウンの形成過程」『日本建築学会計画系論文集』六一一号、二〇〇七年一月。

小野啓子、ジョン・P・リー、安藤徹哉「南洋群島における日本植民都市の都市構造に関する研究　その2—パラオ諸島コロール」『日本建築学会計画系論文集』五六二号、二〇〇二年十二月。

黒田清隆「使鮮日記」一八七六年二月二十七日(ページ番号なし)。早稲田大学図書館(http://www.wul.waseda.ac.jp/kotenseki/html/ka05/ka05_01917/index.html)。

小泉和子『家具と室内意匠の文化史』法政大学出版局、一九七九年。

佐藤守弘「痕跡と記憶——遺影写真論」帝塚山学院大学美学美術史研究室『芸術論究』第二九篇、二〇〇三年。
大東亜省編『在台内地人の熱地馴化』一九四三年。
台湾総督府税関編『台湾貿易三十年対照表　自明治二十九年至大正十四年』一九二七年。
高あきら「植民地時代の台湾人と日本人(8)」『大分合同新聞』ブログ「この世の中なんでもあり」2006.1.26, http://blog.oitablog.jp/takaakira/archives/2006/01/
竹中信子『植民地台湾の日本女性生活史　大正篇』田畑書店、一九九六年。
田中栄八「籐ひとすじ百年の歩み」http://rattana8.55street.net/history.html
田中雅夫『日本写真全集5　人物と肖像』小学館、一九八六年。
鄧相揚、魚住悦子訳『植民地台湾の原住民と日本人警察官の家族たち』日本機関紙出版センター、二〇〇〇年。
西澤泰彦「南満州鉄道社宅群、大連など——荒野の中のユートピア」片木篤、藤谷陽悦、角野幸博編『近代日本の郊外住宅地』鹿島出版会、二〇〇〇年。
西澤泰彦『日本植民地建築論』名古屋大学出版会、二〇〇八年。
松本曉美・謝森展編著『臺灣懷舊：*1895–1945 The Taiwan* 絵はがきが語る50年』台北：創意力文化事業、一九九〇年。
Adamson, Jeremy Elwell. "The Wakefield Rattan Company." *Antiques Magazine* 142 (August 1992).
Adamson, Jeremy. *American Wicker: Woven Furniture from 1850 to 1930*. Washington, DC: Smithsonian Institution, 1993.
Arnold, David. *Colonizing the Body: State Medicine and Epidemic Disease in Nineteenth-Century India*. University of California Press, 1993.
Atkinson, George Francklin. *Curry and Rice on Forty Plates, or the Ingredients of Social Life at "Our Station" in India*. London: Day and Son, 1854.
Barclay, Paul D. "Cultural Brokerage and Interethnic Marriage in Colonial Taiwan: Japanese Subalterns and Their Aborigine Wives, 1895–1930." *Journal of Asian Studies* 64, no. 2 (May 2005).
Burkill, I. H. et al. *A Dictionary of the Economic Products of the Malay Peninsula, vol. 2* (1935). Kuala Lumpur: Ministry of Agriculture and Cooperatives, 1966.
Caldecott, Julian. "Climbing Toward Extinction." *New Scientist* 118, no. 1616 (June 9, 1988).

Ch'en, Kuo-Tung. "Nonreclamation Deforestation in Taiwan, c.1600–1976." In *Sediments of Time: Environment and Society in Chinese History*, edited by Mark Elvin and Liu Ts'ui-jung, pp. 693–727. Cambridge University Press, 1998.

Ching, Leo T. S. *Becoming Japanese: Colonial Taiwan and the Politics of Identity Formation*. Berkeley: University of California Press, 2001.

Collingham, E. M. *Imperial Bodies: The Physical Experience of the Raj, c.1800–1947*. Oxford: Polity Press, 2001.

Cook, Clarence. *The House Beautiful: Essays on Beds and Tables, Stools and Candlesticks*. New York: Scribner, Armstrong and Co., 1878.

Davidson, James Wheeler. *The Island of Formosa: Past and Present*. London and New York: MacMillan and Co., 1903.

Dikotter, Frank. *Exotic Commodities: Modern Objects and Everyday Life in China*. New York: Columbia University Press, 2006.

Farmer, Robert. "A Sea Story." *INTSUM Magazine: Journal of the Marine Corps Intelligence Association* 16, no. 7 (Winter 2006). http://www.mcia-inc.org/Winter_06

Ferguson, D. (Rev.). "Formosan Chinese." *The Chinese Recorder*, no. 40 (1909).

Handler, Sarah. *Austere Luminosity of Chinese Classical Furniture*. Berkeley, CA: University of California Press, 2001.

Harrison, Henrietta. "Clothing and Power on the Periphery of Empire: The Costumes of the Indigenous People of Taiwan." *Positions: East Asia Cultures Critique* 11, no. 2 (2003): pp. 331–360.

Hevia, James. *Cherishing Men from Afar: Qing Guest Ritual and the Macartney Embassy of 1793*. Durham, NC: Duke University Press, 1995.

King, Anthony. *The Bungalow: The Production of a Global Culture*. 2nd edition; Oxford University Press, 1995.

Kieschnick, John. *The Impact of Buddhism on Chinese Material Culture*. Princeton, NJ: Princeton University Press, 2003.

Kikuchi, Yuko. "Refracted Colonial Modernity: Vernacularism in the Development of Modern Taiwanese Crafts." In *Refracted Modernity: Visual Culture and Identity in Colonial Taiwan*, edited by Yuko Kikuchi, pp. 217–248. Honolulu: University of Hawai'i Press, 2007.

Kinoshita Naoyuki. "Portraying the War Dead: Photography as a Medium for Memorial Portraiture." In Nicole Rousmaniere et al., *Reflecting Truth: Japanese Photography in the Nineteenth Century*, pp. 86–99. Amsterdam:

Hotei, 2004.

Kleeman, Faye Yuan. *Under an Imperial Sun: Japanese Colonial Literature of Taiwan and the South*. Honolulu: University of Hawai'i Press, 2003.

Ko, Dorothy. *Cinderella's Sisters: A Revisionist History of Footbinding*. Berkeley, CA: University of California Press, 2005.

Lamley, Harry J. "Taiwan Under Japanese Rule, 1895–1945: The Vicissitudes of Colonialism." In *Taiwan: A New History*, edited by Murray A. Rubinstein. Armonk, NY, and London: M.E. Sharpe, 1997.

Matsuda, Hiroko. "Moving Out from the 'Margin': Imperialism and Migrations from Japan, the Ryukyu Islands and Taiwan." *Asian Studies Review* 32 (December 2008): pp. 511–531.

Nihon Shashinka Kyōkai. *A Century of Japanese Photography*. New York: Pantheon Books, 1980.

Peattie, Mark. "Introduction." *The Japanese Colonial Empire, 1895–1945*, edited by Ramon H. Myers and Mark R. Peattie. Princeton, NJ: Princeton University Press, 1984.

Peattie, Mark. *Nan'yō: The Rise and Fall of the Japanese in Micronesia, 1885–1945*. Honolulu: University of Hawai'i Press, 1988.

Silverberg, Miriam. *Erotic Grotesque Nonsense: The Mass Culture of Japanese Modern Times*. Berkeley: University of California Press, 2006.

Stoler, Ann Laura. *Carnal Knowledge and Imperial Power: Race and the Intimate in Colonial Rule*. Berkeley: University of California Press, 2002.

Tagg, John. *The Burden of Representation: Essays on Photographies and Histories*. Minneapolis: University of Minnesota Press, 1993.

Terry's Guide to the Japanese Empire, Including Korea and Formosa, with Chapters on Manchuria, the Trans-Siberian Railway, and the Chief Ocean Routes to Japan. Revised ed.; Boston: Houghton and Mifflin, 1928.

Tsurumi, E. Patricia. *Japanese Colonial Education in Taiwan, 1895–1945*. Cambridge, MA: Harvard University Press, 1977.

Veenendaal, Jan. *Furniture from Indonesia, Sri Lanka and India During the Dutch Period*. Delft: Volkenkundig Museum Nusantara, 1985.

第六章

「生蕃の娘」が街を歩いた
——東京はいかに「帝都」であったか

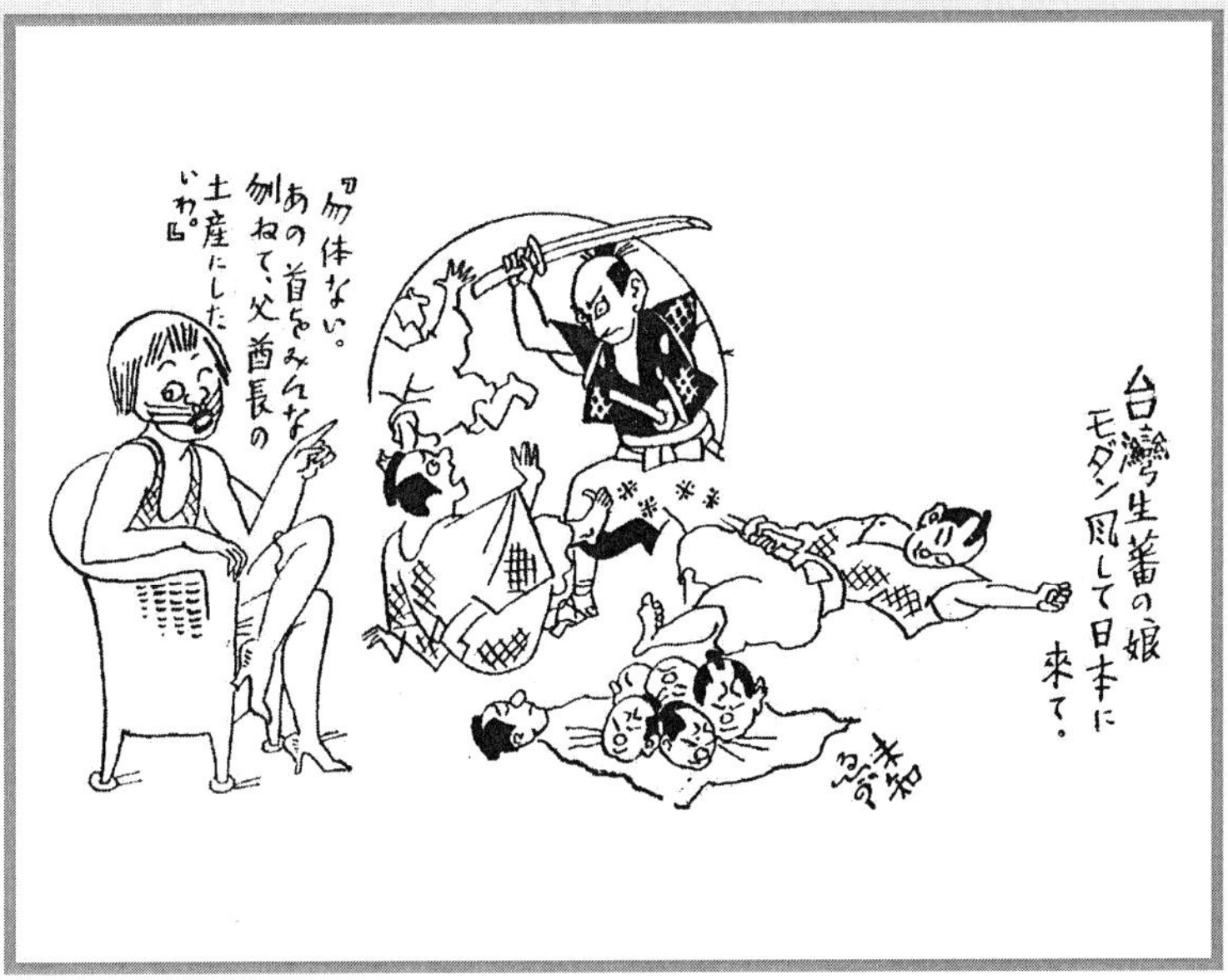

平末知画「台湾生蕃の娘モダン風して日本に来て。」(ディテール)『現代漫画大観第九編——女の世界』中央美術社、一九二八年。二十世紀最初の数十年に日本帝国の内外から観光客として東京に来たさまざまなひとの中で、台湾の原住民は観る者と同時に観られる者であった。日本人と原住民は生首に親しみを持っている点を共有したことを漫画家はほのめかしている。

一　東京における帝国の誇示

現在日本国民の象徴とされている天皇が英語で「エンペラー」と呼ばれることは注目に値する。現に日本の「エンペラー」は、かつて世界にたくさんいた「エンペラー」の中の最後の一人なので、文字通り「ラスト・エンペラー」である。もちろん「エンペラー」という呼称は、十九世紀の国際政治舞台を彩っていたものの名残である。一八五二年から一八七〇年までパリは「エンペラー」の住む都市であったし、ウィーンとベルリンにも第一次世界大戦まで「エンペラー」が所在していた。メキシコシティには一八六七年まで、リオデジャネイロには一八八九年まで「エンペラー」がいた。オスマン帝国の「エンペラー」は複数民族の形式的な支配者として、一九二二年までイスタンブールの玉座にいた。ヴィクトリア女王はインドに行ったことはなかったが、一八七六年以来インドの「エンプレス」であり、一九四八年まで彼女の継承者たちがその称号を保持し続けた。中国の「エンペラー（皇帝）」は一九一二年の革命まで北京に居住し、その最後となった溥儀は、後に関東軍により満州国「エンペラー」にされた。エンペラーは広大な領土と複数の民族を支配する「エンパイア」をもつことになっていた。しかし日本は、一八九五年に正式な海外植民地を獲得するまで自らを「帝国」と呼ぶのを控えたと

（1）　国会図書館の戦前図書ディジタルコレクション「近代デジタルライブラリー」の調査に基づいている。

いうわけではなかった。一八七〇年代以降、日本の国家文書は、日本の君主（明治天皇）を指し示すために英語でエンペラーと一般に翻訳される中国の称号「皇帝」を頻繁に用いた（飛鳥井、四五〜八九頁）。

日本の「皇帝」が住まう都市は、一八九〇年の大日本帝国憲法公布のときには、すでにいくつかの文脈で「帝都」と呼ばれていた。しかしこの語は一九二三年まであまり一般的に使われていなかったようだ[1]。関東大震災による東京と横浜の荒廃の後、国の首都の移転について政府部内で議論があった。しかし摂政裕仁はこれに対して、東京は依然「帝国ノ首都」であり「帝都復興」に努めるべしという詔書を布告した（佐藤、一九二三年）。帝都復興院が設置され、都市インフラの整備が行われるとともに、新たな記念空間が設けられた。この時以降「帝都」という語が出版物に頻出する。したがって命名から考えると、一九二〇年代と一九三〇年代の「帝都」は、植民地帝国というよりも天皇制国家を指し示していたのである。

大日本帝国時代の東京ではどのように帝国の首都であることが表現されたか。帝国領土の内外から観光目的でだれが訪れ、そのひとたちは帝都の表現をどのように受け止めただろうか。本章はこの素朴な質問から出発して、グローバルな近代と植民地支配の矛盾に迫る。戦間期の東京を訪ねる人の観光コースには、必ず三つの名所が入っていた。それらは一八八〇年代から徐々に形成されてきた皇居と皇居前広場、一九二〇年に創建された明治神宮、そして一八六九年に設立され一八八二年以来遊就館を構えている靖国神社である。この三カ所の容貌は、凱旋門（図1）やオベリスク（図2）、石造の巨大な階段などが形成したヨーロッパ諸帝国の記念建築の語彙とは対照的であった。これら帝都東京の名所では、古来の日本建築と空間の形態を更新し流用したので、西洋とは異なった記念碑性が展開された。伊勢神宮に代表されるように、この古来の記念碑性は、比較的低平で、一部木で覆われた歩行空間が広く取られ、神器を最奥の

図1　パリのエトワール凱旋門（一八四〇年完成）は戦勝記念としてナポレオン・ボナパルトの命によって竣工した。東京にも、日露戦争後、同じ新古典様式の凱旋門が数カ所に建てられたが、いずれも仮設であった（ウィキペディアより）。

図2　古代エジプトのオベリスク、ローマの柱状記念碑の伝統を引く十九世紀ロンドンのネルソン記念柱（一八四三年完成）。ホレーショ・ネルソン提督の業績を讃え、トラファルガー広場に建つ（ウィキペディアより）。

手の届かぬ場所に隠した構成から成り立っている。しかし、原武史、山口輝臣、今泉宜子、坪内祐三らが明らかにしているとおり、帝都東京の三名所はみな、各々が古くからの伝統を志向しているにもかかわらず、典型的に〈近代的な〉場所であった(原、二〇〇七年/山口、二〇〇五年/今泉、二〇一三年/坪内、二〇〇一年)。近代的であったというのは、近代の国民の紐帯を強化するよう仕組まれた、当時新しく発明された伝統と切り離せないからである。外地からの訪問者の行程にこれらの場所が組み込まれたことの背景に、こうした場所により彼らを帝国日本に同化させたいという為政者側の願望を読み取ることができる。

皇居前広場は(図3)東京駅(一九一四年竣工)に近いため、鉄道の時代には多くの観光行程の第一歩となった。しかし観光客にとって、当時も現在と同様に、普段の日に見るべきものはあまりなかった。一九三三年に刊行された政府の英語版ガイドブックは、この東京第一の見所の記述を、次のように、英語圏の旅行者ががっかりするに違いない説明で始めている。「皇居地区は[……]観光客には決して開かれず、構内は権限なき者の侵入に対して厳重に警戒されている」(*An Official Guide to Japan*, p. 25)。とりわけ帝都の中心に豪勢な帝国の建築を期待した外国人観光客にとって、ロラン・バルトが一九七〇年に示唆的にも「空虚の中心」と名付けた皇居という場所の空虚さが痛感されたのである。

明治天皇の霊に捧げられ、崩御の九年後に竣工した明治神宮(図4)は、七十ヘクタールの植林地内に建っている。ここでも宮城同様、場所の記念碑性は印象的な構築物よりも空間の深みによって体験された。靖国神社は、一八八五年に銅で作られ、一九二一年に規模を拡大して鉄で建て直された大きな鳥居と、国内初の台座付き銅像である陸軍創設者大村益次郎の像、そして中世ヨーロッパの城を模して造られた遊就館(図5)(関東大震災で倒壊し、和洋折衷の「帝冠様式」で再建された)によって、和洋混交の記念碑性を現していた(坪内、八七~九〇頁)。しかしこ

図3　皇居前広場(『東京風景』小川一真出版部、一九一一年より)。ロラン・バルトの言った「空虚の中心」は広大な敷地の奥に聖なるものを隠すという日本古来の記念性の表現法を応用している。

図4　「東京名所、明治神宮」(絵葉書)。一九二〇年の公開後すぐ観光コースに組み込まれた。

こでも真の中心は、他の神社と同様に、公衆の立入が禁止された内奥の聖域である。

帝都の観光客は、この三カ所を一日のうちに続けて訪れることが多かった。皇居・靖国・明治神宮の三点セットには、大日本帝国内からの観光客に、神秘的で威厳があり、しかし同時に親密な愛情の対象である君主の臣民なのだという自覚を植え付ける目的があった。また帝国の外から来た観光客には、土着文化のユニークさと普遍的な近代性との組み合わせを伝えようとした。しかし、この記念碑的空間の演出に対して、帝都に来た訪問者が台本どおりに反応する保証はなかった。

二　旅行者の行程

一九七〇年代以降の大衆航空旅行時代と対照的に、二十世紀前半の観光産業は、経済的価値よりも外交的価値のために海外旅行客を引き付けようとしていた。西洋人は、日本旅行者向けの出版物とサーヴィスが供される短期滞在者中、最大の割合を占めていた。彼らはジャパン・ツーリスト・ビューローの出版物の中で、アジア人を含まないカテゴリー「外客」と記されていた。ビューローの調べで一九一二年と一九二六年のあいだに二五万人の「外客」が日本を訪れている(「日本」とはこの場合おそらく、大日本帝国全体を指しているものと思われる)(『日本交通公社七十年史』一九八二年、二四頁)。一九三二年に国内の観光産業従事者のために書かれた『ビューロー読本』は観光の目的として次の五つを挙げた。「(一)国際親善の増進(二)吾国文化の宣揚(三)国内産業の開発とその助長(四)国際貸借の改善[……](五)吾国民に国際意識と観光観念

図5　御雇外国人ジョヴァンニ・カペレッティーの設計により一八八一年竣工した靖国神社の遊就館(絵葉書)。当時のヨーロッパの市街地に建てられたとしても時代錯誤に見えたはずのお城風外観は、浅草ルナパークの建築とも似ていた。関東大震災で崩壊。

とを普及させる」ことである。このリストの大半は外交的なもの、つまり国際的圏域における日本のイメージを助けることに関係していると解釈できる。中村宏が記すとおり、旅行者に訴えかける政府の努力は、商業経済というよりも国家政治に関係していた（中村、一二三〜一二四頁）。西洋人訪問者がもたらす外貨は歓迎されたが、経済的に大きな意味はもたなかったようである。

実際のところ東京ほど、当局が多様な訪問団にさまざまな努力を通じて訴えかけようとした帝国の首都は他にないだろう。(2) また国家の意図と、実際に形成された訪問者の印象とのズレがこれほど大きかった観光地もなかったのではないか。欧米人、中国人、フィリピン人、海外に移民した日系人、そして大日本帝国外地の朝鮮、台湾、南洋などの住人のためにそれぞれに向けて、さまざまな東京観光が計画されていた。もし社会集団も区別して数えるならば、さらに多様な国家お仕着せの行程があったことになる。

東京のバスツアーは関東大震災後に始まった（図6）。少なくとも一九三〇年代までには、英語圏の旅行者向けに毎日催行のツアーが始まっていた。一九三三年の英語版公式ガイドブックは東京乗合自動車株式会社による一日（八時間）ツアーを記述した。このツアーは標準的な三カ所である皇居、明治神宮、靖国神社に加え、天皇制国家と帝国にまつわる他の場所や、帝国劇場、帝国ホテルといった「帝国」を冠した名前の場所を、不可能にも思えるほど忙しい行程の中に含めていた。行程には増上寺のような徳川幕府やかつての城下町江戸に関係する場所、また博物館、公園、三越百貨店なども含まれた。

日本側当局の視野からすれば、天皇制国家にまつわる名所は、まずもって帝国臣民の見学者に向けての演出であった。西洋人の眼に対しては、グローバルな近代性の顔を誇示したがっていた。しかし、東京に関する英語の記述群から判断する限り、西洋人旅行者は東京のグローバ

（2）東京と比較できるケースは、同時代のモスクワである。一九二〇年代より、ソヴィエトの実験を宣伝するために、西ヨーロッパやその他の国からさまざまな「ブルジョワ知識人」団体が国家主催のツアーに招かれた。この作戦の一環として、モスクワをプロレタリアートが支配する将来の文明の模範的国家首都、つまり共産主義の「新しいメッカ」として演出しようとした（David-Fox, pp. 5, 118）。

図6　東京乗合自動車株式会社の東京遊覧バス案内（一九三〇年代）。「世界的文化設備」を有する「大帝都」の名所を八時間の行程でめぐる。「予定通りの御見物が出来」る便利さを謳っている。

ルな近代性の徴を許容しながらも、この都市に東洋的ピクチャレスクを喚起する眺めを求めていた。ボストンで刊行された一九二八年版『テリーズ・ガイド大日本帝国』(図7)には東京の近代性と記念碑性への野望と、西洋人訪問者の好みとの乖離を読み取ることができる。一、二日で東京の「表面的な姿」を求める人向けの同書の短い行程でも、増上寺、靖国神社と遊就館、明治神宮、皇居周辺はリストに挙げられている。皇居前広場の眺めを「感激する」とほめてはいるが、結果として東京のモニュメントを印象が弱いと判断している。「東京には少々趣ある名所は多く、街路上の奇妙な生活が西洋人には強く訴えるが、興奮するような魅力と魅惑そのものは少ししかない。英領インドの華麗な都市のいくつかにある艶やかで宝石のような輝きはない[……]」。また「壮麗な街路[……]最先端の大通り[……]金に糸目をつけない華やかさ」もない。しかし『テリーズ・ガイド』は非記念碑的で非近代的な眺めを好んだ。「この首都にある多くの絵になる名所の中でも、張り巡らされた水路の水面に、古風で人形の家のような家が背景にあって、互いにぎゅうぎゅうに押し込められているところがある[……]分け隔てのない進歩の手が、古き日本の平穏な暮らしを偲ばせるピクチャレスクなようすがを次々と消し去っている」、とノスタルジックに描写した(*Terry's Guide to the Japanese Empire*, 1928: p. 133)。

外務省、鉄道省、南満州鉄道、ジャパン・ツーリスト・ビューロー、カーネギー国際平和基金の共同の事業により、アメリカ人記者十一名の団体が一九二九年に日本帝国を旅行するため来日した。団体は九十六日間かけて、内地、朝鮮、満州、中国の一部を厳しい日程で旅行した。彼らは最初の一週間を東京で過ごした。日本の報道機関は帝都の政界・実業界の高位層とともに、旅行団を毎日もてなして会合と公式訪問の行程に招いたため、通常の観光はほとんどできなかったようだ。ジャパン・ツーリスト・ビューローが旅行団に準備した日程には、日本が西洋と近代的制度において同格であると示したい政府の切望が窺える。記者たちは毎日高等教育

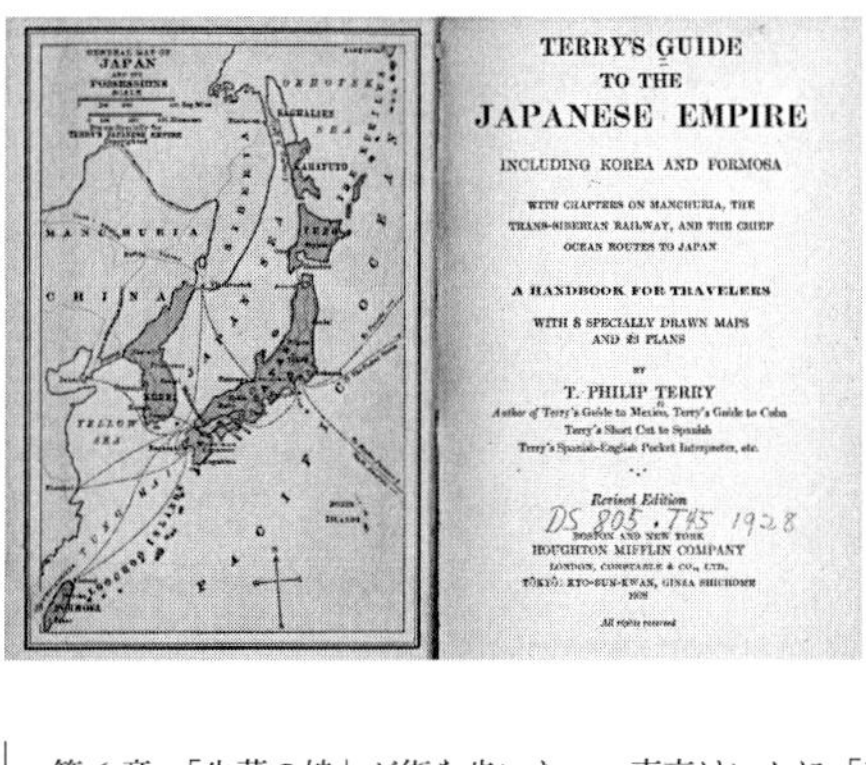

図7　一九二八年版『テリーズ・ガイド大日本帝国』。千ページ以上に及ぶ日本帝国全域の観光案内。イギリスのブルーガイド、ドイツのベデカーと並んだ二十世紀前半の定番世界旅行案内シリーズの一冊。

機関、企業の事務所、工業製品の展示などを見せられた。彼らの公式日程の中で帝国あるいは天皇制国家を純粋に表象する行き先は、ただ明治神宮と外苑の絵画館のみであった。

東京の近代性が合衆国の新聞で報告されるよう日本政府は望んでいたであろう。外交上の観点からすれば、大陸における日本の領土経営を好意的に書いてもらうのが主な狙いだったはずだ。おそらくほとんどは初めて東アジアを訪れたであろうアメリカ人記者が、日本の帝都に自分たちの国の街を思い起こすような施設を見れば、大日本帝国も同様に好意的に見るだろうことが期待されたに違いない。

しかし日本の学校や事務所などに関する報告は、アメリカの新聞向けに売れ筋の記事にはならなかったようである。『ニューヨーク・タイムズ』記者のハーバート・マシューズは旅行中七回にわたって記事を電報で送信している。しかし、いずれも東京で見たものを述べた記事ではなかった。マシューズは神戸で旅行団が見かけた天皇の行列を報告した。彼は日本の天皇を世界の世襲君主で「最後の半神半人」と呼び、遺物であると示唆した(Matthews, June 30, 1929: p. N5)。ベテラン記者フレッド・ホーグは『ロサンジェルス・タイムズ』を代表していた。ホーグは旅行中およそ四十本の記事を送り、中には大倉喜八郎男爵との会見の詳細な描写や、「皇室のための有名な画家」と説明された川合玉堂との会見などが含まれていたが、東京の見学については一回だけ記事を発表したのみであった。「日本、近代生活を受容」という記事でホーグは東京を急速な近代化を経験していると、また街路は混沌としていると説明したが、国全体はよく統治されているようだと付け加えた。記事は自動車との事故に巻き込まれた人力車の描写で始まっており、ホーグはこの光景を近代日本の都市の象徴として描写した(3)(Hogue, June 8, 1929: p. 16)。それが東京を象徴するものかはさておき、この点景は確かに、日本の首都を西洋人が描写した典型例ではある。明治維新以来、西洋人読者は日本の伝統と近代との葛藤

(3) 『ニューヨーク・タイムズ』のマシューズのように、ホーグも天皇に対するオリエンタリズム的情熱を示しており、天皇に会えなかったことで明らかな落胆を表した。「彼らは工場、博物館、大学は見せてくれるが、天皇は見せない」と記している(Hogue, June 27, 1929: p. 10)。

について読み慣れていた。それも西洋の都市でありふれていた近代性の徴が、無時間的でピクチャレスクな「オリエントの伝統」に対立するものと、広く理解されていたからであった。

大日本帝国の意図と東洋的ピクチャレスクに対する西洋の好みが同じ本の中でせめぎ合う例として、アメリカ人記者ゾーイ・キンケイドによる紀行文『東京点描』(*Tokyo Vignettes*)(図8)がある。キンケイドは障子、豆腐売り、金魚園といった東京生活の細部に対して一つ一つ章を設け、随筆風に描いている。そしてこの本の序文は異なる感覚で東京を捉えている。これは一九三三年十一月二日の日付で、同年の春に満州国に関する国際連盟の決議を拒否して、日本の代表団を率いて国際連盟を脱退した外交官、ほかでもない松岡洋右が記した序文で、次のように始まる。

> 正確な情報が最重要である今日のような危機の時代にあって、『東京点描』に拙文を寄せることは喜びに堪えない。本書は大日本帝国の中心であり、アジアへの玄関であり、世界の諸首都と緊密に連携しているため諸国の運命を左右するいかなる変化も新聞やラジオで報道される東京という都市の、さまざまな側面に触れている(Matsuoka, p. xv)。

アジアへの玄関という松岡の東京像は、帝国の壮大な計画を思わせるもので、「新旧のせめぎ合い」や「西洋人にとっての魅惑」を湛えた米国人著者の東京絵図とぎこちなく並んでいる。松岡の序文のこじつけた解釈が示すとおり、日本の支配者層はこの首都のグローバルな連結と同時性を、アジアにおけるその勢力とともに誇示したがっていた。しかし、これらはまさに、西洋人訪問者がもっともつまらないと思う東京の側面だったのである。

西洋人とは別に、他のさまざまな旅行者も帝都東京の名所を訪れた。これらの集団の行程をみると、旅行者によって、微妙に異なる文化的回路を帝都が生み出していたことがわかる。また重要なのは、これら訪問の数例から判断すると、それぞれの集団は見たものに異なる反応を

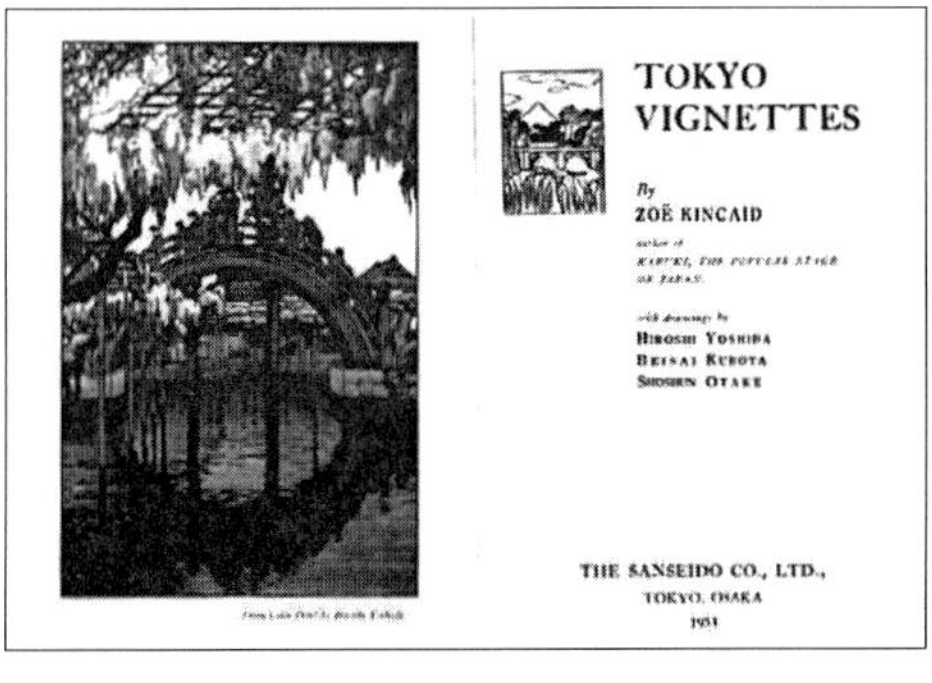

図8　ゾーイ・キンケイド著『東京点描』(一九三三年)口絵。

表1　帝都東京における観光・視察行程

団体・刊行物	年	東京滞在日数	行　程
米国新聞記者	1929年	7日	《5月10日》帝国ホテルへ.《11日》帝都復興院，法務省，上野同愛記念病院，東京朝日新聞．上野，浅草，芝などで観光．一部は日日新聞で講義を聞く．東京会館で夕食.《12日》早稲田，報知新聞，スポーツ(早慶戦)観覧．夜，大倉男爵とともに能楽.《13日》東京帝国大学，湯島小学校，中央職業案内所．三井男爵(ママ)と昼食．午後，諸大学訪問．工業倶楽部でティーパーティ．商工会議所で夕食会.《14日》諸工場．午後，外務副大臣とガーデン・パーティ．日本郵船で夕食.《15日》工業美術展覧会，主な銀行，商店，企業本社．岩崎男爵と昼食．午後，東洋文庫．東京日日で夕食.《17日》汎太平洋倶楽部メンバーと昼食．貿易協会でティーパーティ.《18日》午前中自由．日米交流委員会で昼食．午後，婦人平和協会と根津邸でティーパーティ．鉄道大臣と夕食.
赤穂高等女学校(1)	1937年	3日	《1日目》東京駅到着．二重橋，桜田門．タクシーで日本橋三越．京橋の旅館．夕食後に浅草，銀座.《2日目》ツアーバスで築地本願寺，魚市場，新橋，官庁街，二重橋(記念写真)，靖国神社，遊就館，国防館，山鹿素行の墓，神宮外苑，赤坂離宮，絵画館，明治神宮，乃木大将邸，泉岳寺.《3日目》慶応義塾，芝増上寺，JOAK，日比谷公園，東京日日新聞．夜，歌舞伎座.《4日目》雷門より日光へ.
『講談社の絵本　東京見物』(大日本雄弁会講談社，1937年)	1937年		《各項目が一頁ずつ描かれている》宮城二重橋，帝国議事堂，東京駅，丸ビル，歌舞伎座，清洲橋，浅草仲見世，西郷銅像，地下鉄，上野動物園，デパート，銀座，放送局，新橋，国技館，隅田公園，東京の交通，羽田飛行場，築地本願寺，震災祈念堂.
『修学旅行の栞・関東東北旅行案内』(三省堂，1937年)	1937年		《小見出し》宮城(二重橋，楠公銅像，桜田門)，新議事堂，丸之内付近(丸之内ビルヂイング街，千代田通り，濠端通)，日比谷公園(公園付近)，麹町赤坂方面(日枝神社，靖国神社，赤坂離宮，青山御所，乃木神社，明治神宮外苑)，明治神宮，芝・品川方面(芝公園，増上寺，丸山，品川墓所，愛宕公園，恩賜庭園，高輪御殿)，日本橋京橋方面(日本橋，日本橋通，銀座通，昭和通)，神田・本郷方面(小川神保町通，駿河台，湯島聖堂，東京帝国大学)，下谷・浅草方面(上野公園，西郷銅像，帝室博物館，動物園，帝国図書館，寛永時，浅草公園，地下鉄道)，本所・深川方面(国技館，震災記念堂，隅田公園)，牛込・小石川方面(早稲田，後楽園，植物園)，四谷方面(新宿).
朝鮮人修学旅行(釜山第二公立商業学校)(2)	1922年		二重橋，貴族院，日比谷公園，日本橋，銀座，平和博覧会，東大，東京商科大学，靖国神社，明治神宮，上野公園，東京株式取引所，日本銀行，三越百貨店，浅草寺.
朝鮮人修学旅行(釜山第二公立商業学校)(3)	1942年		宮城，明治神宮，東郷神社，乃木神社.

朝鮮人修学旅行(東莱高等普通学校)(4)	1935年	5日	東京駅，銀座，海軍省，法務省，二重橋，靖国神社，明治神宮，野球場，泉岳寺，上野公園.
朝鮮人女教員(5)	1928年		《11月28日》宮城遥拝，歌舞伎座.《29日》宮城遥拝，社会局，東京日日新聞，朝鮮総督斉藤閣下邸訪問，泉岳寺，乃木大将邸，明治神宮，靖国神社.《30日》東京.《12月1日》新宿御苑拝観，自由学園，池田化学工業会社.《2日》観兵式拝観，李王邸.
朝鮮人教員(6)	1929年		《初日》宮城参拝，斉藤実邸訪問.《翌日》上野公園，浅草公園，日比谷公園，泉岳寺，乃木大将邸，明治神宮，靖国神社，三越など.
台湾原住民(7)	1912年	6日	《4月30日》東京着.《5月1日》第一師団，砲兵工廠，帝国大学.《2日》近衛師団，士官学校，中央幼年学校.《3日》赤羽工兵隊.《4日》板橋倉庫，検査所，小銃弾製造所.《5日》糧秣本廠.《6日》横須賀鎮守府.
台湾原住民(8)	1934年	4日	《4月25日》東京到着．宮城参拝，拓務省，総督府出張所，東京朝日新聞社.《26日》明治神宮，靖国神社，遊就館.《27日》日光他.《28日》上野，東京市内見物.《29日》動物園，地下鉄，浅草，三越，銀座夜景等.《30日》箱根.
南洋群島島民(9)	1936年	10日	《7月10日》宮城参拝，健康診断.《11日》東京出張所，拓務省，東京市，日本郵船株式会社.《12日》明治神宮，休養.《13日》貯金局，羽田飛行場，宮田自転車工場，日比谷劇場.《14日》靖国神社，遊就館，近衛歩兵連隊，専売局業平工場.《15日》富士見小学校，市立第一中学校，同女学校.《16日》新宿御苑，上野松坂屋，浅草公園.《17日》人造肥料会社，合同油脂，東宝劇場.《18日》日産自動車工場，東京搾油工場.《19日》動物園，買い物(三越，松屋等).《20日》日本赤十字病院，放送局．東京発.
第二回フィリピン留学生観光団(10)	1936年	7日	《5月4日》早朝入京．宮城より帝国議会に向かう天皇を拝見．公園，オリンピック会場予定地．マーブル・レストランで食事．外務省でティパーティ．拓殖大学．上野公園その他観光．夕方はアギーラー（フィリピン人倶楽部か），そしてフロリダ(ダンス・ホール).《5日》明治製菓工場，美松レストラン，パイロット万年筆工場，日比協会ですき焼きパーティ.《6日》動物園，帝国大学，外務副大臣.《7日》トヤマ・トレーニング・スクール，早稲田大学．夜，銀座.《8日》タイマイ小学校，Japan Sincerity Society（大日本赤誠会か).《9日》音楽大学．学生協会で昼食．夕方は第一劇場で女子歌劇を観覧.《10日》カトリック教会，一部は横浜へ.《11日》日光へ.

(1)『蓼の華：増改築竣工創立二十五年記念誌』(兵庫県赤穂高等女学校校友会蓼の華会編，1936年)．(2)バン・チソン(방지선)「1920～30年代の朝鮮人中等学校の日本・満州修学旅行」『石堂論叢』44巻，2009年，167–216頁．(3)バン，2009年．(4)バン，2009年．(5)有松しづよ「朝鮮人女性教員による「内地視察」と李王家御慶事記念会」184頁．(6)山下達也『植民地朝鮮の学校教員』．(7)「台湾蕃人内地観光に関する件」(海軍省公文書)．(8)『理蕃の友』1935年5月号．(9)「南洋群島島民内地観光に関する件」(拓務省，1936年)．(10) Esmeraldo E. de Leon, *Nippon in Spring: Souvenir of the Second Filipino Students Educational Party to Japan*, 1936.

したことが明らかだということである。いくつか行程を見てみよう。

遅くとも一八九〇年頃には首都へ地方の学生団体が訪れ始めたが、これは文部省が修学旅行を教育体系の一部と正式に位置づけた直後になる（『修学旅行のすべて』一九八一年、六九頁）。一九三五年に訪れた赤穂高等女学校の一団の参加者の報告は、一九三〇年代女学生の修学旅行の側面を一部反映したと見なせるかもしれない（表Ⅰを参照）。女学生たちが教員の監視下で訪れた場所（つまりバスで連れられた場所）の大部分は天皇制国家に密接に関連していた。例外は新聞社、泉岳寺、山鹿素行の墓のみであり、後二者は赤穂からの訪問者には特別な意味をもっていた。なぜか、この旅行記で上野の博物館や動物園には何の言及もない。また彼女らは、国会議事堂を見たことにも言及していない。他方、この団体は東京の三日間のうちかなりの時間を買い物と娯楽に割いている。第一日目の朝に皇居から直接三越に向かっている。その晩には浅草にも行っており、翌日には銀座で飲食し、三日目には歌舞伎を鑑賞した。したがってこうした中産階級の若い内地人旅行者にとって、東京は帝都であるというだけでなく、明らかに今日にいう「プレイスポット」の連続でもあったのである（兵庫県赤穂高等女学校校友会蓼の華会編、一九三六年、一七四～一八〇頁）。

小学生向けに作られた『講談社の絵本　東京見物』（図9）は、件の赤穂高女生が東京を訪れた二年後に大日本雄弁会講談社が出版したもので、教育者が小学校の修学旅行団におそらく見てほしかったであろう名所を表している。国会議事堂は二重橋に次ぐ二ページ目という目立った位置に置かれているが、その絵は天皇の行列を見せており、キャプションには「カイキンシキニハ　天皇陛下ガ　オデマシ　アソバサレマス」とある。つまり、議会政治というよりも天皇との関連が強調されている。他のページと添えられた地図においては、帝国の近代とグローバルな近代という帝都の側面おのおのがバランスをとって登場する。軍の英雄たちの銅像は目

図9　『講談社の絵本　東京見物』（大日本雄弁会講談社、一九三七年）表紙。

を引く。また、それ以降都市のインフラとしては目立たなくなった気象台のような施設も名所扱いをされて、現代の目から見れば異彩を放っている。

内地の小中学生に加え、修学旅行生は植民地からも訪れていた。朝鮮人学生も赤穂の女学生と同様、泉岳寺に連れられた。おそらく彼らに忠誠という教えを刻み込むためであったろう。乃木邸と乃木神社を見学した朝鮮人団体も記録されている。乃木希典は天皇への忠誠の模範として朝鮮の小学校教科書に登場していた。一九二二年に来日した朝鮮人学生の一団は、帝国議会貴族院も見せられている。朝鮮人には選挙に基づいた下院への代表権がなかったために、行程表は「帝国議会」や「衆議院」ではなく「貴族院」を挙げたのであろう。朝鮮の学校教師視察団が、先の学生団体と似た行程に基づいて一九二九年に訪れた(バン、二〇〇九年)。満州と関東軍占領下の中国からも教師の団体が招かれていた。他の集団も同様に訪問しており、たとえば植民地からの社会事業関係者の一団、また一九三五年に開始された交換留学プログラムによるフィリピン人学生団体(図10)などが、これに含まれた[4]。いずれも内地側の関係機関が詳細に計画した観光行程に従った。

三　「内地観光」と文明化の宿命

もし西洋人訪問者の場合に、印象操作という政治が外貨獲得よりも重要目的だったとすれば、定期的にやってきた台湾原住民と南洋の島民集団を歓迎する唯一の理由がこの印象操作であった。また、修学旅行生や、内地であれ外地であれ教師や役人などによる内地訪問と違い、彼ら

図10　訪日中のフィリピン人学生旅行団。「拓務大臣主催ティーパーティの後。東洋の中心、東京にて」。Esmeraldo E. de Leon, *Nippon in Spring: Souvenir of the Second Filipino Students Educational Party to Japan*, 1936 より。

(4)　台湾から内地に来た社会事業官吏の記録は「第五回内地社会事業視察紀行」『社会事業之友』61号(一九三三年十二月)。フィリピンの学生団体に関しては Goodman, pp. 62-132 を参照。

の旅行は公式記録において「観光」と呼ばれていた。

「観光」という言葉は、台湾の団体のために最初の「内地観光」が計画された一八九七年には、まだ一般的に通用する言葉ではなかったようだ。一八九七年の三省堂『日本新辞林』にも、一八九八年の大蔵書店『ことばの泉　日本大辞典』にも「観光」という項目はない。一八九六年の三省堂『和英大辞典』にもないし、一九〇二年の三省堂『新英和大辞典』にはtouristの訳として別の熟語が使われている。しかし一九〇九年刊行の三省堂『新訳英和辞典』にはsightseeingの訳として「観光」が現れている。これにより、ちょうどこの間に「観光」という言葉が日常語として定着しつつあったことがわかる。

この「観光」という熟語(図11)は、『易経』の「観国之光、利用賓于王」(国の光を観る、もって王に賓たるに利し)という語から来ている。おそらくこの古典を参照して、一八五五年にオランダから幕府に送られた日本初の蒸気船は「観光丸」と名付けられたのだろう。明治期の出版物でこの言葉を題名に用いた数少ない本の一つ、一八九三年の『観光図説』は、軍隊記章の図集である。

一八九〇年代以前の「観光」という熟語の正確なニュアンスはともかく、この言葉の二十世紀における用法は、植民地被支配下の台湾人を感化するため計画された、内地への最初の視察旅行の時期に生まれたものと考えられる。日本の植民地当局がこの単語を使い始めたとき、それは単なる見物以上のものを含んでいた。その語源は文明化と君主への忠誠を示唆した。一八九九年に台湾植民地官僚である木村匡が、台湾漢民族の集団を大阪で開かれる第五回内国勧業博覧会に連れてくることを提言した意見書でも、この言葉が使われている。木村は「彼等の有力者を交々内地に観光せしめ」、日本文明の優越性に「感化」させるべきだと提案した(阿部、一四五〜一四六頁)。二十世紀初頭には、「観光」は英語のtourismの標準的な訳語として定着し

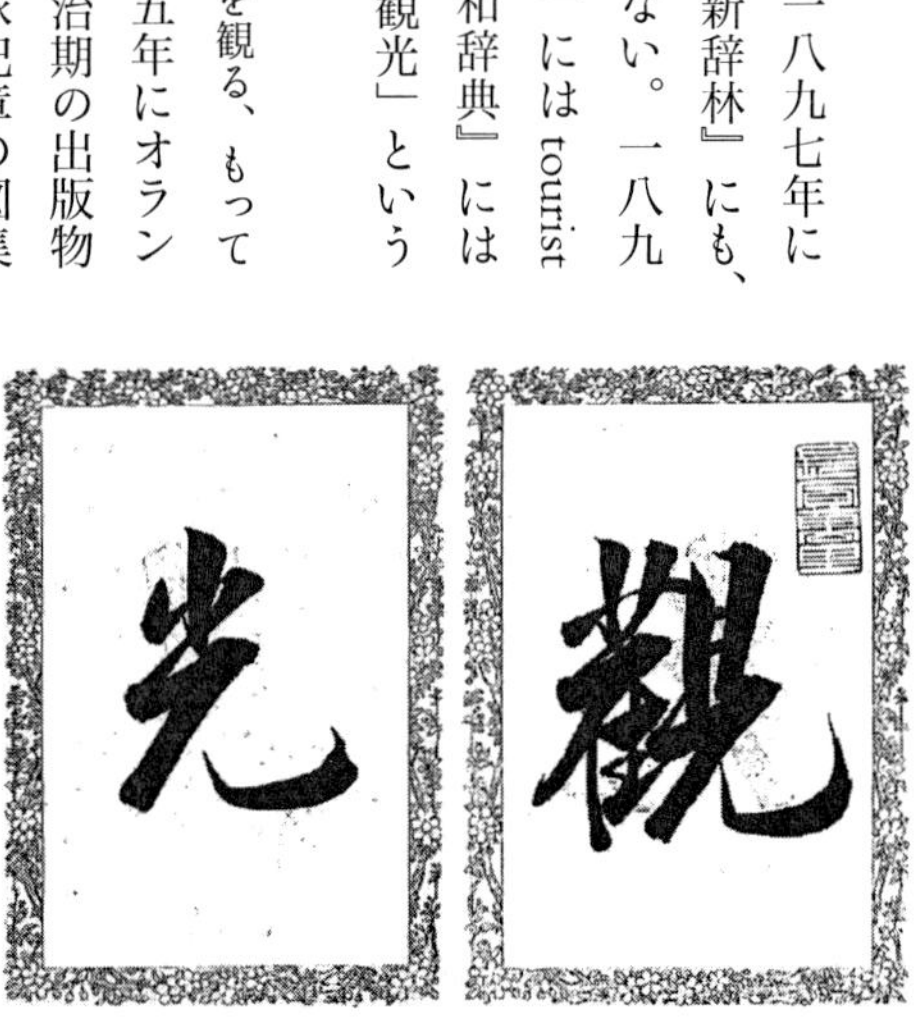

図11　岩倉使節団公式記録として出版された『米欧回覧実記』(明治十一年)の巻頭に岩倉具視の筆によるこの二字が写された。当時は「観光」という熟語は単なる見物以上の意味を込められた古典の表現であった。

ていたようだ。一九三〇年、鉄道局の外局として「国際観光局」が新設され、ジャパン・ツーリスト・ビューローはそのもとに編入される（中村、一二八、一三二頁）。もしこの単語の流通が植民地支配下の人々のため創設された「内地観光」によって開始され、当初は官僚の間で、そこから一般の日本語話者に広まったとするならば、近代日本の国際観光の源泉は、植民地の教化事業にあったといえるかもしれない。いずれにしても、「物見遊山」のような余暇の旅行や「視察」のような修学のための旅行と区別して、いまだ珍しかった、道徳的色彩の濃いこの古典語を当時の植民地官僚が選んだことには、意義があったに違いない。

当時の日本政府は植民地支配下の民族を内地に連れてきて「感化」させるこのような事業に関して、歴史から複数の先行例を引き出せた。十六世紀以降、アメリカ大陸の先住民はヨーロッパ諸都市に連れて来られ、見たものを同胞に伝えるため送り返されていた。太平洋を横断した十八世紀英仏の探検隊は数人の先住民を連れて帰ったが、彼らはヨーロッパ人の注目の対象となり、中には通訳になった人もいる。合衆国もヨーロッパからこの慣習を受け継ぎ、十九世紀を通じてワシントンＤＣに西部先住のインディアンの代表を頻繁に連れてきていた（Viola, pp. 13–21）（図12）。十九世紀後半、ドイツ支配下のミクロネシア人はドイツに連れてこられていた。英領サモアの人々は第一次大戦後、近代的な農家や工場を見せられるためニュージーランドに連れて来られた。清帝国時代の台湾原住民の指導者もまた、大陸に送りこまれた（鈴木、三七四〜三七五頁）。しかし、こうして強いられた「観光」のいずれに関しても、大日本帝国支配下の先住民族のための「内地観光」ほど、体系的かつ頻繁に行われたケースはなかったようである。

一八九七年から、台湾総督府は台湾原住民の団体を日本に連れてきていた。旅行団は一九一一年、一九一二年、一九一八年、一九二五年と、その後少なくとも一九四〇年までほぼ毎年き

図12　ジョージ・カトリン画「ピジュン・エッグ・ヘッド、ワシントン行きとワシントン帰りの姿」（一八三七〜一八三九年）。ピジュン・エッグ・ヘッド（別名 Wi-jun-jon, 一七九六年〜一八七二年）はアシニボイン・インディアンの酋長として一八三二年にワシントンを訪れた。威厳のある元の姿を画家は誉め、その変身を憂いた。カトリンの回顧録によると、自分の国に帰った後、ピジュン・エッグ・ヘッドは白人の都会で見たものについて嘘をついていると思われ、最終的に暗殺された（Jones, *Daily Life on the Nineteenth-Century American Frontier*, 1998 より）。

ていた（松田、四二〜四三頁）(5)（図13）。赤道以北のミクロネシアにあったドイツ植民地について日本が領有を宣言した一九一五年から一九三九年まで、南洋の島民（主にエリート男性）を募って日本に送る内地観光旅行は毎年行われた。初期は海軍が計画し、後に拓務省に変わった（千住、二〇〇五年、五七頁）。

日本帝国の状況が変化するにつれて、約四十年にわたって続いた内地観光事業の意味も変化した。一九三〇年代後半になれば、一部の参加者を日本に忠実な「皇民」として同化できたことで、事業は「成功」していると判断された。しかし、内地観光によって帝都で演出された出会いは、植民地支配下の人々、それを計画した植民地官僚、内地の一般民衆の間にさまざまな解釈を呼び起こし、統一された帝国の語りを固定化するというより、日本の帝国的近代における「文明」と「未開」の定義と境界に疑問を投げかける結果となった。

台湾原住民内地観光に関する一九一二年の記録からは、このときの団体が東京で八日間を過ごしたことがわかる。彼らはつねに警察の警護を受けていた。公式に催されたこうした旅行は使節団ではなかった——総督府、拓殖局（後の拓務省）の代表の短い挨拶を除けば、高官との会見や皇室との謁見は旅行に含まれなかった。しかし行楽の旅行でもなかった。「内地観光」と呼ばれたこの旅行は、少なくとも初期においては強いられた観光であった。こうした団体が連れてこられた場所は圧倒的に軍事的なもので（図14、図15）、一九一二年の観光の一日目は大砲工場、銃弾工場と兵器廠であった。団体は二重橋、浅草の二つの劇場、上野動物園、拓殖博覧会と白木屋百貨店も見学している。しかし帝国劇場や帝国ホテルといった上流階級の文化的名所は訪れなかった（「第四回内地観光蕃人感想報告」一九一三年、JACAR（アジア歴史資料センター）Ref. C08020372800、第三〜四画像）。

一九一二年に帝都を訪れた別の台湾原住民団体を引率していた警官は、旅行者の印象を要約

(5) 松田京子と阿部純一郎はそれぞれ台湾原住民の内地観光について詳細な分析を行っている。いずれの研究も最初段階より原住民が農村視察によって得られる応用可能な情報を欲しかったことと、一九二九年以降、やっとこれに応える実用面も含む内地観光計画が組まれたことを指摘する。ここでは帝都での体験にあえて焦点を絞っている。

図13「入京せる生蕃観光団一行」絵葉書、一九一〇年代（陳宗仁編『世紀容顔（上）——百年前的台湾原住民図像』台湾、国家図書館、二〇〇三年より）。

して「内地観光蕃人感想報告」という記録に残している。植民地支配下の人々の言葉と感情を代表したあらゆる公式文書と同様、この報告書も植民地の人々について語るのと同程度に、その筆者と筆者が予測した読者についても語っている。とはいえそれによって、日本人主催者が教育し同時に脅そうとした努力を台湾人の一行がどう受け止めたかについて何かは瞥見できるだろう。旅行の行程にふさわしく、この概要の大部分は日本の軍事力について一行がもった印象を記述している。彼らが見せられた学校さえも陸軍幼年学校だったので、幼い生徒も「戦争学問ヲ為」していたことに驚いたと記されている。また、東京のどこでも見かける兵士たちの数そのものにも衝撃を受けていた。報告書は彼らに「軍隊到ル所ニ配置サレ其数到底自分等ノ計算シ得ル所ニアラズ」と言わしめている(「第二回内地観光蕃人感想概要」一九一二年、JACAR(アジア歴史資料センター)Ref. C08020225500、第四七、五〇、五六画像)。

しかし、軍都東京を誇示することが狙い通り台湾原住民を威嚇する効果をもったかどうかは判断しにくい。一九一二年五月十五日に一行が靖国神社を訪ねたあと、『台湾日日新報』に報道記事が載った。記事によると、遊就館に入った一行は、「館内を一巡し、名刀を見るや「是程のものを納まっておく馬鹿がない、能く切れるのを一本位呉れてもよさそうなものだ」と押しの強いことを云」ったそうだ(「観光蕃人の感想」『台湾日日新報』一九一二年五月十六日)。この口調は畏怖を思わせるものではない。彼らにとって、役に立ちそうな武器の展示は武力における日本の優位性を知らされるだけでなく、自分たちは武器を取り上げられてから東京に連れてこられたことを思い出す原因にもなったであろう。

武器と軍隊の場として首都を示したことによるこの皮肉な結果は、台湾原住民による初期の内地観光にすでに見られた。一八九七年の最初の旅行で、原住民団体の長だったタイモ・ミセルが指摘したことである。なぜ旅行に参加したのかと聞かれて、タイモ・ミセルは新聞記者に

図14 「生蕃人陸軍歩兵操練ヲ見ル」絵葉書、一九一〇年代(陳宗仁編『世紀容顔(上)——百年前的台湾原住民図像』台湾、国家図書館、二〇〇三年より)。

図15 「(台湾蕃人観光団)東京士官学校加農砲射撃ノ実況」絵葉書、一九一〇年代。

二つの理由を述べた。第一に彼は日本人がみな自ら働く能力を欠いた泥棒だと聞いており、そのため誰か日本で農業をしているひとがいるのか見たかった。第二に、彼の民族は銃と火薬の所持を禁じられており、これらを不法に買わざるを得ないということがないよう、この禁令の撤廃要求にきたと述べた。タイモ・ミセル一団は日本を訪れているあいだどこでも、主催する日本人に銃を要求した。台湾に帰る直前にタイモ・ミセルは通訳にむかって次のように落胆したという。

　吾々出発の時総督府に於て頭家は告て曰く汝等首狩を止めよ日本も初めは汝等の如くなりしも中途其の悪きを感じ互に交通して睦まじくせるを以て此頃は家屋と云い道路と云い硋事万端完全せり。汝等も早く首狩を止めて日本と同様になすことを勉めねばならぬ云々。然るに日本に来て見れば成程道路家屋甚だ美なり。然れども小銃に比し大砲弾薬等の製造盛なり。安寧の当時硋所にて兵器製造に急はしきは何故なるか、又清国より分捕せる大砲を示され、之は何之は何と左も勇ましく云はるゝが、自分は如何にも日本人が武器を製造することを盛にして己の部下にのみ分配し、自分等には買売を許されざるは如何な理由なるかを疑ふと。(6)

台湾へ帰国すると、観光団は台北で台湾総督乃木希典に招待され、それぞれ日本刀を与えられた。彼らはこれを使い物にならないといって素っ気なく断った（雑誌『理蕃の友』に記録された発言は「此の刀にては猪を斬ることをすら叶はず」である）。通訳は彼らに訪問の記念品として受け取るよう押して、彼らは最終的には受け取った。しかし台北を発つ列車が遅れると彼らは憤慨し、贈り物を打ち棄てて歩いて帰ろうとした。初期のこの旅行において、日本の武器における力を訪問者に印象づけようとし、その黙従を求めようとする努力は、むしろ植民地宗主国の身勝手さを印象づけるという逆の結果を生んだようである。

（6）一八九七年第一回内地観光の引率者の一人だった総督府民政局技師藤根吉春の記録「内地観光蕃人状況藤根技師復命」に記されているこの発言は『理蕃の友』一九三六年七月、八～九頁に書かれた回顧文と複数の研究で引用されている。タイモ・ミセル（タイモ・ミッセルとも書く）について松田、五一～六八頁を参照。松田によると、内地観光から帰国した三年後に植民地政府に対して戦って殺された。

入京せる生蕃観光團五十二名一行（タイヤル族四十社の頭目）

武力の誇示より群衆との出会いの方が、台湾の観光団にとってもっとも恐ろしい帝都の印象だったかもしれない。一行は浅草で見物人に取り囲まれたが、警察の報告書は護衛が怪我を防いでくれたことに原住民が感謝したと記す(図16)。旅行者の言葉とも護衛の言葉ともとれる口述にはこう結論されている。「自分等ノ行先ニ内地人ノ群集セルハ自分等ガ異様ナ服装ヲナシ或イハ顔ニ刺墨ヲナシ居ルヲ見物セシガ為メナリシガ如シ」(「第二回内地観光蕃人感想概要」一九一二年)。警察が群衆を近くに寄せなくても、東京を歩く原住民は見物され、報道されていたことを知って、日本人の視線をつねに感じていたに違いない。内地人の眼差しにさらされることは、帝都の壮観と、「蟻のよう」だと参加者が感想記録のなかで形容した群衆の多さそのものと同程度に深刻な影響を彼らに及ぼしただろう。一九三五年に内地観光から台湾に帰ってきた参加者がその同胞のまえで話させられた「内地観光巡回講演会」のなかで、内地人が彼らの顔の入れ墨を見つめるときの恥を語る人もおり、台北の病院でそれを取る手術を受けたいと表明した。台湾総督府は一九一〇年代以来原住民の入れ墨を撲滅しようとしていたが、地域によってはこの習慣は根強かった。一九三〇年の調査によると、タイヤル人のうち四八パーセントは入れ墨をし、三十歳以上のひとは比率がさらに高かった。一九四〇年八月の調査では原住民男性七十二人と女性二十三人は手術によって入れ墨を取っていた。内地人との出会いの歴史の中で、地元では最大の誉れであった身体の印は恥の原因に転換していた。(7)

次ページの写真(図17)は彼らの旅行で撮られたものではないが、旅行の主催者と参加者となっただろう人々が写っている。これは一九二〇年頃、反植民地運動鎮圧後に台湾で撮られたものである。日本人警察は植民地支配への抵抗者を植民地支配に服従した原住民、いわゆる「味方蕃」を利用して攻撃させた。「敵蕃」の首のために賞金さえ払ったので、首狩り事件の頻度は日本統治下でむしろ上がる結果になった。一九一三年以降、人首を写した写真を商業的に流

図16 「入京せる生蕃観光団五十二名一行(タイヤル族四十社の頭目)」絵葉書、一九一〇年代。ひしめく群衆に囲まれて歩く台湾観光団員は女性の傘の背後に見える(陳宗仁編『世紀容顔(上)——百年前的台湾原住民図像』台湾、国家図書館、二〇〇三年より)。

(7) 後藤生「蕃人の目に映じた内地——観光蕃人に其の感想を聴く」『理蕃の友』四巻六号(一九三五年六月)、八頁。山本、二〇〇五年、二四四、二五〇頁。入れ墨を取る手術の苦しい思い出を語る原住民の聞き書きについては、Simon, 2006を参照。

通させることは総督府によって禁止されたが(Barclay, 2013)、図17の写真に見られるように、植民地警察がその代理戦争の勝利を征服された部族の首を含んだ写真(なかには数人の子供の首も含まれているようだ)で記念することについては、良心の呵責を感じなかったようだ。植民地でのこの状況と違って、近代帝国の図像学では、征服された者の死や屈辱を公然と曝さないのが宗主国本土での定めになっていた。生首の代わりに武器を持った男性の銅像や武器そのものを展示することが帝都における「文明」の表象であることを、内地に行った原住民の観光団参加者は発見した。

　しかし斬られた首を曝すことは日本の武士と台湾の武士に共通する長い伝統だった。一八六〇年代に日本を訪れた西洋人は、東海道のそばで、斬られて杭に刺された罪人の首を見た。日本における罪人の打ち首は明治維新後に中止され、絞首という西洋の処刑方法に取って代わられたものの、非日本人に対処する際に軍はこれを実行しつづけた(Botsman, p. 152)。また内地の大衆文化においても斬られた首は表象として盛んであり続けた。日清戦争と日露戦争の後、鹵獲《ろかく》された武器が東京で展示されたが、しかし木下直之が指摘するように、「民衆は〈首〉を必要とした」ようだ。日清戦争後の戦捷行列では中国人の頭部の形を模した提灯も出た(木下、一九九六年、二七三頁)。このように近年までの、あるいは生きている日本の伝統との関連で、台湾原住民は特別な魅惑と不安の対象となった。植民地官吏と警官に向けて一九三二年一月に刊行が始まった『理蕃の友』創刊号の巻頭記事は台湾の首狩りを論じており、著者は敵の首を斬るときはひそかに攻めずに自ら名乗るものだとして、日本武士の「勇壮な」振る舞いをそれと区別しようと苦労している(「蕃人の慣習首狩り」『理蕃の友』一九三二年一月、三頁)。一九三六年の台湾人旅行団には、田舎の宿では寝首を掻かれることを恐れた日本人経営者に投宿を拒否されるという事件もあった(「観光の反響」『理蕃の友』一九三六年七月、一二頁)。

図17　日本人警官、台湾原住民タイヤル族他警察のいわゆる「味方蕃」と日本人支配者に依頼されて殺したサラマオとシカヨウ族の「敵蕃」の首級を霧社分室で撮影した記念写真、一九二〇年頃(台湾台中市、林致誠氏所蔵。台湾東亜歴史資源交流協会修復)。

台湾人内地観光の性格は、日本人世話役と台湾人旅行者の双方が互いに平和な文明の仮面を身につけたことで、一九二〇年代後半に明らかに変化した。この頃までに、植民地支配は一世代以上にわたって定着していた。原住民の若者は小学校で日本語を学んでいた。ポール・バークレーが詳述しているように、原住民の長の娘たちには、植民地当局から奨励された政略結婚により日本人警官と縁を結ばれる者もいた（Barclay, 2005: pp. 323–360）。一九二八年に行われた第八回の内地観光で、伝えられるところでは台湾人は旅費を自弁した。一九二九年、第九回観光団は青年団の制服で東京に到着した。この時から彼らの行程における強調点は軍事施設から、皇居に始まる標準的な天皇制国家や帝国の名所と文化施設へと変化した。たとえば一九三五年の第十一回内地観光では第一に皇居、次いで拓務省、台湾総督府東京出張所、朝日新聞社、明治神宮、靖国神社と遊就館、上野東照宮などが含まれ、その他に動物園、地下鉄、浅草、三越百貨店、銀座の夜の光景などを観光した。一連の訪問の記録には、台湾に事業をもった企業家の寄付による、目黒雅叙園での宴会も行っている。こうした旅行を、同化された原住民の若いエリート男性とその護衛だった現地警察官の物見遊山として読み取ることは難しくない。内地観光はある程度現代でいう「観光旅行」になりつつあった（図18）。

しかし新聞の読者であれば一九三〇年代初頭に気付いていたように、いまや植民地でも内地でも平和が支配していたというわけではない。第九回訪問と第十回訪問のあいだに中断があった一九三〇～三三年には、有名な暴動事件が相次いだ。一九三〇年十月の第一次霧社事件では、セデック族の男性が軍需品を求めて警察の兵器庫を襲撃し、学校の運動会にいた、おおよそは日本人だった群衆を攻撃し、一三四名を殺害した。その指導者モーナ・ルダオは、一度内地観光参加者として東京に旅行したことがあった。事件後二カ月にわたり、日本人警察は復讐として六四四名の世セデック族男性を殺害した。一九三〇年十一月に東京では首相浜口雄幸が日本

図18　一九三五年四月二十日に第十一回台湾原住民の内地観光団（タイヤル族とブヌン族合わせて三十人）は台北を出発するまえに台湾神社に参拝。『理蕃の友』によると、今回の内地観光は応募者が多く、「金銭の浪費を戒むる為」、青年団部長など「中堅人物」のみが選ばれたという（『理蕃の友』一九三五年五月号より）。

人超国家主義者の銃弾に斃れた。第二次霧社事件が一九三一年四月に続き、日本の植民地政府と同盟した原住民兵士が、日本政府の収容所に入っていた残りのセデック族男性全員を虐殺した。この虐殺の報道によって最終的には一九三二年三月、台湾総督太田正弘が辞任に追いこまれたが、その頃には内地の新聞読者はおそらく関東軍の作戦と満州国建国の方に熱中していただろう。一九三二年五月、日本海軍の兵士が首相犬養毅の私邸に押し入り、銃殺した。(8) 彼らはほかの公人数名に加え、当時訪日中だったチャーリー・チャップリンも殺害する計画だった。植民地台湾の山中と帝国の首都中枢におけるこれらの事件には、互いに直接の関係は一切ないものの、同じ期間に続けざまに起こったことによって、文明と理蕃という帝国の近代性による主張にもかかわらず、内地外地双方において社会から疎外されあるいは抑圧された不満分子は文民への武装暴力に向かい続けたということが銘記されるのである。

植民地住民を忠実な帝国臣民とする皇民化運動が正式に着手された一九三七年までに、『理蕃の友』における内地観光の報告は、宗主国巡礼の定型化された話となっていた。旅行の主催者は引率した旅行者たちがいかに行儀よく参加したか、いかに彼らが二重橋を見て涙を流して国歌を歌ったかを報告したし、また旅行者自身も、聖なる帝都に連れて行かれたことの畏敬と感謝と誇りを、台湾の警察署で行われた帰国集会で常套句的な言葉によって、報告している。皮肉にも同誌で言及された唯一の例外は、平地の——したがってより「文明化」されていた——アミ族の、六年の正式な教育を受けた一人であった。台北に戻るにあたり植民地係官に尋ねられると、このアミ族旅行者は農地、鉄道、八幡製鉄所と内地米の品質がもっとも印象深かったと手短に答えた。彼は帝国の壮大な記念物にも、崇敬や畏敬といった感情にも一切触れなかった(「台東廳アミ族は斯く語る!」『理蕃の友』一九三六年六月、一〇頁)。武器を持って抵抗することが少なかった平地の台湾原住民より、扱いにくい山地の「生蕃」を威圧しようという努力

(8) 刀を命とする武士の伝統を理想化していたにもかかわらず、こうした内地のテロリストは台湾人ゲリラと同様に刀剣より銃を優先させた。

は、台湾山間地の日常生活へ植民地警察が深く浸透するとともに、一部の若い原住民と天皇制国家とのあいだに強い紐帯を生み出したことで、結果的に成功したのかもしれない。しかし関係がより安定した時でさえ、天皇制国家への畏敬を帝都において教化する試みは、暴力の脅しと完全に断ち切られたわけではなかった。

一九四〇年には初めて、同年五月の旅行中に撮られたであろう、東京の国会議事堂の前に立った台湾原住民の一行の写真が『理蕃の友』誌上に現れた(図19)。おそらく戦時下のこの時になって初めて、主催者は忠誠と引き替えにした将来的な参政権への見通しを仄めかしたのだろう。皮肉にも同年十月には、議会の全政党は解散してファシズム的な大政翼賛会に合流し、戦前期日本の代表民主制の実験は終結することになっていた。そしてこの段階でさえ、原住民の旅行行程はなおも帝都を政治的首都と同時に軍事的首都として示していた。また、これは東京に連れてこられた日本人学童の修学旅行も同様であった。彼らは靖国神社を訪れ、古《いにしえ》であれ近代であれ軍の英雄の公共の銅像を巡った。

一九一五年の最初の南洋観光団の旅行では、台湾人の行程と同様に一連の軍事施設が含まれていたが、帝国劇場も含まれていた。また、植民地行政官は新たに獲得された南洋の領土で農業の工業化を計画していたことを背景に、島民の一行は産業施設にも連れられた。一団は三越百貨店も訪問した。日本の新聞は観光団が店内のエスカレーターとエレヴェーターにまごついたと、これを大きく取りあげた。エスカレーターが日本初で、たかだか前年に設置されたばかりであり、したがって多くの日本人客も同様にまごついたであろうが、このことには新聞は触れなかった(千住、二〇〇八年、一六〜二三頁)(図20)。

一九三〇年代の南洋島民の観光団は、報じられるところでは旅費を拓務省と折半していた。拓務省官僚が見せたかった世界近代的「文明の光」を強調し、これら後年の旅行には企業の事

図19　帝国議会議事堂前で記念撮影をする台湾原住民内地観光団(『理蕃の友』一九四〇年六月より)。

図20　南洋委任統治領サイパンにおける住宅改良の証拠として日本から国際連盟に提出された写真(*Annual Report to the League*, 1929)。

務所や工場が多く含まれていた。飯高伸五は、内地観光から帰った何年か後に東京に倣った街路と家屋による「パラオ銀座」を建設しようとしたパラオ人首長の例を記している。飯高が明らかにしているように、この事業を単なる猿真似としてではなく、パラオ現地の共同体を社会的にまた政治的に再構築するために内地で見た近代性の語彙を流用したものとして理解しなければならない（飯高、二〇〇〜二一七頁）。しかしながら、何らかの形で発想を東京からとった、そして「ギンザ」と名付けた、という事実も注目すべきである。欧米人は帝都東京に古風な趣を求めていた一方、パラオ人は模範にしうる秩序の徴を見つけ出したのである。南洋の島民は日本人植民者に対して武器を取らなかったので、彼らの内地観光は威圧して従わせるようには計画されず、むしろ生産的な帝国臣民を生み出すために計画された。この目的には工業都市・商業都市東京が十分役割を果たしえた（図21）。彼らの内地観光の記録には、天皇所縁の名所で感謝の涙を流したという証言は一切ない[9]。

内地観光の演出で主催者が関心を寄せていたのは、台湾人とミクロネシア人の観光団参加者の反応のみではなかった。内地の日本人の関心も計算に入っていた。これを思わせるものとして、南洋からの観光団は、一カ所どころか三カ所も百貨店を訪ねた記録がある。これは主催側の拓務省か東京市役所が一店をひいきしている、という苦情が来ないよう配慮した結果に見える。南洋島民自身が重要な顧客になるほどの購買力を持ったとは考えにくい。むしろ彼らの買い物体験が新聞に報じられたことで判るとおり、百貨店にとってエキゾチックな観光団は見世物として価値を持っていたのである（図22）。新聞社への訪問も同じような意義を持ったかも知れない。つまり観光団のためと同程度に、新聞社のためにも演出されていたのである。『理蕃の友』で台湾原住民の第十回旅行（一九三四年）の教訓を記した引率者の一人は、こうした行き先で原住民観光団を見世物にする動機にも触れている。「蕃装を携帯して新聞社又はデパート

黒と白
丸ビルを仰ぐ一團
オールびつくり

図21　丸ビルを仰ぎ見る南洋観光団（『読売新聞』一九三五年八月十一日より）。

（9）　ちなみに、当時使われた日本語の「観光団」が、今も旅行や旅行者を示す一般的な言葉（kankodang という）としてパラオ語に残っている。

図22　白木屋百貨店の写真場にて、一九一二年の台湾原住民観光団（絵葉書）。

などの意を迎へる如き手段に出るときは勿論経済的には有利の場合多かるべきも之は絶対に避くべきである」と強調もしている（斉藤生「高砂族観光団員を連れて」『理蕃の友』一九三四年十二月、一〇頁）。一九三〇年代のこの台湾観光団の引率者は、原住民がいかにエキゾチックであるかではなく、いかに文明にむかって進展しているかを内地の観衆に見せたがっており、観衆が伝統衣装を求めたことを迷惑に思っている。そこで生まれたのが一九二九年の旅行以降導入された、青年団制服であろう。にもかかわらず『理蕃の友』掲載写真の中では、内地官吏と面談する原住民は伝統衣装を着ている（図23）。明らかに内地には、蕃人らしい蕃人への欲求があった。したがって植民地支配下の民族の「内地観光」という現象そのものが、植民地のため内地を演出するのと同様に内地のため植民地を演出する試みとして理解しなければならない。内地観光は互いに出会いを強要された「未開」と「文明」のパフォーマンスであり、この出会いは未開から文明への道を示すという啓蒙の目的に支配されているはずだった。しかし、実際のところは矛盾に満ちた相補的な演出を必要としたのである。

台湾原住民と南洋諸島の島民のために組織された内地観光はつまり、文化外交、教化運動とエキゾチックな見せ物の要素とを組み合わせていた。これは、米国政府によってワシントンに連れてこられた北米先住民の使節団についても言える。現に、台湾統治の参考として、日本の官僚が米国のインディアン政策に高い関心を持っていたことは二十世紀初頭の在米日本大使館資料からも明らかになっている（Knapp and Hauptman, pp. 647–652）。台湾原住民の内地観光も、アメリカン・インディアンのワシントン使節団も、基本目的は植民地化に抵抗する人々を鎮圧することにあった。東京と同様に、ワシントンも先住民観光団は海軍造船所や工廠といった軍施設に連れて行かれ、兵隊の行進も見せられた。双方において、官庁その他の近代的国家機関を案内することによって啓発しているという旨が主張された。また、両方の場合において、新

図23 「蕃装者を引見さるる児玉拓相」（『理蕃の友』一九三五年六月より）。

聞記者は来訪者の行動をつぶさに追跡し、その反応を把握できるかぎり報道し、エキゾチック感を期待する読者を満足させながら、読者に民族的優越感を与える材料を提供した。

しかし同時に、この二国の事業のあいだにあった相違も見過ごすべきではない。それは植民地支配下の民族との関係について、また「帝国」の演出における帝都東京の役割について、日本帝国の特色をより鮮明に浮かび上がらせてくれるからである。十九世紀を通じて、白人による北米領土の征服後の先住民族との関係は、土地法などにおいて未解決の問題をさまざま残していたので、ワシントンを訪れた先住民使節は必ずある程度実際の外交のためにも来ていた。合衆国政府は名目上、インディアン諸民族を独立国家として扱い、しかるべき外交儀礼で迎えているように見せた。正式使節団はホワイトハウスで大統領に面接することになっており、ワシントンを訪れたインディアンの来訪者はこれを訪問の最大目的とした。自治権を交渉する余地は狭められていったとはいえ、使節団のワシントン訪問中に条約交渉も行われ、土地問題が解決されることもあった。米国政府から彼らに、訪問を記念する徽章や軍服とともに、銃も与えられた。これと対照的に、タイモ・ミセルが日本で銃を要求して拒否されたときに認識させられたように、日本の植民地からの来訪者には交渉する余地が全く与えられなかった。台湾で交渉が行われることはあったが、帝都では植民地支配者と被支配民族との関係は一方向のものであった。台湾原住民は宗主国の権力を見せられ、それに服従するよう要求されるだけだったのである。(10)

この点において、ワシントンを訪れるアメリカン・インディアンの使節団は、東京への内地観光より台北に出た原住民代表団の方に近かったかもしれない。実際、この二つのイベントを記念する写真はお互いによく似ている(図24、第五章図10)。台湾原住民団体は、台北の総督府で総督と他の総督府官吏に面接し、記念品を与えられた。領地などに関する交渉も台北で行われ

(10)米軍による多数のインディアン虐殺から明らかなように、この体制上の違いは決して米国の支配がより人道的だったことを意味しない。

図24　一八六七年二月、ホワイトハウス前で複数のインディアン使節団とアンドリュー・ジョンソン大統領(Viola, 1981より)。この写真は、台湾訪問中の閑院宮の写真(第五章図10)と類似している点が多い。いずれにも帝国の国家権力の表現としての新古典主義建築、また

た。これは台湾の原住諸民族と交渉し、その鎮圧(「撫育」)をはかるという事業を、清帝国から日本が受け継いでいたことの結果であったろう。つまり、宗主国首都対周縁という枠組みが、台湾のなかで台北と山間部との間にすでに構築されていたのである。帝都東京は外地の来訪者に、植民地政治を超越した地平に存在する場所として見せられた。植民地帝国の首都であると同時に聖なる「皇帝」の首都として、その役割は権力と神秘性を表象することにあった。皇居―靖国―明治神宮プラス軍事施設数カ所という観光コースはこの産物だったと言える。

しかし一方で、十九世紀の欧米における先住民族との出会いに比べて、内地観光の文脈で起きた日本人と台湾や南洋の住民との文化的折衝には、アイデンティティの問題がより絡んでいた。首狩りのケースに表れたように、日本の植民地支配下における先住民族の存在は、露骨な人種差別だけではなく、文化的不安という複雑な感情を引き起こすこともあった。レオ・チンとロバート・ティアニーは、戦間期に台湾と南洋に滞在した日本人小説家の作品に、この文化的不安とロマンチシズムがどう絡み合ったかを明らかにしている(Ching, 2001; Tierney, 2010)。同じような矛盾した感情は大衆文化にも表れている。

文明と未開の出会いにおける、また日本という回路を通じた西洋近代における両義性は、一九二八年に発表された「台湾生蕃の娘モダン風して日本に来て。」というタイトルの漫画の行間に語りかけてくる(図25)。右側で「モダンガール」の格好をした二人の台湾原住民が、自国より三百万人都市・東京でバナナが安く豊富であることに驚いている。一人はチャンバラ劇を指して「勿体ない。あの首をみんな刎ねて、父酋長の土産にしたいわ。」と言っている。しかしこの旅行は悪い結末を迎える。「文明の悪魔達」と記された自動車、飛行機に追いかけられた「生蕃モガ」の一人は、恐怖のあまり裸足になって逃げるのである。このように漫画家は、帝国経済や植民地支配下民族と支配民族との不穏な文化的近接性などの逆説を設定したが、グ

権力関係を再確認する記念写真のフレームとして、この建築様式の有効性が読み取れる。しかし、閑院宮が原住民代表団の上に位置するヴェランダの椅子に腰掛けるのに対して、ジョンソン大統領が使節団の一部に囲まれて立っているという違いは日米両国の国家イデオロギーと先住民との関係の違いを表しているかもしれない。

図25　平未知画「台湾生蕃の娘モダン風して日本に来て。」(『現代漫画大観第九編――女の世界』中央美術社、一九二八年)。

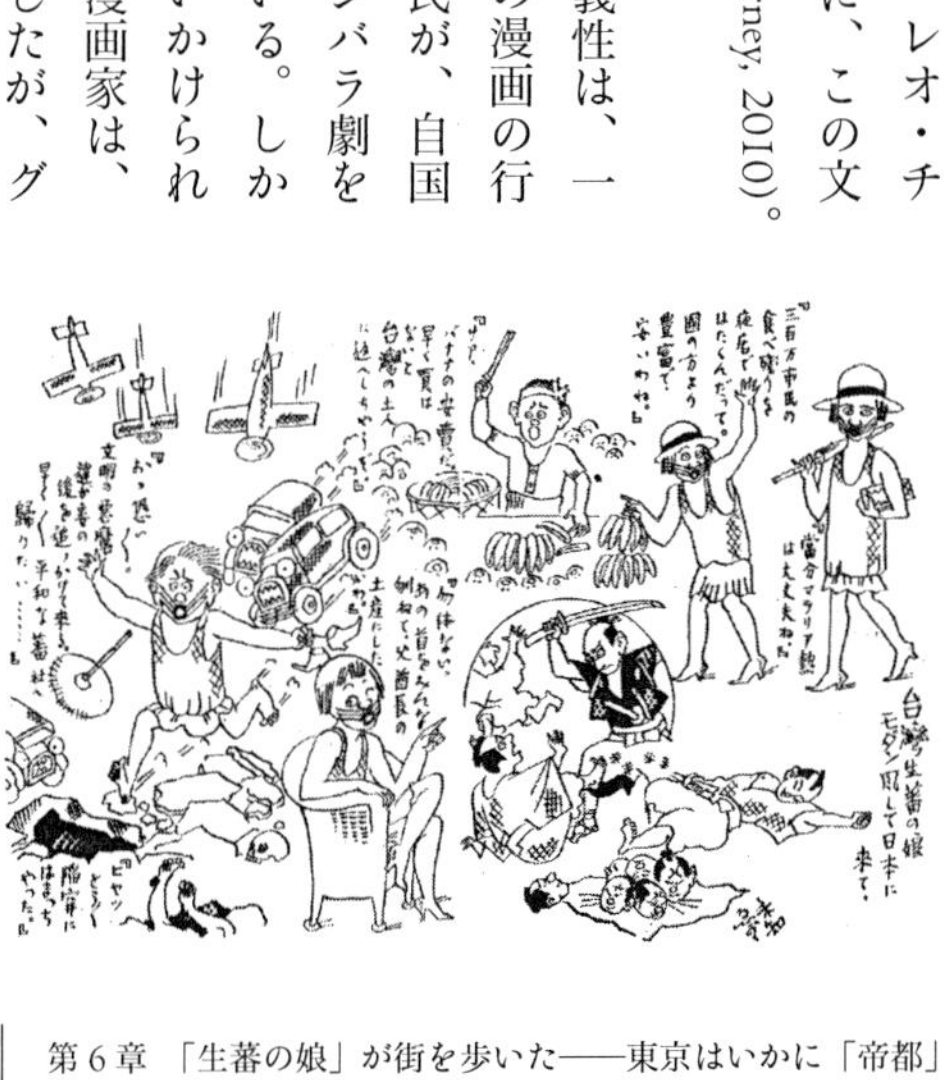

ローバルな近代の「文明の利器」を動員して原住民を再征服することで、その両方を解消している。

同じシリーズの漫画には、「本国を知らぬ女」として画かれたハワイ日系モガも登場する（図26）。帝都を歩くこの観光客は、近代的オフィスビル、ラジオ、飛行機、自動車や洋風住宅を観察することで、東京と西洋の類似性を確認する。先の漫画で原住民を脅かした自動車など「文明の悪魔達」に直面したハワイの観光客は「さて、どっちが本場でせう。」「人真似なら日本が本場よ。」と述べ、「こんなことなら何もわざ〳〵来なくってもよかったわね。」と言い捨てている（図27）。また左隅ではもう一人のハワイ人が着物を試着して「バタ臭い日本人が日本人の真似をするとキモノだけがぴったり板につく。」と記されている。奇妙に馴染みのある蓄人が生み出す緊張を解消するため、グローバルな文明を利用したのと同様に、ここで漫画家は、「猿真似日本」という西洋人観光客の告発が生み出す緊張を解消するため、半西洋化された女性観光客を帰国させた。

冗談は緊張と解放（カタルシス）を通じて働くものだ。しかしこれらの漫画は外見上の解決を見せているにもかかわらず、そこでのカタルシスは不完全に終わっている。斬られた首が帝都東京の大衆的余興の一部であったならば、宗主国日本は台湾原住民を教化するほど「文明的」だったのだろうか。また、帝都の近代「文明」は大日本帝国の外からの訪問客にとっても印象的なものであり得たのか、それとも日本が単なる二流の西洋だという印象を与えただけだったのか。いずれにしても、このふたつの東京観光の物語は、いまだ不安定な帝国の近代と、依然未完成のグローバルな近代とに位置づけられた帝都東京の逆説を浮かび上がらせている。

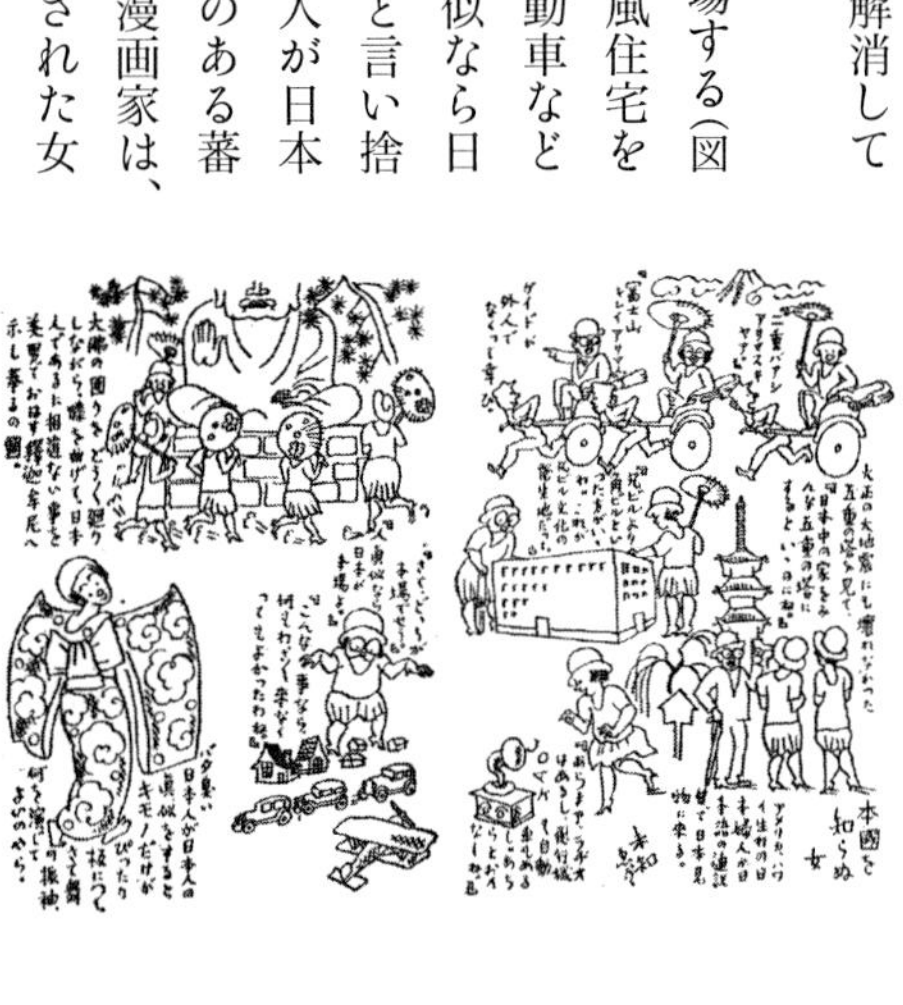

図26　平末知画「本国を知らぬ女」（『現代漫画大観第九編――女の世界』中央美術社、一九二八年）。

図27　平末知画「本国を知らぬ女」（ディテール）。

四　おわりに——エチケットの帝国

社会政治的な見地で、帝国の近代とグローバルな近代とのもっとも明白な違いは、帝国の近代はあからさまな不平等を前提としており、一方、グローバルな近代は自己決定権や「文明の利器」が可能にした快楽と表現手段などにおける平等な機会という約束を——つねに現実から離れているものの——提示したことである。帝国の近代はあからさまな不平等に基づいていたことと、それが同時に文明化と統合の使命をもったこととが相まって、解決不能のジレンマや不和を生み出した[(11)]。日本帝国は、それ以前日本も周縁的な一員として加わっていた中国中心の文化圏に含まれる、隣接地域の民族を統合したため、このジレンマに対する懸念が特に深刻であっただろう。日本帝国の企てが武力による征服や討伐を超えたときに、東アジア文化圏を日本中心に再編する新たな理論と表象が求められた。小熊英二、プラゼンジット・ドゥアラ、テッサ・モーリス＝スズキなどが明らかにしているとおり、たとえば植民地における人類学には、ヒエラルキー的区別を成立させながら、一定程度同化させることの根拠として民族的共通性を発見しようとする、植民地エリートの特殊な離れ業を見ることができる(小熊、一九九五年、Duara, pp. 180–188; Morris-Suzuki, pp. 157–180)。

二十世紀日本の帝都の観光行程には、記念碑的、近代的かつその国固有の語彙で正統性を誇示しようとする後発帝国主義者の不安が現れている。外交戦略として、西洋からの「外客」に東京の世界近代的容貌を見せようとしたが、受け手側の欲望はむしろ東洋的ピクチャレスクに向いていた。東京を近代帝国の首都と軍事都市として注意深く演出する、台湾原住民向け初期

(11)　グローバルな近代の普遍主義も固有の社会不安を創出しているのは間違いない。これはクロード・レヴィ＝ストロースがエリート主義的な横顔を見せながら「比較を可能にする[……]均質性という有害な要素」と呼んだものである(『悲しき熱帯』上、二三三頁参照)。ここで議論したいのは、近代の植民地帝国主義が構造において本質的に矛盾しており、したがって、たえず抑えきれぬ不安を生み出していたことである。

の「内地観光」事業のなかで、植民地宗主国自身の蛮行を映し出す鏡を見せつけ、「文明」を受け入れる条件として武器携帯の平等を要求する「蛮人」に出会ったことには、植民地支配者のジレンマが示されている。内地旅行によって文明化されたばかりであるはずの支配下台湾原住民に日本刀を賜った台湾総督乃木希典が、君主的な振る舞いを拒まれた場面のぎこちなさは、想像に難くない。後期の台湾原住民内地観光は直接的な利害こそなくなったが、植民地支配関係の逆説は最後まで消えなかった。平等なしに支配下民族をいかに同化するかという植民地支配者の不安、同様に同化による服従と文化消滅なしにいかに平等を得るかという被植民地支配下民族の不安が、植民地経営全体につきまとっていた。

こうした逆説は、帝国のさまざまな日常的な出会いの中においても繰り広げられた。帝国内を動き回る留学生が残した記録には、同化と文化的ヒエラルキーに対する常なる不安が表れている。中国人・朝鮮人民族主義者は、あまりにたやすく同化する内地の台湾人留学生を批判していた(紀、二〇一一〜二〇二頁)。一方、東京に留学した朝鮮人女性の証言集には、日本の礼儀作法に適応しようとする葛藤が記録されているが、おなじ朝鮮人留学生が従来の朝鮮服を着用し続けていたことなどからわかるように、これは日本人として「通用する《パス》」ためではなく、劣等と思われないためであった(朴、二〇〇五年)。修学旅行で朝鮮から内地を訪れた日本人学生も、東京の人間に見下された際の感情を記している。東京旅行から朝鮮に戻った「内地人」高等女学校生徒の一人は「「朝鮮から来ました」と云えばすぐ懐中物用心をなさる」と、その悔しい思い出を記した(山下、二七〜二八頁)。逆の状況でも、類似した不安が支配者の側に表れることもあった。台湾における植民地当局と支配階級は植民者同胞に対して、漢民族住民の前で恥をかかない服装をするよう繰り返し警告した(岡本、一〇六〜一〇七頁。竹中、一九九六年)。ハワイ、カリフォルニア、ブラジルに渡った日系移民の行動をめぐる不安はさらに深刻だった。合衆国に写真花嫁として送られた日本人女性は、アメリカの家庭習慣を学ぶため横浜で家政学の訓練を受けた（東、九八〜一〇二頁）。ここには間違いなく社会階層の問題も含まれているし、日本が貧しい帝国であり、植民地領土を経営するため兵士や官僚を送り出していたのみならず、余剰人口をも輸出していたという事実も関係している。しかし礼儀作法の違反に関する相互の恐怖には、帝国そのものが搾取の構造であったのと同時に、文化的不安を生み出すある種の装置であったことも示されている。権力のスペクタクル、出会いの場、日本の帝国の近代を形成した、人と知識と商品が流れるネットワークの中心的なノードとして、帝都東京はこうした不安を凝縮し再生産していたのである。

第六章参考文献

飛鳥井雅道「明治天皇・「皇帝」と「天子」のあいだ」西川長夫・松宮秀治編『幕末・明治期の国民国家形成と文化変容』新曜社、一九九五年。

東栄一郎、飯野正子他訳『日系アメリカ移民 二つの帝国のはざまで——忘れられた記憶 1868–1945』明石書店、二〇一四年。

阿部純一郎『〈移動〉と〈比較〉の日本帝国史——統治技術としての観光・博覧会・フィールドワーク』新曜社、二〇一四年。

飯高伸五「伝統的首長の内地観光」『民俗文化研究』第八号、二〇〇七年八月。

今泉宜子『明治神宮——「伝統」を創った大プロジェクト』新潮社、二〇一三年。

岡本真希子『植民地官僚の政治史——朝鮮、台湾総督府と帝国日本』三元社、二〇〇八年。

小熊英二『単一民族神話の起源——〈日本人〉の自画像の系譜』新曜社、一九九五年。

紀旭峰「大正期在京台湾人留学生と東アジア知識人——朝鮮人と中国人とのかかわりを中心に」『アジア太平洋討究』一五号、二〇一〇年。

木下直之『ハリボテの町』朝日新聞社、一九九六年。

『講談社の絵本　東京見物』大日本雄弁会講談社、一九三七年。

佐藤範雄『恵撫慈養帝都復興詔書大意』金光教徒社、一九二三年。

『修学旅行のすべて』日本修学旅行協会、一九八一年。

鈴木作太郎『台湾の蕃族研究』台湾史籍刊行会、一九三二年。

千住一「日本統治下南洋群島における内地観光団の成立」『歴史評論』六六一号、二〇〇五年五月。

千住一「観光団がやってきた――南洋群島住民にとっての「内地観光」」立教大学観光学部『交流文化』七号、二〇〇八年五月。

「第五回内地社会事業視察紀行」『社会事業之友』六一号、一九三三年十二月。

竹中信子『植民地台湾の日本女性生活史』田畑書店、一九九六年。

坪内祐三『靖国』新潮社、一九九九年。

中村宏「戦前における国際観光（外客誘致）政策――喜賓会、ジャパン・ツーリスト・ビューロー、国際観光局設置」『神戸学院法学』三六巻二号、二〇〇六年十二月。

『日本交通公社七十年史』日本交通公社、一九八二年。

原武史『皇居前広場』光文社新書、二〇〇三年。

バン・チソン（방지선）「一九二〇～三〇年代の朝鮮人中等学校の日本・満州修学旅行」『石堂論叢』四十四巻、二〇〇九年、一六七～二一六頁。

朴宣美『朝鮮女性の知の回遊――植民地文化支配と日本留学』山川出版社、二〇〇五年
兵庫県赤穂高等女学校校友会蓼の華会編『蓼の華：増改築竣工創立二十五年記念誌』同会、一九三六年。

松田京子『帝国の思考――日本「帝国」と台湾原住民』有志舎、二〇一四年。

山口輝臣『明治神宮の出現』吉川弘文館、二〇〇五年。

山下達也「植民地朝鮮の師範学校における「内地人」生徒――官立大邱師範学校を中心に」『歴史学研究』八一九号、二〇〇六年。

山本芳美『イレズミの世界』河出書房新社、二〇〇五年。

レヴィ＝ストロース、川田順造訳『悲しき熱帯』上、中央公論社、一九七七年。

An Official Guide to Japan. Tokyo: Japanese Government Railways, 1933.

Barclay, Paul D. "Cultural Brokerage and Interethnic Marriage in Colonial Taiwan: Japanese Subalterns and Their Aborigine Wives, 1895–1930." *Journal of Asian Studies* 64, no. 2 (May 2005): pp. 323–360.

Barclay, Paul D. "The Geobody within a Geobody: Kappanzan in the Making of Indigenous Taiwan, 1895–1940." Association for Asian Studies Annual Conference, San Diego, CA, March 22, 2013.

Botsman, Daniel. *Punishment and Power in the Making of Modern Japan*. Princeton University Press, 2007.

Ching, Leo T. S. *Becoming "Japanese": Colonial Taiwan and the Politics of Identity Formation*. Berkeley: University of California Press, 2001.

David-Fox, Michael. *Showcasing the Great Experiment: Cultural Diplomacy and Western Visitors to the Soviet Union, 1921–1941*. Oxford: Oxford University Press, 2012.

De Leon, Esmeraldo E. *Nippon in Spring: Souvenir of the Second Filipino Students Educational Party to Japan*. 1936.

Duara, Prasenjit. *Sovereignty and Authenticity: Manchukuo and the East Asian Modern*. Rowman and Littlefield Publishers, 2003.

Goodman, Grant K. *Four Aspects of Philippine-Japanese Relations, 1930–1940*. Yale University Southeast Asian Studies Monograph Series, no. 9, 1967.

Hogue, Fred. "Japan Adopts Modern Ways." *Los Angeles Times*, June 8, 1929, p. 16.

Hogue, Fred. "Japan's Heart Holds to the Past." *Los Angeles Times*, June 27, 1929, p. 10.

Jones, Mary Ellen. *Daily Life on the Nineteenth-Century American Frontier*. Westport, Connecticut: Greenwood Publishing, 1998.

Knapp Ronald G. and Laurence M. Hauptman. " 'Civilization over Savagery': The Japanese, the Formosan Frontier, and United States Indian Policy, 1895–1915." *Pacific Historical Review* 49, no. 4 (November 1980): pp. 647–652.

Matthews, Herbert L. "Kobe Greets Ruler in Awe as Demigod." *New York Times*, June 30, 1929, p. N5.

Matsuoka, Yosuke. "Introduction." In *Tokyo Vignettes*, by Zoe Kincaid. Tokyo: Sanseido Company, 1933.

Morris-Suzuki, Tessa. "Becoming Japanese: Imperial Expansion and Identity Crises in the Early Twentieth Century." In *Japan's Competing Modernities*, edited by Sharon Minichiello, pp. 157–181. University of Hawai'i Press, 1998.

Simon, Scott. "Formosa's First Nations: From Colonial Rule to Postcolonial Resistance." *Asia-Pacific Journal* (January 2006). http://japanfocus.org/-Scott-Simon/1565.

Terry's Guide to the Japanese Empire. Revised ed.; Boston: Houghton Mifflin, 1928.

Tierney, Robert. *Tropics of Savagery: The Culture of Japanese Empire in Comparative Frame*. Berkeley: University of California Press, 2010.

Viola, Herman J. *Diplomats in Buckskins: A History of Indian Delegations in Washington City*. Washington, DC: Smithsonian Institution Press, 1981.

終章

帝国の狭間のハワイと沖縄

C・ブルーアー農園、ハワイ・オアフ島、一九〇二年頃(Franklin Odo and Kazuko Sinoto, *A Pictorial History of the Japanese in Hawai'i, 1885–1924*. Honolulu: Bishop Museum Press, 1985)。前方には労働者住宅、背後には煙を吐く砂糖工場と広大なサトウキビ畑。左前方には星条旗を掲げるお堂が目を引く。ハワイで支配的だった本願寺派はキリスト教の要素を取り入れた。両宗教の指導者は勤勉と農園主への従順を奨励した。

二〇一二年に筆者はハワイのオアフ島を訪ね、砂糖農園労働者の住宅を再現した野外博物館「プランテーション・ヴィレッジ(農園村)」のガイドツアーに参加した。十九世紀中頃以降、欧米の砂糖需要により、ハワイ諸島は米英資本が支配する農園経済へと変貌した。麻疹、天然痘などの持ち込まれた疾病により、ポリネシア人の先住民族人口は大打撃を被り、深刻な労働力不足が生じていた。労働力の欠乏を補い、砂糖の輸出を維持するため、農園主の圧力を受けたハワイ王国は、世界中からの移民を求めた。その大多数は東アジアからやってきた。これによって、後に太平洋におけるアメリカの「人種のるつぼ」として賞賛される多文化社会が形成された。しかし十九世紀末から二十世紀初頭にかけて、この社会はアングロ・アメリカ白人の支配下にある人種のヒエラルキーと化していた。一八七六年に人口のほぼ九〇パーセントを占めていた先住民は一九〇〇年にはわずか二六パーセントになっていた。[1]

「プランテーション・ヴィレッジ」には日本人労働者の再現住宅が二棟あり、一方は二世帯一棟の住宅、他方は「キリスト教徒一家」のための戸建て住宅であった。これに加え、中国人、フィリピン人、韓国・朝鮮人、沖縄人、ポルトガル人、プエルトリコ人の労働者の住宅も再現されていた。これらの住宅では、それぞれの移民グループの子孫による民族団体の代表が物品を提供し、内部を再現していた。この野外博物館のガイドはボビという名の、六十代と思われる女性で、外見上はアメリカ白人だったが、自身では一部「ハオレ」(英米白人を指す現地語)で一部ハワイ先住民族だと説明していた。一方では、ハワイ先住民の民族自治運動は強いが、同時に文化的真正性を示唆し、帝国主義的過去と本人を切り離すため、ハワイ先住民族の血が入っているということは、現在では格好良いこととなっている。ボビは、自身が労働監督の子として砂糖農園で育ったと言っていた。そこはハワイ諸島で最後まで残った大規模砂糖農園であり、一九九六年まで操業を続けていたという。彼女は野外博物館に住宅が再現されている諸民族を説明する中で、どことなく監督の態度の名残と思える表現を使っていた。民族のステレオタイプに頼り、ある民族グループは「家族の結束が強く」、あるグループは「よく働いてくれる人達」だというように描写した。しかし、博物館には白人監督の住宅も、農園経営者の住宅も再現されていない。またハワイ先住民族によって飾られた住宅もない。このことには、自分たちの歴史を砂糖農園の歴史と同一視するのが、労働のため移入された移民グループのみであるという事実が映し出されている。彼らを搾取した「ハオレ」も、彼らがその労働を補充し、結果的には置き換わった相手であるハワイ先住民族も、自身の歴史を別の形で記念しているのである。

帝国の重なり合いが生み出す文化的効果を考察する上で、ハワイは豊饒なフィールドである。形式的な統治権は、一八九三年にアメリカ白人が率いたクーデターによって、最後の女王が退位させられ共和国宣言が出されるまで、ハワイ王家の手にあった。一九〇〇年にハワイ諸島は米国領に変わり、一九五九年に合衆国五十番目の州になった。ハワイ諸島は一七七八年にクック船長が到着して以来、帝国主義的野心の標的になっていた。日系人がハワイ諸民族の中で最大の人口となった二十世紀初頭になると、人口を太平洋に拡張し、その戦略的、また経済的な利益を獲得するという、米国と日本双方が競い合った「明白なる使命《マニフェスト・デスティニー》」という理念によって、ハワイの社会と風景のあらゆる側面が作り変えられていた。

今日のハワイは、言語においても、衣食住や日常の振る舞いにおいても、文化混淆の独特な事例をいくつも示している。今回の訪問では、二つの言葉が特に印象に残った。一つは豚に関する言葉で、他方は履物に関するものであった。この二つの問題には後で触れるが、それらは文化混淆の単に興味深い現れであるという以上に、独特の言語表現や物質文化という実例に、日米双方の帝国空間内における不平等な出会いによって生じた、太平洋の生活文化圏の様相が現れたものだといえる。

ハワイは日本政府の責任の下で現在の国境を越えて移民を送る計画の、最初の移出先であった。官約移民として送り出された最初の契約労働者は、一八八五年に横浜港を出発した。この段階では、移民はハワイ政府の要請で始められた事業であった。一八八一年にハワイ王カラカウアの使節として東京を訪れたジョン・M・カペナは、外務卿井上馨に移民の送出を強く訴えた。カペナは、日本人とハワイ人が自然の関係を持っていると主張した。「単に苦力《クーリー》や労働者を求めるならば中国人を得られる。しかし我々はそれ以上のものを求めている。すなわち我が国に、規律正しく、勤勉で、文明化され、遵法意識が高い同系の民族を、再植民したい」と彼は述べた。[2]この請願の背後には、ハワイの都市部において経営と商工業の才能により白人優位を脅かす中国人の急増を相殺したいという白人居住者の要望が一方にあり、他方には東アジアの新興勢力である日本と親密な関係を築くことにより、ハワイ諸島における米国の政治的影響力を相殺したいというハワイ王国の要望もあった。井上は慎重に対応した。しかし最終的には、松方デフレによって生じた日本の農村部における貧困が深まったため、貧農を移出する政策が国にとって有利だと判断された。

しかしハワイへの日本人農民の移動が始まると、特に米国連邦法により契約移民制度が禁止されることになった一九〇〇年以降、日本において移民は、単に切り捨てられる過剰人口としてだけでなく、拡張する大日本帝国の先遣隊として描かれ認識されるようになった。福沢諭吉とその門下は、帝国の利益を目的とする、平和裏の商業的海外拡張という理念を喧伝した。同様に、大量の日本人移民による、東アジアと太平洋への自然かつ必然の再植民について、徳富蘇峰(猪一郎)が自身の新聞などで主張した。東栄一郎が指摘するように、移民政策と「海外発展」の言説はしばしば、「移民」と「植民」を混同していた。その発展が商業的なかたちであれ帝国主義的なかたちであれ、担い手の移民は日本民族と天皇への忠誠を保持するものと理解されていた。[3]

ハワイの日系一世指導者層も、自分たちが大日本帝国の拡張に貢献していると自負していた。公的な催しや出版物において、初期の一世指導者は、日本とハワイの権威を融合した、英米中心の秩序と異なるヒエラルキーを援けにして、大日本帝国の象徴体系を再生産しようと努めていた。日清戦争の勝利を祝い、ハワイ在住日本人は、皇軍将校の制服を模倣した服を着て行進した(図1)。ハワイで活動したジャーナリスト田中稠穂の編集により一九一〇年に出版された写真集『布哇写真帖』は、『婦人画報』や同時代の類似した出版物を思わせながら、しかしハワイに特化した特徴を加える形で、視覚的に構築されていた明治日本の社会秩序を、ハワイ日系の文脈に置き換えて示した。[4]この写真帖は冒頭に、米国大統領タフト、退位させられたハワイ女王リリウオカラニ、アメリカ人の「布哇県知事」、日本の総領事の順に写真を並べている。これらの肖像写真に続いて、不特定の日本人・ハワイ人の高位の人々と一緒に写った、ハワイ訪問中の伏見宮の軍服姿、本願寺の法主とハワイでの開教師、日本語新聞三紙の代

図1　ハワイ日系人の模擬皇軍. 1895年5月11日, ホノルルで行われた日清戦争の戦勝記念行進に参加するために仮装した男たち. Ernest Wakukawa, *A History of the Japanese People in Hawaii* (Toyo Shoin, 1938) より.

表、ハワイ日系の三つの野球団、「ホノルヽ芸者」の集合写真が並んでいる。つまりここでは、明治の視覚メディアにおいて慣習的となっていた支配階級の表象とともに、ハワイの現在と過去の支配者に混じって、ハワイにおける日本の文化的存在と民族の団結とを示す肖像群が見られる。肖像写真で構成された冒頭のこの部分は、地域色を加える匿名の「布哇婦人」の肖像写真で終わっている。写真帖の残りは、主だった公共建築、砂糖工場、風景写真が占めている。砂糖農園と砂糖工場が掲載されているにもかかわらず、そこで労働しており、当時ハワイの日系人人口の大多数を構成していた日本人労働者の労働している姿は見えない。労働者住宅が見られる写真は一枚のみで、それは清新に白く塗装され、快適で衛生的に見える。背景を占めている工場の建物と建ち並んだ労働者住宅との間に、星条旗が掲げられた本願寺派のお堂が建っている(本章扉)。

移民を先遣隊として理想化するイメージにもかかわらず、ハワイに到着した日本人は、自分たちが白人支配の人種ヒエラルキーの中で低い地位にあることに早くから気付いた。農園での賃金は民族とジェンダーによって階位付けをされていた。砂糖畑の監督の大多数はポルトガル人であった。彼らは馬に乗り、鞭をもっていた。契約労働の時代が終わった後も、日本人労働者が殴打されるという事件が発生し続けていた。ポルトガル人自身も、英米人「ハオレ」からは別人種と扱われていたが、その馬と鞭は人種による帝国的支配を公然と見せ、誰が支配階級の側に属しているかを明らかにした。中国人、韓国・朝鮮人、フィリピン人と並んで働いていたとき、日本人は、先遣隊というよりも「東洋人苦力」であった。

沖縄人は他県からの移民集団より若干遅くハワイにやってきたが、その時点ですでに、一八七九年の琉球処分以降の日本におけるサバルタン(被支配民族)になっていた。ハワイに移民することで、沖縄人は砂糖の単一作物に支配された半植民地的列島から別の半植民地的列島に移動したことになった。サトウキビを刈るのは苛酷な労働である。また少なくとも近代においてほとんどの場合、他人の統制下で行われる労働でもある。砂糖の精製には多額の資本投資と大量の労働力の動員が必要なので、自家消費だけのために精糖をつくる農家はない。しかし輸出と他人の消費のためにサトウキビを刈る労働経験とともに、沖縄人は豚の飼育という経験も持ち込んだ。豚はささやかな解放の手段だった。つまり、飼育者は生産手段すなわち豚を所有し、自身の投資の見返りを期待できた。豚は廃物を食べて、それをタンパクと脂肪に効率よく変換してくれる。沖縄では一家に一、二匹を飼って、芋、台所の残り屑、人間の排泄物などを与えて飼うことが一般的であった。この時代にハワイで飼育されていた豚のほとんどは、十六世紀以降ハワイ諸島に持ち込まれ、交配を経て、その数世紀前から持ち込まれていた小ぶりのポリネシア豚を圧倒していたヨーロッパ種からの派生であった(5)。沖縄人移民は、ホテルやレストランの厨房、同僚の労働者の台所からの廃棄物を自分たちの豚に与えていた。養豚によって、多くの沖縄人がプランテーション労働から解放された。沖縄の農家経済のなかで重要な地位を占めていた豚は、ハワイにおいて小規模事業の機会を提供した。養豚場の多くは、他の島より都市化され、したがって豚の餌になる廃棄物も多く得られたオアフ島に集中していた。一九四〇年までにオアフ島の養豚経営者の四四パーセントを沖縄人が占めていた(6)。

ハワイにおける沖縄人のアイデンティティは双極の間に置かれた。一方には出身の村があった。島田法子が明らかにしているように、第二次大戦以前のハワイにおける沖縄人は日本からの他の移民と異なり、県単位で統合された県人会ではなく地域単位の同郷会を組織していた(7)。他方には国民国家があった。日本人から差別を受けて、多くの沖縄人は一視同仁の臣民として平等を主張しようと努めていた。しかし日本人の間でサバルタンの地位から逃れようとしても、沖縄の言語、三線の音楽などとともに、養豚によって彼らはハワイにおいて「沖縄人」にされていた。ハワイの中でも「内地人」と呼ばれていた他の日本人移民の子供は、沖縄人の子供に「沖縄ケンケン、豚カウカウ」と繰り返して嘲っていた。日本語の「飼う」という意味合いに加えて、「カウカウ」はハワイにおいて「食う」という意味で使われる。ハワイ日系の歴史家ユキコ・キムラによると、この言葉は広東語の転訛であるという(8)。「プランテーション・ヴィレッジ」のツアーでガイドのボビは、労働者住宅の勝手口に置かれていた台所の残り屑用バケツを「ブタカウカウティン(豚飼い/豚食いバケツ)」と呼んだ。彼女はもちろん日本語も広東語も話せなかった。したがって、この子供の嘲り言葉は、ハワイの全民族に話されるクレオールに、何らかの形で入り込んだようである。また、ほとんどの日本人が汚い動物と考えていた豚と近接した生活のために、支配的日本人移民集団に同化したかった沖縄人は、自分たちが異質で劣等と見なされたということをあらためて意識させられた。

しかし彼らは日本本土ではなく米国領におり、こうした状況のおかげで、豚との関連から差別を受けていた沖縄人養豚場経営者の一部は、最後に笑うことができた。太平洋戦争の勃発とともに、米軍は多数の兵隊をハワイに駐屯させた。この軍隊が肉を要求した。戦争に必要と思われた業種の人々は、その職業にとどまり物資調達に応じるよう命じられた。米軍基地の台所の残り屑を引き取り、豚肉を供給することで、養豚場はブームを迎え、一九四〇年代に複数のハワイ在住沖縄人が「豚成金」になった。一つの帝国の拡張においてサバルタンとなっていた沖縄系ハワイ人は、このようにもう一つの帝国において優遇されるマイノリティとなった(9)。

一九四五年四月から六月にかけての沖縄戦によって、沖縄の民間人の四分の一以上が命を失った。日本軍の徴発、農場の破壊、飢餓状態によって、沖縄の豚もほぼ全滅となった。米国占領下の沖縄に救援物資を送るハワイ在住沖縄人の運動が一九四六年に始まり、その一環として豚を送るため募金活動が行われた。結果的に一九四八年、五五〇頭の豚が、沖縄人養豚業者と獣医のチームに付き添われ、米海軍の輸送により米国西海岸ワシントン州から沖縄に届けられた。雌豚を与えられた農家は、その子豚を一匹ずつ近隣の農家に渡すよう約束し、その結果沖縄諸島一帯で極貧に陥っていた農村に、豚が急速に分配されることとなった。二十世紀初頭に他県からの植民者とともに沖縄人がハワイ諸島を「再植民」したように、二十世紀半ばに沖縄系ハワイ人はアメリカ種の豚で沖縄列島を「再植豚」したのである。

沖縄に送られた豚の話は有名だ。複数の本にも載っているし、NHKのドキュメンタリーにもなった。もちろん、沖縄出身ハワイ日系人の寛大な心と愛郷心の物語である。しかしこのエピソードの人間本位の側面ばかりに目を向けると、戦後沖縄の畜産にとって米国産豚の導入が何を意味したかを見逃すことになる可能性がある。この支援事業は、戦後の沖縄で豚の飼育が農家の自給自足経済から商業的な産業へと大きく転換するきっかけとなった。米軍の存在に頼りながら商業的な畜産業を学んだハワイの沖縄人は、その先祖の地に同じ社会経済システムを導入することに一役買うことになった。

沖縄在来の豚は中国豚の一種であり、沖縄の環境と食物に適応していた。アメリカの豚はより大型で、少なくとも輸入者が信じるには、違う食べ物が必要だった。新しい豚とともに、穀物と肉系の物質を含む配合飼料を与えなさいという指示も沖縄に持ち込まれた。(10)これは従来の慣習と食い違ったため、沖縄の多くの農家は特別な配合飼料にまで投資を渋ったか、投資できなかったのだろう。農業改良家の石垣長三は、一九五九年に『琉大農家便り』で、養豚農家にしかるべき餌を与えるよう促した。戦後多くの「優良品種」をとりいれた点は喜ばしいが、その「経済能力」を発揮するために高タンパク質飼料を与える必要性を沖縄の農家は理解していないと憂えた。沖縄の豚肉は香港市場で売り出され始めており、国際競争にあたって改良は必須であると石垣は主張した。このような専門家による改良運動は、豚が家庭経済の一部ではなく商業的な事業であることを前提にしていた。彼等は沖縄を支配する宗主国での農業改良の事例に倣った。石垣の養豚飼料に関する知識は日本の畜産試験場に基づいていたが、それ自体が米国からの専門知識を多く採り入れていた。(11)

畜殺に関して厳格になっていた衛生法とともに、家庭消費用ではなく市場のために生産せよという圧力は、徐々に養豚の専門化をもたらした。この過程を通じて、沖縄の養豚は輸入された「優良品種」を中心に再構築された。戦前にピークに達した一九三五年の沖縄の豚の数は、一二万八千八二三頭だった。記録によるとこの時点で八万三千二六世帯が豚を飼っていたので、一世帯平均一・六頭ということになる。返還直前の一九七〇年になると、豚の頭数は二四万九千八一一頭と二倍になっていたが、飼育農家数は二万五千二一一世帯に減っていたので、一世帯約十頭だった。豚を飼う農家の数はその後もどんどん少なくなり、わずか五年後には一世帯あたり二十頭近くになっていた。(12)ところで、新種豚の「経済能力」を引き出したい小規模農家には、市販の配合飼料を買う代わりにもうひとつ選択肢があった。それは米軍基地の残飯である。石垣は基地残飯にタンパク質が二〇〜三〇パーセント含まれているという日本のデータに触れた。まだ多くの農家が豚に芋を与えていた読谷村での聞き書きによると、残飯を譲ってもらえる基地近くの農家のほうが豚は太っていた。(13)したがって戦時中のハワイと同じように、米軍占領期の沖縄においても米国の畜産方法で(この場合は日本本土も経由しているが)、米軍が餌の一部を提供して間接的にその飼育を手伝った米国産豚により、養豚が商業的産業に再編された。

太平洋地域における米国の支配権の台頭により、新たな人間—動物生態圏が形成され、そこでは沖縄人移民が、日本とアメリカの帝国の回路を渡りながら、決定的な役割を果たした。同時に、豚肉を加工した「ランチョン・ミート」が、米国からの支援物資として、また軍売店からの流出品として、便利で安価で需要の高い交換商品として近隣の経済に入り込み、米軍基地周辺の闇市場に出回ったことを通じて、より直接的な豚肉の流通経路が太平洋地域に形成された。ハワイと沖縄、またグアムやその他、米軍基地の存在が大きな太平洋地域の日常食と料理において、今なお「スパム」、「チューリップ」他の豚肉缶詰ブランドが重要な地位を占めている。太平洋全域の台所におけるグルタミン酸ナトリウムの消費が、二十世紀前半の日本帝国の存在によって築かれた「味の素文化圏」の輪郭を描いているように、豚肉缶詰の消費は、第二次大戦後に築かれた米国支配の「スパム文化圏」の地図を描いている。

一方、戦時中の米軍に豚肉を供給した経験により、ついで戦後の米軍支配下の沖縄における養豚の復活に貢献したことにより、沖縄系ハワイ人のアイデンティティに変化が生じた。一九五一年にハワイにおける全同郷会を糾合したハワイ沖縄連合会が結成され、指導者の一部に戦後の物資支援運動を導いた人物が入っていた。戦時調達によって裕福になり、戦後になってますます重要になった列島同士の帝国的関係において特別な役割を与えられた沖縄系ハワイ人は、日系社会の力学における新たな勢力となった。彼らにはもはや、天皇の臣民としての平等の地位を主張する必要はなくなり、また琉球／沖縄人としての民族の存在と比較して同郷人という関係の重要性が薄まった。戦前、豚は否定的な意味で沖縄人をつくったが、戦後には肯定的な意味で沖縄人をつくることに貢献した(14)。

二つ目にハワイで気になったことは履物に関係する。日本人移民がハワイに到着したとき、履物に関して彼らには三つの選択肢があった。一つは従来の習慣どおり草履や下駄を履き続けること、二つには足を覆う靴を「ハオレ」や中国人のように履くこと、三つ目にはハワイ先住民族の間で伝統的に主流だったように、裸足でいくことであった。これに加えて、家に入るとき履物を脱ぐことで日本の習慣を維持するか、それとも家の中を土足空間として扱うかを選ぶこともできた。戦前のハワイにおける日系人の生活を記録した複数の写真帖には、日本人の学齢期の子供が裸足になっているのを見ることができる。こうした子供がもし日本にいたら履物を履いていたかどうかは判らないが、ハワイの温暖な気候では先住民族の習慣に簡単に適応できた。一九六〇～七〇年代にハワイ島(ハワイ列島中最大の島で、「ザ・ビッグ・アイランド」と呼ばれる)の比較的都市化されていない環境で、日系人が住む中で朝鮮系の家族に育った筆者の同僚から聞いた話では、子供時代のかなりの時間を裸足で過ごしたようである。しかし日本の習慣にしたがい、学校生徒は小学校の玄関で履物を脱ぐよう命じられていた。それと同時に、登下校時に履物を履くことも命じられていたという。つまり、室内において履物を脱ぐという日本の習慣の義務づけは、室外において履物を履くことの義務づけとセットだったのである。

一方、初期の日本人移民コミュニティの指導者は、草履と下駄を浴衣とともに身につけないよう勧め、日本人が見下されないために、特に男性に西洋式の服と靴を着けるよう勧めた。彼らの運動は一九一〇年代に高まり、新聞、青年会、婦人会などによって推進された一九二〇年の「生活改善運動」で最高潮に達した。この運動は、日本本土で文部省のもと前年に始まった同名の運動の要素を取り入れたが、特に服装を洋服にすることに強調を置いた。ハワイの運動参加者は、街頭を歩く日系人に、服装を改めるように拡声器で呼び掛けた。四年後の移民排除法は、新しい移民の流入を止めた一方で、日系の指導者が「米化」という名で運動をおこすきっかけにもなり、その一環として服装改善にもさらなる拍車がかかった[15]。

第二次大戦以前、支配的な文化に同化させようとする移民へのこの圧力には、一定の効果があった。一九一〇年代から三〇年代までの写真帖には、裸足の子供が頻繁に登場するが、成人男性のほとんどは靴を履いている。草履を履いたり裸足だったりで写った者は稀である。しかし、これは男性が草履を履かなくなったことを意味するのではなく、むしろ写真を撮られるときに、靴を履くことで支配階級の習慣に従っている様子を見せたということであったろう。生活改善と米化運動に数年遡る一九一七年、ホノルルの英字新聞『ホノルル・スター・ビュレティン』に掲載された靴と革製品輸入についての記事には、ハワイにいる多くの日本人が自国の履物を履くか裸足でいると報告されているが、「東洋人は盛装するときにはアメリカの履物を履くし、最近は子供に近代的な靴を履かせている」と記された[16]。

だが、戦後のある時期から、影響関係は逆方向に向かい始めた。一九五〇年代初期から、白人サーファーやその他海辺を歩く人々が、ゴム製の草履を履き始めた。この履物が日本由来のものか、または日本の履物を模倣してつくられたことは間違いない。地元の先住民と非日本人移民は、親指と他の指の間に鼻緒の入る履物を、それまで履いていなかった。同時期に浜辺の履物として人気が出はじめた南カリフォルニアでは、英語で「ゾウリ(zori)」と呼ばれている[17]。日本軍が持ち込んだであろうインドネシアにおいて、それは「ジヤパン・サンダル」と呼ばれている。一方ハワイでの呼称は、あるいはもっと早い時期かも知れない別の伝達の可能性を示す、独特なクレオール英語の事例となっている。ハワイの住民は草履を「スリッパ(surippah)」と呼んでいる。これは英単語の「slippers」と同じではなく、むしろ英語からきた日本語外来語「スリッパ」の部分的な再英語化である。これによって、ハワイにおける日系人が他の人々にこの言葉を教えたことがわかる。もし英語を母語とする人がこれを先に「slippers」と名付けたならば、現在のハワイの単語は単に英単語の「slippers」になっているはずだ。そうではなく、現在の日本住宅で使われるいわゆる「スリッパ」のようなものが一般的ではなかった時代に、英語圏でなじみ深い「slippers」という分類に草履を同化させる目的で、ハワイの日系人が非日本人に説明するために、ある履物のカテゴリーを指す呼称として外来日本語を当てた結果、その呼称がハワイの一般的な通用語「surippah」として定着したという、や や屈折した経過を想像しなければならない。この段階でハワイにいた日系移民は、自分の履物について他人に「草履」という日本語を使うよう説得できる立場になかったのかも知れない。

英語の「slippers」という単語は、手を使わないで足を突っ込んだり引き出したり(slip)できるという、ハワイにあるほかの履物と違った日本由来の履物の特徴を文字通りに表している。もちろんこの特徴で、家に入るとき靴を脱ぐのが特に便利になる。ゾウリはハワイの非日系人のあいだで靴に取って代わるほど普遍的にはならなかったが、かなり普及した。そして、いつ定着したかわからないが、家に入るときに履物を脱ぐという日本に起源をもつ習慣も一般的になった。この習慣は合衆国のどこよりもハワイで広く守られている。

ハワイの日系一世は日本から下駄を持参した。また下駄と草履も輸入された。しかし、多くの農園労働者は自分の草鞋《わらじ》と地下足袋を作った。これらの物は島内でも日系の家内工業で製造された[18]。第二次世界大戦後の市場に台頭したゴム草履を、その原型だった日本の草履から区別する特徴は二つあった。ひとつは、ゴム製であるという明らかな事実であった。草鞋や地下足袋の底を補強するために以前からタイヤのゴムが再利用されることはあった[19]。しかし戦後のゴム草履は気泡ゴム(特に新材質であったEVA、エチレン酢酸ビニル共重合体)やプラスティックなどの廉価な大量生産向きの材料で作られていた。二つ目は、右と左が違う形になるよう切られていたことだ。底の形と鼻緒の位置を左右ができるように変えることで、靴の左右の違いに慣れていた非日本人になじみやすくなった。言い換えれば、草履に左右が表れたことは、材質を別にしても、非日本人向けに製造されていたことの指標である。

ゴム草履のパイオニアだと主張する製造者はいくつかある。いずれも始めたのは戦時中かその直後十年ほどであったらしい。身体に関する技術を扱った歴史書でゾウリについて一章を割いているエドワード・テナーは、一九三二年操業のスコット・ハワイ社を取り上げている。この会社は戦時中の材料不足の影響により、ゴム長靴からカジュアルな「スリッパ」に切り替えたと伝えている。そのスリッパは軍売店で売られたという。[20] 一方、一九四六年にモトナガというハワイの日系家族が創業したアイランド・スリッパー社は、一九五〇年代初期に左右のあるスリッパを開発したと主張している。[21] また、神戸のゴム製造業者、内外ゴムもゴム草履の元祖を主張する。一九四八年にカリフォルニアから日本に渡った工業デザイナーのレイ・パスティンが提案し、内外ゴムの開発した「独立気泡スポンジ」で作るために契約を結び、一九五四年より「ビーチ・ウオーク」の銘柄で米国に輸出し始めたという。[22] これ以外に、一九五四年にオーストラリアでゴムのサンダルを大量生産し始めたダンロップ社が、一九五六年のメルボルンオリンピックに日本の水泳チームがゴム草履を履いてきたことを起爆剤として、オーストラリアで製品を大量に売ったことも、テナーは記している。[23]

具体的にこの履物がハワイ住民、アメリカ白人、そして最終的に世界の中でどう広まったかはいまだ見取図のない歴史である。ハワイとアメリカ西海岸におけるゴム草履の人気が、一九五〇年代初期に始まったと報告されていることは、間違いなく有意義である。大日本帝国崩壊後のこの時代は、ちょうど新しいアメリカの余暇文化が太平洋全域で米兵を介在して広まり、基地周辺で地元の人々と出会い、生まれ変わっていた時期である。これは、サーファーや浜辺の遊び人ではなく米兵こそ、非日本人として初めてそれを履いたということを意味してはいない(米兵とサーファーたちという若者集団が重なり合うことはあっただろうが)。むしろ重要なのは、大日本帝国の拡張期における支配的文化が、公の空間においてヨーロッパの行動規範を保持する傾向にあり、皮肉にも「文明」の担い手である日本人が、こうした規範を自分自身やアジア太平洋のその他の人々にしばしば強制していたということである。戦後の太平洋においてアメリカ合衆国が支配勢力として立ち現れ、ヨーロッパ中心的な旧来の文明のヒエラルキーが衰退に向かうなかで、文化相対主義と相互理解に基づくものと主張されるルーズで陽気な新種の帝国主義を背景に、多くのアメリカ人が、合衆国が支配しはじめたアジア太平洋地域から借りてきた文化の要素を用いて、生活様式を実験するようになった。[24]「パパサン・チェア」と同じように、「スリッパ／ゾウリ」の場合も、アメリカ人はアジアの物質文化の一部を採って、新しくインフォーマルな余暇文化の一部として再発明したのである。これは十九世紀末から二十世紀初頭にかけて英米のリゾート地や都市郊外で生じた、バンガローによる簡易な生活様式と、ハンモックに揺られて屋外に寝るような、日常行為の革命と類似しており、文明の桎梏から身体を解放し、カウンターカルチャーの生活観を主張した。

言うまでもなく日本では「草履」にこうした意味のいずれもなかった。つまり、日本人はゴム草履(今は「ビーチ・サンダル」と呼ばれる方が多いことも注目すべきだが)を履き始めたときには、この履物の先祖になる日本の草履と無縁の、アメリカ西海岸やハワイからの輸入品を身につけていたのである。これは都会人が履いていた伝統的な草履のように和服あるいは足袋と一緒に着用することがなかったことと、田舎の草鞋のように、農作業や旅の時に着用することもなかったという事実から明らかである。むしろ、浜辺の遊びなどと関連したアメリカ的な新しい余暇文化の一部であった。しかし、これに対し、沖縄ではハワイやカリフォルニアとほぼ同時期に普段の履物として普及した。沖縄の製造業者であるマキノコ製作所によると、沖縄初のゴム草履は米軍のタイヤを溶かして作られた。現在の形態を取ったのは一九五〇年代半ばだったそうである。現在は本土の草履と区別するために「島ゾウリ」と呼ばれている。[25]「沖縄」を意味する「島ゾウリ」の「島」という言い方には、もともと材料においても文化的な意味においても米国がもたらしたこの大量生産品の沖縄における土着化が垣間見える。一方、「サンダル」、「スリッパ」などの英語ではなく「ゾウリ」と呼ばれていることに宗主国日本との関係を指し示す要素も入っているのである。ハワイの「スリッパ」はハワイ日系人の同化と差別化の両方を示唆しているように、「島ゾウリ」は日本の中での沖縄の同化と差別化を示唆している。

エドワード・テナーが指摘するように、合衆国においてゾウリを履くことが流行したことで、従来有機材料の手作りで作られてきたものが、ゴムやプラスティックによって大量生産されることになり、その結果これら生分解できない材質が世界中の海、浜辺、埋立地を汚染することになった。つまり欧米人の身体は解放されたものの、自然環境を犠牲にすることとなった。

＊

十九世紀から二十世紀初頭にかけての帝国主義は、公然と行われた民族による支配、列強間の領土争い、人の移出、そして宗主国本土の社会と生活を海外で再現しようとする努力によって成り立っていた。これと並行してグローバルな近代は、技術と商業資本主義による新しい快楽と欲望を満たすという約束を提供した。と同時に人類がすべて同胞になり、世界文化が生まれるという時代の夢を一部の人に抱かせた。帝国の日常生活における非対称な出会いのなかで、相反するこの二つの力の作用から無数の矛盾が生まれた。

様々に隠された形で民族差別は存続しているが、公然とした民族別の支配は消えた。そして多民族共存の理念は広く受け入れられている。ハワイは一九五九年に日系人の代議士を出し、二〇〇八年には半アフリカ系の合衆国大統領も輩出した。ハワイにみられる東アジア、ポリネシア、ヨーロッパの独特な文化混交は、地元の料理などにおいて、観光客にとってひとつの大きな魅力になっている。現在日本本土や海外において、沖縄文化のイメージは音楽、料理、民芸などで構成され、いずれも人気が高い。だが同時に、ハワイも沖縄も古い植民地的レイシズムの後遺症をいまも残しているし、双方とも米軍の陰で生きている。もしアジア太平洋地域で米軍が大規模な戦争に再び関わったら、ハワイと沖縄がどんな衝撃を受けるかわからない。

二十世紀の太平洋に広がった二つの帝国の文化的影響と、両者の間で支配権が移ったことの影響を、この二つの島社会においてもっとも直接的に見ることができる。かつての沖縄で、豚を飼うことは単に一家の生活の維持手段であった。近代日本と日系人ディアスポラが構成した帝国空間のなかで、豚は恥辱を含んだ文化的表徴となった。その後、沖縄人と彼らがもっていた養豚の経験は、米軍にとって、また米国の沖縄支配にとって有用なものになった。沖縄人はこの過程を通じて、アメリカ的消費文化の共有と、民族間の相違を限定付きでありながら実際に容認し、ときには祝福もするというアメリカ文化とに基づいた、太平洋全体を覆う米軍の支配力の下で、新たな形の帝国に組み込まれた。アメリカ人の足に現れた「ゾウリ」も、相違の徴を再定義し、新しい帝国文化のなかに取り込むという傾向のもう一つの現れである。いや、ゾウリ・スリッパーは太平洋におけるアメリカ帝国の表象だという以上に、アメリカ帝国が身体に及ぼした効果だという方が正確である。

より残酷な帝国主義と民族支配の形態は、たとえば新自由主義経済下での南北の搾取関係、あるいは国境内であれ国境外であれ、富裕地域から権力のない者が住む貧困地域へ輸送される廃棄物など、現れ方が別の地理学、別の世界構造に移行している。障壁なき商品流動に基づいた世界システムのヘゲモニーと、米国とその同盟国は情報の自由な流動を保証しているという主張とが一方にありながら、人の自由な流動を阻げる民族ヒエラルキーも依然としてあることは、北半球の富裕国における厳格な移民制限によって明らかだ。

しかしこのマクロレベルの差別を認識しながら、同時に、感性が形成され、それによって民族アイデンティティも忠誠も嫌悪も形作られるという、過去と現在の日常生活に対する帝国の微妙な作用にも注目しなければならない。政治形態としての帝国を成り立たせるのは、帝国的な形式に基づいた政治統制ばかりではなく、帝国的視覚、感覚、そしてこの世に住まい、振る舞う身体的行動もそうなのである。

アジア太平洋における日本の植民地帝国は、文化と行動の規範の多くを西洋列強から受け継いだ。しかし政治的・軍事的に列強の仲間入りをしながら、社会的、文化的には部外者であり続けたという日本の独特な立場がもたらした負担は、さまざまな妥協と適応、また矛盾を生みだした。米国は新しい原則のもと、アジア太平洋において帝国を築き、その過程で日本が支配していた当時からのアジア太平洋生活文化圏の残存物を、吸収し改造した。二十世紀にわたる衣食住と身体振る舞いの移り変わりは、この二つの帝国の文化的作用を体現している。その作用は、人種やコスモポリタニズムという概念のレベルから、室内を飾る、食べ物に味をつける、観光旅行に出る、椅子に座る、豚を飼う、靴を履く、あるいは靴を捨てて草履を履くなどの日常行動にまで拡がっていた。

終章注

(1) Ralph Kuykendall, *The Hawaiian Kingdom, 1874–1893* (Honolulu: University of Hawai'i Press, 1967), p. 116.
(2) Kuykendall, 160.
(3) 東栄一郎、飯野正子他訳『日系アメリカ移民、二つの帝国のはざまで――忘れられた記憶 1868–1945』明石書店、二〇一四年、四三～四八頁。
(4) 田中稠穂『布哇写真帖』ホノルル：田中事務所、一九一〇年（電子復刻版、文生書院、二〇〇八年）。
(5) Cheong H. Diong, "Population Biology and Management of the Feral Pig (*Sus Scrofa L.*) in Kipahulu Valley, Maui." Ph.D. dissertation, University of Hawaii, 1982, pp. 52–55.
(6) Yukiko Kimura, *Issei: Japanese Immigrants in Hawaii* (University of Hawai'i Press, 1992), p. 56.
(7) Noriko Shimada, "The Emergence of Okinawan Ethnic Identity in Hawai'i: Wartime and Postwar Experiences." *Japanese Journal of American Studies* no. 23 (2012): p. 126.

(8) Kimura, *Issei*, p. 55.
(9) Shimada, pp. 125–126.
(10) 下嶋哲朗『豚と沖縄独立』未来社、一九九七年。
(11) 石垣長三「豚の飼い方を改めましょう」『琉大農家便り』四五号（一九五九年八月）、四〜八頁。これより三年後の一九六二年、サトウキビを増産するためにサツマイモが不足したときに豚の頭数が急減したことから、多くの養豚農家はいまだ芋に頼っていたことがわかる。『琉球農連五十年史』琉球農業連合組合、一九七五年、八八一頁。
(12) 数字は吉田茂「戦後初期の沖縄畜産の回復過程と布哇連合沖縄救済会」『琉球大学農学部学術報告』第五一号（二〇〇四年）、九六頁と、沖縄県『農業関係統計』一九九七年（http://www.pref.okinawa.jp/toukeika/as/1997/as.html [2014/12/20]）より。
(13) 小野啓子（沖縄大学教授）の授業「地域計画特論」のために読谷村で二〇一四年七月に行われた学生の聞き書きによる。
(14) Shimada, p. 131.
(15) ハワイ日本人移民史刊行委員会編『ハワイ日本人移民史』。ハワイ日系人連合協会、一九六四年、三二三、三三三〜三三四頁。
(16) "Shoe and Leather Business of Islands Interests Mainlanders." *Honolulu Star-Bulletin*, February 24, 1917, p. 8.
(17) ここでのゾウリの話はエドワード・テナーによるところが大きい。 Edward Tenner, *Our Own Devices: the Past and Future of Body Technology* (NY: Alfred A. Knopf, 2003), pp. 51–74.
(18) Barbara Kawakami, *Japanese Immigrant Clothing in Hawaii, 1885–1941* (Honolulu: University of Hawai'i Press, 1993), pp. 153–164.
(19) Kawakami, p. 163.
(20) Tenner, p. 66; Scott Hawaii website, http://scotthawaii.com.
(21) "The Island Slipper Story." http://www.islandslipper.com/Retail/General/island-slipper-history-1.aspx; アイランド・スリッパー取締役ジョン・カーペンターインタビュー、二〇一四年七月二十五日。
(22) 『内外ゴム株式会社一〇〇周年記念誌』内外ゴム、二〇一三年、一一六頁。 http://www.naigai-rubber.co.jp/dcms_actibook/NaigaiNenshi/_SWF_Window.html?pagecode=49.
(23) Tenner, p. 69.
(24) Christina Klein, *Cold War Orientalism: Asia in the Middle-brow Imagination, 1945–1961* (Berkeley: University of California Press, 2003)を参照。
(25) マキノコ製作所「島ぞうりの話」。http://makinoko.net/makinokolabo/story.html [2014/12/20]

あとがき

この本は原書のない訳書だ。中心をなしている六つの章は、拙著*House and Home in Modern Japan: Architecture, Domestic Space, and Bourgeois Culture, 1880–1930*（Harvard University Press, 2004）の出版後に書いた論考である。第三章と第五章は英文の既刊論文をあまり変更せずに日本語訳したものだ。第一章、第二章、第六章は本書より短い形で英文で発表している論文に基づいているが、大きく加筆修正している。第四章は一部*House and Home in Modern Japan*にある文書より取っているが、未刊である。序章と終章は本書のために書いた。

まず何より、翻訳してくれた天内大樹さんの才能と忍耐に感謝したい。数々の打ち合わせを通じて各章を大きく書き直すのに協力してくれた。英語の原文にあった議論の不足は翻訳過程において頻繁に露呈され、書き直したり、書き加えたりすることになり、翻訳作業を増した。その結果は原作者と翻訳者のやり取りを多く要した翻訳と翻案のハイブリッドとなった。

日本の歴史学分野からみれば、別の意味でもハイブリッドである。各章は歴史研究に基づいているが、同時に多岐にわたる題材、史料と方法論を組み合わせている。厳密な実証史学の基準で通常許される以上に私は広く探求し、かつ自由に推測した。単一の議論を追ってひとつの結論を出すより、お互いに関連する現象のつながりと配置を描写することを求め、課題を時間軸に沿ってより空間的に整理した。

第三章のモンタージュでやや極端な形で代表されているように、空間的広がりを強調したこのハイブリッド・アプローチが生み出すのは「開かれた歴史」だと思いたい。歴史学は基本的に想像の作業だと考える。だから空想から自由に話を作ってもよいという意味ではむろんない。しかし、私は亡き友人ミリアム・シルヴァーバーグの例に学んで、歴史資料について絶えず次のように問いかけようとした。この史料からどのような過去の世界を想像できるか、また想像すべきか。どのようなつながりがそのあいだに考えられるか。そして、それが呼び起こす世界像とわれわれの世界との連続と不連続からどのような教訓を得られるか、であった。

これに加えて、国境を越えた枠、あるいは比較史の枠に日本帝国を位置づけるように努めた。トランスナショナルなアプローチと比較を意識して帝国の歴史を書く意味は翻訳のプロセスでより明瞭になった。たとえば、帝国の外地にいる日本人のことを私は英語ではよく"colonists"（植民者）と表現していた。日本語の文章として「日本人」と書いた方がいくらか自然に聞こえたが、「植民者」と呼ぶと民族を特定しないので比較を容易にする効果がある。日本人「植民者」はどの帝国の植民者とも同一の地平に立つことになる。一方、英語では"imperial"という形容詞を使うことにより「植民地帝国の」という意味と「天皇制国家の」という意味の相違が曖昧になるので、明らかに異なるこのふたつの概念の記述を翻訳プロセスにおいて整理しなければならなかった。つまり、翻訳の過程によって、比較をより入念に考えさせられた。しかし、日本人及び日本植民地支配下の人々を大日本帝国の中で考えると同時に複数の帝国によって形成された世界の中で考えることも終始目的とした。

日本語訳で浮上したもうひとつの問題点は歴史学方法論を考える材料になった。本書のもとの題は「帝国日本の生活文化史」だった。「生活文化史」というのは実際にその内容を自然に反映していた表現ではあったが、英語にはこれに相当する一般的な表現がないこともあって、私はどことなく違和感を抱えていた。「生活史」と「生活文化史」は独自な分野として日本歴史学の中で発達してきた。この「生活」を対象とする歴史学において「生活」は国家や帝国の政治から隔離された空間として扱われることが多かった。本書の方法論はむしろ、日常生活の文化に人間の身体や心理に体現された地政学を見いだすことにあったのである。

本書が編集段階に入っている二〇一五年春、「慰安婦」問題に対する研究者の声明文の作成に関わることになった。「慰安婦」問題は政治的な問題であると同時に歴史学方法論の問題でもある。日常生活の歴史と国家の歴史が衝突する場である。だからこそ政治家のみならず歴史家にとっても扱いにくい。「慰安婦」の制度を日本の植民地帝国主義による不可避の産物と見なすべきではないだろうが、戦時中に日本軍がこの制度で植民地の女性を搾取したことは、非対称性と抑圧の植民地支配構造の延長で生まれたことだったと言える。

この日常的暴力を説明するためには、歴史叙述は公的文書のみの領域に閉じこもらず、より総合的であらねばならない。公的文書には結局国家の側からの歴史しか語られていないのである。このような歴史叙述は弱者の苦しみを書き落としているだけではなく、日常の空間と出会いの中に帝国が浸透するさまざまな形をも書き落とすことになる。公文書の実証研究に限定すればいつまでも理解できない過去の事柄が多すぎるのだ。

「慰安婦」制度のような身体的暴力の事件は本書において焦点にならなかった。帝国の開かれた歴史学は悲劇の場面と同様にさまざまな皮肉も浮上させる。帝国的近代の逆説には面白みもある。だから日本帝国の社会・文化的形態を調べると「楽しい」発見さえある。しかしこれは帝国の抑圧と暴力性の事実を減少するわけではない。「生蕃モガ」のジョークに見られるように、表面下に民族抑圧と性差別が潜むことも多々ある。その皮肉にユーモアを感じるならば、ジョークから得ている快楽によって我々もその抑圧に間接的ながら共犯になっているかもしれない。

植民地帝国は幸いなことに歴史に流されていってしまった。しかしながら、植民地主義がもたらした諸問題は解決してもいないし、十分に理解されているわけでもない。本書は太平洋における帝国の歴史から拾った断片のコレクションである。このように収集して配置したことによって帝国の過去と帝国の現在のつながりを考える材料を読者に提供できれば幸いである。

一風変わった企画を快く受け入れて、最後まで懲りずにつき合ってくれた編集の桑原涼さんにお礼を申し上げたい。

二〇一五年八月

ジョルダン・サンド

■岩波オンデマンドブックス■

帝国日本の生活空間

2015年10月28日　第1刷発行
2017年4月11日　オンデマンド版発行

著　者　ジョルダン・サンド

訳　者　天内大樹《あまないだいき》

発行者　岡本　厚

発行所　株式会社　岩波書店
〒101-8002　東京都千代田区一ツ橋 2-5-5
電話案内　03-5210-4000
http://www.iwanami.co.jp/

印刷／製本・法令印刷

ISBN 978-4-00-730586-3　　Printed in Japan

索引

本文と図版キャプション，脚注，章末の注からリストアップしたが，文献名の一部になっているものや文献の著者名は，原則として除外した．

欧文

ア行

カ行

サ行

タ行

ナ行

ハ行

マ行

ヤ行

ラ行

ワ行